犹太学博士文库

傅有德　主编

本书由山东大学犹太教与跨宗教研究中心资助

古代以色列人
及其宗教的兴起

The Emergence of the
Ancient Israelite People and Their Religion

张 玉 著

上海三联书店

总　序

犹太学(Jewish Studies)，是一个综合性概念，涵盖了犹太宗教、历史、哲学、习俗、社会、政治、经济、生活方式等各方面的学问。有如西方的汉学(Sinology)，犹太学也不是指一个单一的学科，而是指以各个学科为视角对犹太民族及其历史、文化所做的研究。因此，犹太宗教、犹太哲学、犹太文学、犹太历史、犹太与其他文化比较，诸如此类，皆隶属于犹太学这一范畴。在这个意义上，有多少学科，就有多少犹太学分支。

犹太学在西方世界一直颇为兴盛。这突出表现在，犹太学教学与研究机构大量存在，并广泛分布于欧美各国。例如，在英国、法国、美国、加拿大、澳大利亚，多数综合性大学(university)和著名的学院(college)都设有犹太学系、犹太研究中心，或犹太研究科目(program)。二战期间和之后的半个世纪，德国原有的犹太学机构被关闭，但是，20世纪末以来的十几年中，有些已得以恢复，还有新建起来的。这些教学与研究机构并非只是针对犹太学生的，而是开放性的，面向所有学生和学者。在普通大学之外，还有犹太拉比学院或经学院，这些学校多半是犹太教的某个宗派创办的，其目的是培养专职的犹太教拉比或教授希伯来语，加强对散居犹太人的宗教与民族意识教育。犹太学之所以在欧美诸国广为流行且久盛不衰，一方面是散居各地的犹太人自身的需要，另一方面则是西方文化建设与发展的需要。西方之所以需要研究犹太学，一是因为希伯来圣经是西方文化的主要源头之一，二是因为源于圣经的犹太—基督宗教传统现在仍然是西方文化的重要组成部分。西方人要了解和研究自己的文化及其源流，不能将犹太宗教及其典籍置之度外。

中以建交于1992年1月。之前，中国的犹太研究少之又少。之后，伴随一批年轻学者海外学成归国，犹太研究机构也相继建立起来，犹太学遂得以迅速发展,且日渐繁荣,成为颇受瞩目的"希望"学科。上海、南京、山东、河南、陕西的高校还设立了犹太学博士课程,迄今已培养出数十名博士。他们身上负载了中国犹太学的未来。凡博士论文的写作,无不经过数年学习而奠定基础,然后围绕一个主题广泛收集资料,掌握国内外研究的历史与现状,在此基础上再做深入细致的梳理与剖析。故此,一般说来,博士论文较之别的论著在资料和理论观点上有其优长之处。对于不少学人,博士论文往往是其一生中最用心血,也最有心得、最有新意的作品。因此,其学术价值是不言而喻的。本文库作为中国犹太学的新成果,对中国犹太学的积极推动作用也是可以期望的。

今天的中国正在复兴之路上迅猛前进。然而,中国的复兴,不能离开中国文化的复兴,而中国文化的复兴绝不是简单地恢复五四运动之前的传统文化,而应该既植根于传统,又在广泛吸收各种优秀文化因素的基础上对传统进行再造与重建。而在再造与重建中国传统文化的过程中,犹太因素是绝不应该忽视的。当然,犹太学之外的其他外来文化,也都是中国文化建设所需要的。但是,因为犹太文化是外来文化中的后来者,是我们了解最少的,所以也就成为最亟需的。应该指出,犹太人之所以能够在散居近2000年后仍然作为一个族群而存在着,现代犹太人之所以能够在思想文化、科学技术、经济金融、工商企业、文学艺术等各个领域做出卓越不凡的成就,根源多半在其独特的宗教信仰、思维方式、行为方式以及对待异质文化的态度之中。相信本套文库对于中国读者多方位了解犹太人与犹太文化大有裨益,因此,它对于当今中国文化的复兴与重建也是颇有意义的。

上海三联书店总编黄韬先生慨然接受这一丛书,对文库的出版有扶持之功。在此,谨与文库的各位作者一起表示衷心感谢。

是为序。

傅有德

2014年2月8日于山大静轩

目　　录

CONTENTS

绪　　论

第一节　选题依据

纽斯纳(Jacob Neusner)在定义犹太教时,提出犹太教的宗教体系由三个要素组成:世界观、生活方式和社会群体。[①] "世界观解释了这个群体的生活……生活方式定义了群体生活的特殊之处。社会群体在一个特定的地方和时间,成为整个体系的生动见证,并从体系中找到充分的解释来说明其存在的原因。"[②] 古代以色列宗教同样包括一个世界观、一种生活方式和一群社会群体。这个社会群体正是古代以色列人,他们是古代以色列宗教的信仰者和实践者。因此,欲探究古代以色列宗教的兴起,必探索古代以色列民族的形成。

古代以色列人及其宗教的兴起正是本书的研究内容。这里,古代以色列宗教指的是兴起于青铜时代晚期(the Late Bronze Age)[③] 之末(the Late Bronze Age IIB),相应的绝对年代大约为公元前 1300 年至公元前 1200 年[④],至铁器时代早期(the Early Iron Age/the Iron Age I)[⑤] 之初(Iron Age IA),相

[①]　Jacob Neusner, "Defining Judaism", Jacob Newsner, Alan J. Avery-Peck. eds. *The Blackwell Companion to Judaism* (Blackwell Publishing, 2000), p.11.

[②]　Ibid.

[③]　青铜时代晚期相应的绝对年代大约为公元前 1550 年至公元前 1200 年。

[④]　Amihai Mazar, *Archaeology of the Land of the Bible: 10,000 - 586 B. C. E.* (New York: Doubleday, 1992), p.238.

[⑤]　铁器时代早期相应的绝对年代大约为公元前 1200 年至公元前 1000 年。

应的绝对年代大约为公元前 1200 年至公元前 1150 年①,在古代迦南(Canaan)
地区,被古代以色列人所信仰的宗教。换句话说,本研究的时间落于青铜时代
晚期之末至铁器时代早期之初;地点位于古代迦南地区;主体包括信仰和实践
古代以色列宗教的古代以色列人及其宗教本身;对象即古代以色列人及其宗
教的兴起。

"男人们与女人们自其可被辨别为人类起,就已开始崇拜神。人类于何时
创造了艺术,就于何时创造了宗教。如同艺术一样,宗教也被人类尝试用以找
寻生命的意义与价值。'神'这一概念的建构源于被每一代人和每一种文化所
处社会赋予的不同意义;而不同文化所拥有的意义系统在彼此之间也许是不
可被对方理解的、相互矛盾的甚至互不相容的。比如说,同一文化范围内的
'神'的概念会随着时间的推移而变化。每一个'神'的概念都有其历史。'神'
在每一种文化中也都拥有不同的名称与不同的被崇拜方式。"②

这段叙述可谓是古代以色列宗教的绝佳写照。宗教本身是一个极端复杂
的概念。古代以色列宗教并非从天而降,其出现必有前因,亦有后果,其形成
受制于所处的时代、所在的地域和所面临的各方面社会境况。需要特别指出
的是,当我们谈论古代以色列宗教的形成(或者任何一种宗教的形成),主要涉
及两个方面的内容:古代以色列宗教为何形成;古代以色列宗教如何形成③。
本研究聚焦于前者,即试图探讨,是什么样的因素为这个古老宗教的形成提供
了推动力。当然,在探究民族和宗教形成的推动力之前,本研究首先探讨古代
以色列民族的起源,并考察古代以色列民族和宗教形成之时迦南地区的宗教
实践,在此基础上,再进一步尝试还原古代以色列宗教的兴起与演进。

第二节　研究背景

研究背景主要包括三个方面的内容:第一,关于古代以色列宗教之起源的
讨论;第二,关于古代以色列宗教是否是一神教以及一神教之起源的争论;第

---

① Amihai Mazar, *Archaeology of the Land of the Bible: 10,000 - 586 B.C.E.*, p.296.

② K. Armstrong, *A History of God: The 4000-Year Quest of Judaism, Christianity, and Islam* (New York: Alfred A. 1994), p. xix.

③ 例如,El Elyon, El Shaddai, El Olam, Beth El, El Elohe 等不同的指代如何等效于埃尔 El,甚至埃尔 El 如何最终指向雅威 Yahweh 等。

三,关于文化交互往来的理论。

一、 关于古代以色列宗教的起源

学界普遍对古代以色列宗教的起源问题持有浓厚的研究热情。诸多学者试图对这一古老宗教的来龙去脉一探究竟。众说纷纭的结论提出了一些时至今日依然会引起学者们争论不休的问题:

古代以色列宗教的起源能否被追溯? 在对这一问题的回答上,阿尔特(Albrecht Alt)认为,我们无法确定古代以色列民族及其宗教的起源,因为同时代的其他国家没有任何文献供我们参考,而古代以色列自己的文献记载又基本没有展现其最早期阶段的情况,现存所有文献资料都来自以色列统一王国时期及之后的年代。[①] 灵根(Helmer Ringgren)持相同观点,表示鉴于其跨越几个世纪的口传传统,屡次文学编辑与诸多不可靠的增补和删减,《希伯来圣经》这样的文献并不具有历史研究价值。因此,《希伯来圣经》仅仅向我们展现了其写作、成书期间的宗教文化现状,而无法描述成书之前的古代以色列宗教的真实面貌。[②] 菲佛(Robert Henry Pfeiffer)也对现有文献资料存疑,并指出任何试图追溯古代以色列宗教源头的努力皆是徒劳,研究者还原的并不是古代以色列宗教的本来面貌,而是反映了研究者自身的宗教信仰与其所捍卫的宗教信条。[③] 正是由于文献资料的相对缺乏,本研究致力于充分利用考古资料,为探索古代以色列宗教的起源问题添砖加瓦。

《希伯来圣经》中描述的古代以色列宗教与历史上的古代以色列宗教是否一致? 针对这一问题,弗里岑(Karel J. H. Vriezen)探索了关于古代以色列的考古发现,并试图把考古遗存与《希伯来圣经》的文献记载进行比较研究。[④] 迪杰斯特拉(Meindert Dijkstra)则利用乌加里特文献所提供的线索,试

---

① Albrecht Alt, "The God of the Fathers", in *Essays on Old Testament History and Religion* (Garden City: Doubleday, 1960), p.3.

② Helmer Ringgren, *Israelite Religion* (Augsburg Fortress Publishers, 1966), pp.2 – 3,17.

③ Robert Henry Pfeiffer, *Religion in the Old Testament: the History of a Spiritual Triumph* (Harper, 1961), p.9.

④ Karel J. H. Vriezen, "Archaeological Traces of Cult in Ancient Israel", in *Only One God?: Monotheism in Ancient Israel and the Veneration of the Goddess Asherah* (2001), pp.45 – 80.

图论证古代以色列宗教实乃古代迦南宗教的反映。① 尼蒂弛（Susan Niditch）却表示，倘若把《希伯来圣经》所记载的内容与考古发现的证据加以比较，我们必然会得出两种面貌截然不同的结论。因此，历史上的古代以色列宗教甚至犹太教，与《希伯来圣经》所记叙的宗教，并不相同。② 本研究认为，考古数据是还原古代以色列宗教更为稳妥的资料来源。但是，借助考古发现勾勒的古代以色列宗教状况一旦成型，我们未尝不可利用《希伯来圣经》的相关文本加以对比研究，无论是证实还是证伪之前的结论，都能促进研究的深入。

国内研究较多涉及犹太教，对更为早期的古代以色列宗教相关内容鲜有著述。邱文平在其著作《从众神崇拜到上帝观念的历史考察》③中，追溯了希伯来民族的源头及一神的起源。该学者纵观古今，研究的时间跨度从史前文明一路探索到现代社会，引证丰富，论证合理。但是，在考察了希伯来民族的源头之后，直接转向一神起源的探讨，关注犹太教神学观念的发展，而并未对早期古代以色列宗教展开论述。从总体上来说，国内学界缺乏对兴起之初的古代以色列宗教（并非犹太教）的研究，这也是本研究的选题缘起之一。

二、 关于古代以色列宗教是否是一神教

我们知道，犹太教是世界上最早出现的一神教（当然，古埃及第十八王朝法老阿赫那吞［Akhenaten］④的宗教改革引入了对太阳神阿吞［Aten］⑤的崇拜，在其后期阶段，太阳神阿吞崇拜已显示出原始一神教的色彩）。而古代以色列宗教到底是多神教还是一神教？ 有学者提出，古代以色列宗教有可能同时崇拜雅威（Yahweh）与巴力（Baal）神。库根（Michael David Coogan）认为，《希伯来圣经》所描述的宗教是古代以色列宗教的一个子集，而古代以色列宗教则是古代迦南宗教的一个子集。三者尽管存在区别，但他们可谓同源同根，

---

① Meindert Dijkstra, "El, the God of Israel—Israel, the People of YHWH: On the Origins of Ancient Israelite Yahwism", in *Only One God?: Monotheism in Ancient Israel and the Veneration of the Goddess Asherah* (2001), pp. 81 – 126.

② Susan Niditch, *Ancient Israelite Religion* (Oxford University Press, USA, 1997), pp. 7 – 25.

③ 邱文平：从众神崇拜到上帝观念的历史考察，上海社会科学院出版社，2014。

④ "阿赫那吞"也被译作"阿肯那顿"，即法老阿蒙霍特普四世（Amenhotep IV），大约于公元前1352 年至公元前 1336 年在位统治新王国时期的埃及。

⑤ "阿吞"也被译作"阿顿"。

并在时间上有延续性。因此,古代以色列宗教很有可能同古代迦南宗教的信仰一样,也包含对巴力神的崇拜。在他看来,古代以色列宗教有可能借鉴了其他宗教的神明,其所崇拜之神既具有自身的独特性,又吸收了其他宗教的特质。① 库根的观点对本研究有一定启发。菲佛更是明确指出,古代以色列宗教是多神信仰的系统。② 这一观点也受到部分其他学者的支持。

米勒(Patrick D. Miller)并不否认古代以色列宗教中多个神明的存在,但却强调古代以色列存在的对其他神的崇拜现象并没有动摇雅威的中心地位。也就是说,在他看来,古代以色列宗教的主神是雅威,同时又偶尔综合吸收了周围其他神明崇拜的元素。③ 德摩尔(Johannes C. De Moor)进一步提出,由于古代以色列宗教所处的青铜时代晚期是一段危机重重的时期,④人们对现状的绝望自然引发了对现有宗教信仰系统的深深失望,于是开始崇拜一位主神,同时将其余诸神作为主神在其他方面的补充,进而促进了多神崇拜的衰落与单一主神崇拜的兴起。⑤ 这一观点受到贝金(Bob Becking)的支持,他表示古代以色列宗教尽管承认众神的存在,但却把埃尔(El)神置于最中心且高于其他一切神的地位。⑥ 本研究希望通过对一系列相关考古数据的分析,进一步考察从多神崇拜到单一主神崇拜的可能性与合理性。

彼得森(David L. Petersen)却坚定地认为,古代以色列宗教是一神崇拜的信仰系统。⑦ 该立场遭到了众多学者的反对。迪杰斯特拉论述了排除他神的

---

① Michael David Coogan, "Canaanite Origins and Lineage: Reflections on the Religion of Ancient Israel", in *Ancient Israelite Religion: Essays in Honor of Frank Moore Cross*, pp. 115 - 124.

② Robert Henry Pfeiffer, *Religion in the Old Testament: the History of a Spiritual Triumph* (Harper, 1961).

③ Patrick D. Miller, *The Religion of Ancient Israel* (Westminster John Knox Press, 2000), pp. 1, 21.

④ 古代以色列宗教所处的青铜时代晚期(公元前 1550—1200 年)之末,古代近东经历着诸多危机。具体内容见本书第五章。

⑤ Johannes C. De Moor, "The Crisis of Polytheism in Late Bronze Ugarit", in *Crisis and Perspectives*(Leiden, 1986), pp. 1 - 20.

⑥ Bob Becking, "Only One God: On Possible Implications for Biblical Theology", in *Only One God?: Monotheism in Ancient Israel and the Veneration of the Goddess Asherah*, pp. 189 - 201.

⑦ David L. Petersen, "Israel and Monotheism: The Unfinished Agenda", in *Canon, Theology, and Old Testament Interpretation: Essays in Honor of Brevard S. Childs*, pp. 92 - 107.

一神信仰直到巴比伦流放时期才开始出现。① 马克·史密斯(Mark S. Smith)
也表示,雅威作为独一神的出现是大卫王朝以及耶路撒冷祭司们的主观选择,
为的是建立并巩固以耶路撒冷为中心的统一王国。摒弃他神崇拜而唯独崇拜
雅威一神是巴比伦流放归来后才形成的传统。②

在讨论古代以色列宗教是否是一神教的同时,关于犹太教与古代以色列
宗教是否是同一宗教的问题也相应被提出。菲佛明确将古代以色列宗教与犹
太教区分开来。他指出,古代以色列宗教崇拜的是古代以色列民族的守护神;
而犹太教崇拜的则是唯一存在的独一神。犹太教是古代以色列宗教经过公元
前621年约西亚宗教改革之后的产物。在他看来,犹太教的出现同时导致了
古代以色列宗教的消亡。③

另一个被相应提出的即一神教的起源问题。这一议题长期以来受到了学
界的持续关注。学者对此的争论大致可被划分为两大阵营。一方面,部分学
者推测一神教的形成时间落于摩西时代与统一王朝时期之间,该观点被称为
"早期理论";另一方面,其他学者则将一神教的形成时间推算到更晚,认为其
成型于巴比伦流放时期,甚至远推至波斯时代,这一观点称为"晚期理论"。

不难推定,既然支持早期理论的学者认为一神教形成于摩西时代与统一
王朝时期之间,那么在他们看来,一神信仰必然是古代以色列宗教的产物。例
如,奥尔布赖特(William Foxwell Albright)就声称一神教起源于摩西,产生于
摩西在西奈山接受了雅威的十诫之后。因此,摩西可谓是一神信仰的第一人,
而摩西发明的一神教便被称为"摩西一神教"。④ 考夫曼(Yehezkel
Kaufmann)不仅推崇摩西乃一神教之起源的观点,而且还进一步削弱多神信
仰在古代以色列宗教中的存在感。他认为,古代以色列宗教中出现的多神崇

---

① Meindert Dijkstra, "El, the God of Israel—Israel, the People of YHWH: On the Origins of Ancient Israelite Yahwism", in *Only One God?: Monotheism in Ancient Israel and the Veneration of the Goddess Asherah*, pp. 81 - 126.

② Mark S. Smith, *The Early History of God: Yahweh and the Other Deities in Ancient Israel* (Grand Rapids, Michigan; Cambridge, U. K.: William B. Eerdmans Publishing Company, 2002), p. 11.

③ Robert Henry Pfeiffer, *Religion in the Old Testament: the History of a Spiritual Triumph* (Harper, 1961), pp. 10 - 14.

④ William Foxwell Albright, *From the Stone Age to Christianity: Monotheism and the Historical Process* (Wipf and Stock Publishers. 2003).

拜现象无外乎是如魔法、巫术一类的异端。① 有些早期理论的辩护者推测一神教诞生于统一王国时期,例如,休曼(Dirk J. Human)指出,正是在统一王国时期,出现了所谓"唯有雅威"的宗教改革运动,这一运动倡导唯独崇拜雅威,并谴责古代以色列宗教中使用各种圣像的行为。②

晚期理论的支持者们大多认为一神教从开始形成到最终确立有一个过程,是历经一系列决定性历史事件的结果。马克·史密斯指出,巴比伦流放期间,古代以色列人开始了否认其他神而独尊唯一神的进程,后来通过不断与其他文化"求同"并"存异"的妥协与抗争,最终形成了一神教。③ 巴利(Denis Baly)也认为,彻底的一神教是在流放期间形成的。古代以色列人当年在西奈山上与雅威立约已播下了一神教的种子,后来的先知以利亚、阿摩司进一步促进了一神教的发展,而一神教的最终确定归功于先知以赛亚。④ 莫顿·史密斯(Morton Smith)同样强调一神教形成的阶段性和过程性。他提出,在一神教确立之前,古代以色列宗教开展的推崇雅威为最高神的几次改革已打开了通往一神教的大门。这些改革包括当时被先知所推行的宗教改良活动,也包括所谓的"唯有雅威"宗教运动,还包括约西亚的宗教改革。他进一步表示,真正的一神教仅仅出现在巴比伦流放之后。⑤

徐新在《犹太教的独一神论》⑥中,从人与自然(宇宙)关系和伦理道德建构出发,探析一神论宗教观点的含义、特征和意义。其论述宏观,视野广阔。田海华的《圣经一神论的渊源与形成》⑦,追溯了雅威崇拜的起源与发展,其充分利用圣经文本与经外文献,系统地阐述了圣经一神论的形成过程。吾敬东

---

① Yehezkel Kaufmann, *The Religion of Israel: From Its Beginnings To the Babylonian Exile* (University of Chicago Press, 1960), p.136.

② Dirk J. Human, "Aspects of Monotheism: A Continued Debate", in *Old Testament Essays*, 12(3),1999:491 – 505.

③ Mark S. Smith, *The Early History of God: Yahweh and the Other Deities in Ancient Israel*, p.3.

④ Denis Baly, "The Geography of Monotheism", in *Translating and Understanding the Old Testament: Essays in Honor of Herbert Gordon May*, pp.253 – 278.

⑤ Morton Smith, "The Common Theology of the Ancient Near East", *Journal of Biblical Literature*, 1952:135 – 147.

⑥ 徐新:《犹太教的独一神论》,载《宗教学研究》2014年第1期,第229—238页。

⑦ 田海华:《圣经一神论的渊源与形成》,载《世界宗教研究》2019年第6期,第109—119页。

的《再论一神宗教的起源》①，把一神思想和一神宗教区分开来，并提出了一神宗教产生的客观或必要条件，以及主观或充分条件。其分析深刻到位，可惜限于篇幅，并未展开讨论。虽然早期古代以色列宗教的起源与发展远在上述讨论主题所在时期之前，但这些学者观察问题的角度和分析问题的切入点，给本研究带来很多启迪。

三、 关于文化交互往来的理论

关于文化交互往来的理论大致可被归为两类："中心——边缘"理论；后殖民主义视角理论。这些理论对我们深入理解迦南地区的宗教融合现象，以及早期古代以色列宗教的兴起与演进，具有指导性意义。

"中心——边缘"理论又包含两种具有代表性的理论进路。其一，文化移入理论。这一进路认为，在两种异质文化接触时，所谓的"原始文化"或"传统文化"处于相对静止的状态，变化是外来者引进的。因此，外来文化作为主导文化影响并转变着本地文化，本地文化仅仅是被动的外来元素接受者。② 其二，世界系统理论。根据该进路，历史是由世界的中心所决定的，边缘与中心紧密相连，但却受到中心的紧紧控制和剥削。所以，边缘文化自然也是受中心文化摆布。③ 不难看出，"中心——边缘"理论基于一个过于简单化的模式：中心定义边缘。这就赋予边缘文化一个消极、被动、静止的角色，削弱了边缘文化在和其他文化交互往来过程中的积极作用和贡献。于是，"中心——边缘"理论自然受到了后殖民主义视角理论的批判。

后殖民主义视角理论定义了几个文化交互往来过程中的现象：文化杂交（Hybridization），克里奥尔化（Creolization），文化纠缠（Entanglement）。文化杂交指的是两种文化（尤其是殖民者文化与被殖民者文化）相遇、相混合，最终

---

① 吾敬东：《再论一神宗教的起源》，载《华东师范大学学报》（哲学社会科学版）2008 年第 3 期，第 104—110 页。

② M. Dietler, "Colonial Encounters in Iberia and the Western Mediterranean: An Exploratory Framework", in *Colonial Encounters in Ancient Iberia: Phoenician, Greek, and Indigenous Relations*, M. Dietler and C. López-Ruiz eds. (Chicago, 2009), pp. 3 – 48.

③ A. E. Killebrew, *Biblical Peoples and Ethnicity: An Archaeological Study of Egyptians, Canaanites, Philistines, and Early Israel, 1300 – 1100 B. C. E.* (Atlanta, 2005).

导致两种文化相互谈判,从而创造出一种新的文化。① 相比于之前的"中心——边缘"理论,文化杂交的理念强调了本土文化的重要性。克里奥尔化是一个语言学概念,指的是两种不同语言的融合最终导致一种新方言的形成。此概念也被广泛应用于跨文化协调的过程中,并可用于展现艺术、宗教方面的变化。② 近年来,文化纠缠这一术语被一些学者所推崇。因为,这一术语不仅囊括了处于文化纠缠过程中的任何一方,而且还生动地展现了文化互动的过程性与复杂性,与此同时,更表明了文化往来的结果——创造出不同于之前的崭新文化而非仅仅是之前的几种文化之和。③ 我们看到,后殖民主义视角这三个概念的共同之处在于:在文化交互往来中对本地文化的强调。不同于传统的"中心——边缘"理论,后殖民主义视角并不把本地文化视为消极被动的文化接受者。

第三节　研究进路

一、 研究资料来源

考古发现:本研究将充分利用古代迦南地区的考古发现。物质文化遗存不但为古代以色列民族和宗教兴起的历史重构提供了实实在在的物质证据,而且还避免了文献资料作者的主观意向。因此,考古发现能够相对真实地反映所在时期的历史现实。在选择考古资料时,本研究将从与古代以色列宗教相关的物质文化遗存入手,尤其是反映当时信仰的宗教场所遗址(神殿、神龛等);以及在宗教崇拜场所发现的各类考古数据,如帮助解释当时崇拜行为和祭祀仪式等的各类宗教物品(小雕像、崇拜座等),貌似与宗教实践无关但其实

---

① A. B. Knapp, "Matter of Fact: Transcultural Contacts in the Late Bronze Age Eastern Mediterranean", in *Materiality and Social Practice: Transformative Capacities of Intercultural Encounters*, J. Maran and P. W. Stockhammer eds. (Oxford, 2012), pp. 32 – 50.

② J. Webster, "Creolizing the Roman Provinces", *American Journal of Archaeology* 105, 2001:209 – 225.

③ P. W. Stockhammer, "Entangled Pottery: Phenomena of Appropriation in the Late Bronze Age Eastern Mediterranean", in *Materiality and Social Practice: Transformative Capacities of Intercultural Encounters*, J. Maran and P. W. Stockhammer eds. (Oxford, 2012), pp. 89 – 103. P. W. Stockhammer, "From Hybridity to Entanglement, From Essentialism to Practice", *Archaeological Review from Cambridge 28*, 2013:11 – 28.

能够在很大程度上帮助还原当时崇拜活动的各类其他物品(器皿、工具等),以及体现当时宗教状况的各类文图遗留(石碑等)。本研究将借助对这一系列相关物品的详尽分析,尽可能准确地呈现当时人们的宗教生活面貌。

《希伯来圣经》:为了重构成型后的古代以色列宗教,自然需要对已知的、留存至今的相关文献加以考察。在考古数据缺乏的情况下,本研究以《希伯来圣经》审慎佐证。作为史料,《希伯来圣经》有其自身的局限性。鉴于其文本不但历经诸多写作阶段,而且几经修改、编纂终至成书,所以在将其作为历史重构的佐证时,需格外谨慎并保持存疑与批判的学术精神。此外,同任何其他文学作品一样,《希伯来圣经》难免反映其作者之立场与态度,因此,将其作为重构古代以色列宗教之形成过程的唯一依据并不妥当。但是,一方面,圣经成文基于口传原型,口传形式有其生活背景,从中我们得以窥见当时的宗教生活面貌。① 另一方面,圣经叙述有一定的历史基础,保留了历史事件记忆。② 此外,正是由于圣经成书晚于古代以色列宗教的形成,于是,借助其记载,我们恰恰得以窥探已然成型的古代以色列宗教概况。③

二、 研究方法

开展宗教研究,尤其是有关古代宗教的研究,多以文献资料为依据。值得指出的是,考古学凭借其特有的视角,如若利用得当,必然能在宗教研究方面大放异彩。过去,宗教考古学被严格视为老式的文化历史学领域④,但随着一些从考古视角对"宗教"和"仪式"的研究的出现⑤,这一情况已然改变。正如

---

① 梁工:《圣经形式批评综论》,载《世界宗教研究》2011 年第 4 期,第 89 页。

② Mark S. Smith, *The Early History of God: Yahweh and the Other Deities in Ancient Israel*, p.14.

③ 关于以《希伯来圣经》审慎佐证的可行性,详见本书第五章第二节。

④ D. S. Whitley, J. D. Keyser, "Faith in the Past: Debating an Archaeology of Religion", *Antiquity*, 2003, 77:385.

⑤ C. Renfrew, *The Archaeology of Cult: The Sanctuary at Phylakopi*, London, 1985; C. Renfrew, "The Archaeology of Religion", C. Renfrew, and E. B. W. Zubrow, eds., in *The Ancient Mind: Elements of Cognitive Archaeology* (Cambridge, 1994), pp. 47 – 54; T. Insoll, *Archarology, Ritual, Religion*, London and New York, 2004; E. Kyriakidis, The Archaeology of Ritual, Los Angeles, 2007; D. S. Whitley and K. Hays-Gilpin, *Belief in the Past: Theoretical Approaches to the Archaeology of Religion*, Walnut Creek, 2008.

罗恩(Yorke M. Rowan)所指出的[①],考古学凭借其长期的视野,对宗教和仪式实践的研究具有独特的贡献。而如果能够同时借助考古发现和文献记载两种数据来源,并对二者所提供的材料加以灵活运用,势必大大扩展研究知识涉及面,增强研究论证可信度,对宗教形成的分析与重构也将变得更加客观、准确。

本书研究对象——古代以色列宗教——可谓是久远尘封的存在,鉴于此,试图追溯其形成背景本已不易,想要达到对其形成过程本来面貌的精准把握更是难上加难。尽管我们无法直接把握当时古代以色列宗教的抽象信仰,但我们仍然能够通过物质文化遗存获得对过去崇拜实践的了解。[②] 由于宗教信仰深嵌在人们日常、例行的行为中,它们是可观察的,并且可以在考古语境下进行分析。[③]

故而,考古资料和文献资料乃是本研究相辅相成的两大支柱,试图在理解这个古老宗教之形成的过程中舍去任何一方做研究都是行不通的,唯有对这两方面的资料来源加以综合考量与利用,才能最大限度地获取可靠证据,尽可能地避免偏差,从而实现对古代以色列宗教兴起和演进的最优还原。同时,学术界针对古代以色列民族之起源的相关理论,在研究的推进过程中也能提供方向性的指导与进路范式。

因此,本研究在探索古代以色列人及其宗教形成时,对其所处时期、所在地域和所实践的宗教崇拜的考察,主要依靠当时当地的相关考古资料;在还原成型的古代以色列宗教概况时,考古资料之外还会以《希伯来圣经》的记述加以佐证;在探讨古代以色列民族和宗教形成的推动力方面,综合考量自然生态环境、地缘政治形势和时代生存境遇等广阔背景。

在考古发现研究方面,本书将首先收集并整理已出土并出版的相关考古数据,进而从类型学、功能学等角度对这些数据加以分类描述与整合分析,为还原古代以色列宗教形成时的迦南宗教崇拜现象提供物质文化方面的证据。在文献资料使用方面,本研究将对《希伯来圣经》相关经文进行研读,解

① Yorke M. Rowan, *Beyond Belief: The Archaeology of Religion and Ritual*, Archaeological Papers of the American Anthropological Association, 2012, 21:1-10.

② C. Renfrew, The Archaeology of Cult: The Sanctuary at Phylakopi (London, 1985), p. 11.

③ L. Fogelin, "Delegitimizing Religion: The Archaeology of Religion as … Archaeology", in *Belief in the Past: Theoretical Approaches to the Archaeology of Religion* (Walnut Creek, 2008), pp. 129-141.

读其字面含义,分析其深层寓意,以最大程度地获取揭示古代以色列宗教信仰观念的线索依据。在此基础上,本书将对古代以色列宗教兴起时期的诸多方面的背景状况加以综合考量,进而剖析古代以色列人当时所面临的自然生态、社会、政治、文化及时代危机对古代以色列民族和宗教形成的推动作用。

第四节　研究框架

本书分为八部分。绪论主要引入研究主题,探讨研究方法;正文六章层层展开对研究对象诸方面的考察;结语概述研究结论,点明选题意义。

绪论部分首先对选题依据进行说明。其次,对研究背景加以综述。再次,介绍研究进路,陈述资料来源并梳理研究方法。最后,提纲挈领勾勒出研究整体的结构框架,概括研究主要内容。

第一章从信仰和实践古代以色列宗教的主体出发,探讨了古代以色列民族的起源。首先梳理了学术界对古代以色列民族起源的两类假设与论证:外来起源与迦南本土起源。这两类可能性又分别囊括了有关古代以色列民族之起源的不同理论。如若起源于迦南之外,古代以色列民族的形成也许得益于外来游牧民族的和平渗透;或许是外来移民军事征服的结果。如若起源于迦南本土,古代以色列民族可能由迦南本地经历了社会变迁的游牧民族所构成;也可能是迦南当地农民起义最终导致了古代以色列民族的出现。在此基础上,本章引入分解理论这一新范式,进一步对古代以色列民族的起源问题加以理论整合。

第二章以相关考古发现为依据,为第一章得出的有关古代以色列民族之起源的结论提供物质文化上的证据支持。所借助的考古发现包括最早记载了"以色列"的梅伦普塔石碑,对应时期迦南中央高地人口激增的现象以及所在定居点缺乏猪骨的现实。

第三章通过对贝特谢安遗址的案例分析,细节呈现了古代以色列宗教形成时期,迦南地区典型的宗教互动和宗教融合,具体说来,即迦南宗教表达与古埃及信仰和崇拜的互动融合。本章着墨于贝特谢安第七层神殿的考古数据,对该神殿各个位置地点所出土的考古发现进行了精细分类、详尽描述和深入探析。

第四章通过对米吉多遗址的案例分析,进一步论证了古代以色列宗教兴起之时,迦南地区普遍存在埃及和迦南的宗教融合现象。采用与贝特谢安第七层神殿相同的考古发现分类方法和考古数据处理模式,本章对米吉多2048号神殿的出土物品进行了描述与分析,补充和强化了贝特谢安遗址的案例分析结论。

第五章借助现有考古数据,尝试还原古代以色列宗教的兴起与演进,并推断早期古代以色列宗教既是对迦南传统的延续,又是对迦南传统的变革。透过《希伯来圣经》的记叙,本章勾勒出古代以色列宗教在多神崇拜背景下挣扎推进单神崇拜的尝试,并揭示兴起之初的古代以色列宗教仍然是一种融合宗教。

第六章将古代以色列民族和宗教置于古代近东的时代、地域等大背景之下,探求其兴起的诸方面推动力。本章从以农业边缘地区为特征的自然生态环境,以埃及霸权衰落为主导的地缘政治形势变化,由青铜晚期大崩溃所带来的集体性创伤等方面切入,探究古代以色列民族和宗教的塑造条件与形成推动力。

结语部分将对本研究进行整体性的概括与总结,阐明基本结论,指出研究意义,并提出未来其他相关研究的可能性。

第一章 古代以色列民族 之起源的理论探讨

　　当我们谈论古代以色列宗教的形成时,永远绕不开谈论古代以色列民族的起源。古代以色列宗教,从其命名便可看出,是古代以色列人的宗教。那么,随之而来的问题就是,古代以色列人是谁? 古代以色列人来自哪里? 古代以色列人在何种情况下定居迦南地区? 古代以色列人以什么样的方式生活并发展出何种形式的定居点?

　　在尝试解答这些问题时,我们先来明确迦南这个概念。古代迦南地区在很大程度上与现代以色列的领土重合。其南部和西部大致以海岸线为界:南部到达红海的亚喀巴湾;西部毗邻地中海;东部大致以约旦河谷为界;北部边界延伸至叙利亚和黎巴嫩南面的高地。从地理位置来看,古代迦南地区与南黎凡特地区①基本覆盖了相同的区域,该地区占据着连接亚洲及非洲两块大陆的通道位置。放眼更加广阔的地中海沿岸以及古代近东,古代迦南地区更是占据了战略性中心位置。早在青铜时代早期(the Early Bronze Age),这里的定居者就在政治、文化、经济等诸多方面受到了其西南方向(埃及)与北部及东北方向(叙利亚与美索不达米亚)逐渐崛起的大国的影响。②

　　迦南高地和山区的考古挖掘发现了众多密集的小型定居点,这些定居

---

　　① 黎凡特(the Levant)地区,坐落于地中海东岸,包括了当今土耳其、叙利亚和黎巴嫩的土地。南黎凡特(the Southern Levant)地区,顾名思义也就是黎凡特地区的南部,指的正是传统意义上的巴勒斯坦(Syro-Palestine)地区,亦大致相当于《希伯来圣经》中常常提到的迦南地区,覆盖了当今以色列、西奈半岛及外约旦(约旦河东岸)的区域。南黎凡特地区北部以利塔尼河为界,东至约旦裂谷,南达亚喀巴湾,西面毗邻地中海与西奈沙漠。

　　② Jonathan M. Golden, *Ancient Canaan and Israel: New Perspectives* (Santa Barbara, California: ABC-CLIO, 2004), pp.15 – 16.

点出现的时间跨度大约跨越几代人,并落入从青铜时代晚期之末,相应的绝对年代大约为公元前 1300 年至公元前 1200 年①,到铁器时代早期,相应的绝对年代大约为公元前 1200 年至公元前 1000 年②,其间的过渡阶段。诸多学者提出,并且大多数学者也同意,这些定居点具有鲜明的物质文化特点,这个群体正是最早的古代以色列人,也正是这一社群的建构,逐步形成了古代以色列人的民族身份,并于其发展巅峰最终实现了古代以色列人的政权整合。③

需要明确指出的是,在将青铜时代晚期之末到铁器时代早期这段时期的迦南高地定居者定义为最早的古代以色列人时,我们指的是一个持续发展的过程,而不是一个已然发展完毕的、完全凝固在充分的民族意识中的一个结果。这个尚在发展中的群体,为后来逐步成型的古代以色列民族奠定了基础。那么,构成以色列民族的这些最初的迦南高地和山区的定居者是谁? 他们又来自哪里?

学术界对古代以色列民族之形成的问题争论不休。关于出现在迦南地区的古代以色列人到底是谁以及他们究竟从何而来的问题,理论众多且各异,但大致可以被归为两个方向:一部分学者推测古代以色列人主要来源于迦南之外的地区;另一部分学者认为古代以色列人主要起源于迦南本土。其中,前者又细分为如下值得一提的理论:外来游牧民族和平渗透理论;外来移民军事征服理论以及传统的出埃及理论。后者则包括以下两种观点:迦南本土游牧民族社会变迁理论;迦南本土农民起义社会革命理论。

上述每种理论都各自重点考察和强调了古代以色列民族起源的某一个或某几个特定方面,并辅之以相关可循的文献依据或可用的考古发现。值得指出的是,这些理论也分别都有其不可避免的弱点和缺陷,每一种理论在尝试解答古代以色列民族的起源时,都难以给出全面且具有压倒性的证据,而不得不弱化甚至忽略一些细节。于是,对于古代以色列民族在迦南地区出现的探讨,我们无法找到一个确切的解决方案,毕竟,没有任何一种理论能够囊括所有的文献的和考古的资料,并在考察所有现有材料的基础上毫无疏漏地自圆其说。

---

①　Amihai Mazar, *Archaeology of the Land of the Bible: 10,000 -586 B.C.E.* (New York: Doubleday, 1992), p.238.

②　Ibid., p.296.

③　Richard S. Hess, *Israelite Religions: An Archaeological and Biblical Survey* (Grand Rapids, Michigan: Baker Academic; Nottingham, England: Apollos, 2007), pp.212-213.

于是，新范式呼之欲出，分解理论更综合、更全面地考量了古代以色列民族之形成，并将其置于更纵深、更广阔的历史境遇之中。

第一节　古代以色列民族之外来起源

一、　外来游牧民族和平渗透理论

关于古代以色列民族的形成，最早提出且被普遍接受的理论认为，古代以色列人于青铜时代晚期至铁器时代早期的过渡阶段出现在迦南地区。这一群体拥有游牧民族的背景，分散定居于迦南的高地和山区，并逐渐联合构成了我们所讨论的"古代以色列人"。有的学者认为这些游牧民族是已经居住在迦南地区的本地人；有的学者则指出，这些游牧民族来源于迦南之外的区域。秉持后者观点的学者阿尔特（Albrecht Alt）[①]和诺斯（Martin North）[②]于是提出了"外来游牧民族和平渗透理论"[③]。

根据这一理论，最早的古代以色列人是来自外约旦（Transjordan）、叙利亚和埃及等地的游牧人群，他们来到迦南地区原本无人定居的山地，在这里逐渐定居并建立了稳定的村落。[④] 阿尔特提出，青铜时代晚期，这群从不同方向迁徙而来的游牧群体在迦南高地的定居不但是一个长期、逐步的过程，历经几个世纪，而且也基本是一个和平的进程，尤其是在定居早期，并没有遇到武力干涉或出现武装冲突。[⑤] 因此，我们将其理论称作"外来游牧民族和平渗透理论"。

在阿尔特看来，这群移居至迦南高地的游牧民族并没有漫无目的地四处游荡，而是带着他们的畜群遵循着固定的季节性路线迁徙。冬季，他们停留在

---

① Albrecht Alt, trans. R. A. Wilson, "The Settlement of the Israelites in Palestine", in *Essays on Old Testament History and Religion*, Sheffield: Sheffield Academic Press, 1989.

② Martin Noth, trans. A.C. Black, *The History of Israel*, London: SCM Press, 1960.

③ Robert A. Mullins, *The Emergence of Israel in Retrospect*; Thomas E. Levy, Thomas Schneider, William H. C. Propp, *Israel's Exodus in Transdisciplinary Perspective: Text, Archaeology, Culture, and Geoscience* (Switzerland: Springer International Publishing, 2015), pp. 519－520.

④ William G. Dever, *Archaeology and The Emergence of Early Israel*; John R. Bartlett, *Archaeology and Biblical Interpretation* (London: Routledge, 1997), p.24.

⑤ Koert van Bekkum, *From Conquest to Coexistence: Ideology and Antiquarian Intent in the Historiography of Israel's Settlement in Canaan* (Leiden: Koninklijke Brill NV, 2011), pp.7－8.

迦南以外的沙漠边缘;夏季,他们便来到迦南的山地放牧。随着时间的推移,这些游牧群体渐渐定居于这片他们已熟悉的夏日牧场,逐步发展出类似农业定居者般的生活。① 由于迦南山地鲜有人居住,人烟稀少,所以这群外来放牧者在此定居并没有遇到阻力,更谈不上有什么冲突。随着定居部落越来越稳定,定居人口数量越来越多,对于各类资源的需求必然不断攀升。定居部落的扩张需要更多的土地,定居人群和兽群的增长需要更多水源等自然资源,这就不可避免地造成了外来游牧民族与迦南本地人的竞争甚至冲突。阿尔特进一步假设,正是对土地以及水资源等的争夺,最终导致了迦南地区长期的局部冲突和诸多小规模战争,而这些冲突与战争恰恰为《希伯来圣经》中例如《士师记》《约书亚记》等所描写的早期以色列人与其邻居迦南人、非利士人之间的争夺与斗争提供了素材。②

外来游牧民族和平渗透理论在很多方面与《希伯来圣经》的叙述产生共鸣。例如,《创世记》中描述的族长们明显过着游牧式的生活。"耶和华对亚伯兰说:你要离开本地、本族、父家,往我所要指示你的地去……亚伯兰就照着耶和华的吩咐去了;罗得也和他同去。亚伯兰出哈兰的时候年七十五岁。亚伯兰将他妻子撒莱和侄儿罗得,连他们在哈兰所积蓄的财物、所得的人口,都带往迦南地去。他们就到了迦南地。"③

此外,迄今为止,考古领域并未发现古代以色列人所带来的"摧毁层"④,而外来游牧民族和平渗透理论也完美避开了摧毁层证据缺席的尴尬⑤。毕竟,根据这一理论,这些来自迦南之外的游牧民族,带着他们的羊群和牛群,稀疏而分散地定居在原本无人居住的迦南山地,和平地在迦南城镇边缘的山区扎下根来。同时,考古证据表明,青铜时代晚期,迦南地区整体出现了城镇化

---

① Koert van Bekkum, *From Conquest to Coexistence: Ideology and Antiquarian Intent in the Historiography of Israel's Settlement in Canaan*, p.8.

② Ibid.

③ 《创世记》12:1—5,见于《圣经·中英对照》,上海:中国基督教三自爱国运动委员会,2007年,第18页。本书引用中文圣经均出自和合本。

④ 一般情况下,如果某一地区在历史上确实经历了毁灭性的灾难,例如:战争,地质灾难,气候灾难等,那么在考古发掘的过程中,挖掘到该地区在经历这一毁灭性灾难的堆积层时,是能够找到相关明确迹象与证据的,例如:烧毁的建筑结构,大量聚集堆积的日常用品等。考古学上我们把这一层明显体现该地区在该时期遭遇毁灭性灾难的地层形象地称为"摧毁层"。

⑤ William G. Dever, *Archaeology and The Emergence of Early Israel*; John R. Bartlett, *Archaeology and Biblical Interpretation*, p.24.

发展减缓,在青铜时代晚期到铁器时代早期的这一阶段,迦南的城镇面积缩小,而村落分布却在该地区有大幅增加。[①]

尽管考古发现并没有揭露明确反对外来游牧民族和平渗透理论的证据,但却也并未提供支持这一理论的强有力证明。因此,这一理论长期以来在学术界被忽视甚至为人诟病。部分原因是因为我们无法找到青铜时代晚期关于游牧民族移居迦南地区的考古依据。值得指出的是,想找到游牧民族这一群体在某一地区生活的考古证据本来就不是一件容易的事,毕竟,他们不同于长期定居某一地区的人群,由于他们不断流动迁徙的生活方式,很难在某一地区留下得以被考古学家发现的具有代表性意义的物质文化。于是,外来游牧民族和平渗透理论被有的学者称作"沙漠理想"[②]。在这些学者看来,或许,古代以色列人确实有一部分游牧人群,但也仅仅是一小部分。认为古代以色列人是从迦南之外的沙漠迁徙而来的想法,不过是一种"理想",是一个期冀《希伯来圣经》中的故事有理可依、有据可循的浪漫化虚构。

二、 外来移民军事征服理论

关于古代以色列人起源的问题,最古老也是我们最熟悉的解释来自《希伯来圣经》的叙事。这一观点始于《出埃及记》的细述,也就是我们耳熟能详的出埃及的故事:以色列人在埃及受欺压[③],耶和华"听见以色列人被埃及人苦待的哀声"[④],应许拯救,引领他们在摩西的带领下,出埃及[⑤]。以色列人过红海[⑥],来到西奈的旷野[⑦],并在那里流浪了四十年[⑧],直至耶和华允许他们前往迦南[⑨],也就是耶和华向他们列祖起誓应许赐给以色列人的流奶与蜜之地[⑩]。

---

① Alexander H. Joffe, "The Rise of Secondary State in the Iron Age Levant", *Journal of the Economic and Social History of the Orient*, 2002, 45(4): 431.

② William G. Dever, *Archaeology and The Emergence of Early Israel*; John R. Bartlett. *Archaeology and Biblical Interpretation*, p.25.

③ 《出埃及记》第 1 章。

④ 《出埃及记》6:5。

⑤ 《出埃及记》12:31—42。

⑥ 《出埃及记》13:17—15:21。

⑦ 《出埃及记》第 19 章。

⑧ 《约书亚记》5:6。

⑨ 《约书亚记》第 1 章。

⑩ 《约书亚记》5:6。

为了夺取应许之地，以色列人向迦南发动了武力争战①。

　　根据《约书亚记》的进一步详述，摩西死后，以色列十二支派在约书亚的带领下②，从外约旦越过约旦河③，并在他们的神耶和华的庇佑下，攻陷耶利哥(Jericho)城④、艾(Ai)城⑤等迦南诸城，战败迦南诸王⑥，杀尽攻取城池的大部分人口⑦，争夺并占领了迦南多地⑧。"这样，约书亚击杀全地的人，就是山地、南地、高原、山坡的人，和那些地的诸王，没有留下一个。将凡有气息的尽行杀灭，正如耶和华以色列的神所吩咐的。约书亚从加低斯巴尼亚攻击到迦萨，又攻击歌珊全地，直到基遍。约书亚一时杀败了这些王，并夺了他们的地，因为耶和华以色列的神为以色列争战。"⑨

　　依托《希伯来圣经》的相关记载，并结合考古发现，一些学者提出了外来移民军事征服理论。奥尔布赖特(William Foxwell Albright)⑩指出，考古证据表明，迦南城伯特利(Bethel)在青铜时代晚期至铁器时代早期的地层存在明显且广泛的物质文化中断，这意味着伯特利城的坍塌就落入这一时期，在考古上即体现为一个摧毁层(公元前 1225 年至公元前 1175 年)。而根据他的观点，迦南的伯特利城与艾城在地理位置和文化传统上紧密相关，因此，考古学证实的青铜时代晚期伯特利城的摧毁很有可能对应《约书亚记》关于艾城被毁的记载。同理，拉吉(Lachish)⑪同样出土了摧毁层，也被奥尔布赖特追溯到大致这一时期⑫。在发掘了几个青铜时代晚期含有摧毁层的遗址之后，该学者

---

① 《约书亚记》11:15—23。

② 《约书亚记》第 1 章。

③ 《约书亚记》第 3 章。

④ 《约书亚记》第 6 章。

⑤ 《约书亚记》第 8 章。

⑥ 《约书亚记》第 12 章。

⑦ 《约书亚记》第 10 章。

⑧ 《约书亚记》第 11 章。

⑨ 《约书亚记》10:40—42。

⑩ William Foxwell Albright, "*The Kyle Memorial Excavation at Bethel*", *Bulletin of the American Schools of Oriental Research*, 1934,56:2 - 15.

⑪ "拉吉"也被译作"莱基"。

⑫ William Foxwell Albright, "Further Light on the History of Israel from Lachish and Megiddo", *Bulletin of the American Schools of Oriental Research*, 1937,68:22 - 26.

进一步得出结论[①]，认为这些遗址与《约书亚记》中所提到的迦南诸城相符，并具体指出这些城邑被毁于公元前十三世纪末。据此，奥尔布赖特率先发展出与《希伯来圣经》叙述一致的古代以色列人军事征服迦南的理论。

雅丁（Yigael Yadin）[②]在夏琐（Hazor）[③]的发掘中找到的暴力摧毁层，也被他自信地追溯至青铜时代晚期，同样是公元前十三世纪末（大约公元前1200年）。《约书亚记》明确记载了被攻陷夺取的夏琐："当时约书亚转回夺了夏琐，用刀击杀夏琐王；素来夏琐在这诸国中是为首的。以色列人用刀击杀城中的人口，将他们尽行杀灭，凡有气息的没有留下一个。约书亚又用火焚烧夏琐。"[④]在雅丁看来，攻取并焚毁夏琐的正是古代以色列人，考古发现印证了《希伯来圣经》承载的关于夏琐命运的历史记忆。据此，在古代以色列人来源的问题上，该学者也为军事征服理论做辩护。

外来移民军事征服理论可谓简单朴素，并且符合《希伯来圣经》的叙事传统。但是，也不难看出，这一理论直接基于对《出埃及记》，尤其是对《约书亚记》的非批判性解读。因此，在解释古代以色列人来源的问题上，外来移民军事征服理论不但受到了考古学界压倒性的否决，而且也遭到了圣经学者的摒弃。毕竟，出埃及的故事虽然在《希伯来圣经》中被绘声绘色地记述，但却没有出现在埃及新王国时期的文献亦或任何其他文字记载中。

经过考古学家深入细致的探索，西奈沙漠中也没有发现游牧路线或流浪营地[⑤]。根据《民数记》的记载，古代以色列人迁往迦南的路途中，以东（Edom）不容他们通过[⑥]，不得不绕过以东地[⑦]；在穿越往摩押（Moab）的路程[⑧]之后，他们又遭到亚摩利（Ammon）人的阻挠，亚摩利人的王西宏（Sihon）不容以色列人从他的境界经过，并攻击以色列人，与其争战。以色列人夺取这

---

① William Foxwell Albright, "The Israelite Conquest of Canaan in the Light of Archaeology", *Bulletin of the American Schools of Oriental Research*, 1939, 74:11 - 23.

② Yigael Yadin, *Hazor* (Schweich Lectures on Biblical Archaeology), Oxford: Oxford University, 1972.

③ "夏琐"也被译作"哈佐尔"。

④ 《约书亚记》11:10—11。

⑤ William G. Dever, *Archaeology and The Emergence of Early Israel*; John R. Bartlett, *Archaeology and Biblical Interpretation*, p.22.

⑥ 《民数记》20:14—21。

⑦ 《民数记》21:4。

⑧ 《民数记》21:10—20。

一切的城邑，就住在亚摩利人之地①。《希伯来圣经》中提到的这些地区——以东、摩押和亚摩利，都坐落于外约旦，而大部分的外约旦地区已历经广泛的考古勘测和考察。但是，考古结果清楚地表明，以东人（Edomites）、摩押人（Moabites）、亚摩利人（Amorites）及其他《希伯来圣经》记述的以色列人遇到的人们，在青铜时代晚期尚未定居于此，这些人在外约旦地区的定居至少要等到两三个世纪之后②。鉴于青铜时代晚期的外约旦地区根本没有以东人、摩押人和亚摩利人的踪影，以色列人又怎么可能跟他们相遇？何谈与他们争战？以色列又何从攻取尚未存在的城邑？

同理，《约书亚记》详细记载的耶利哥城③和艾城④，也已被充分挖掘。考古学家并未找到任何有说服力的证据支持《希伯来圣经》对这两座城被攻陷和夺取的描述。耶利哥城所谓遭以色列人摧毁的防御工事被证实存在于青铜时代早期⑤。尽管耶利哥城遗址确实出土了零星的青铜时代晚期遗迹，但这些遗迹并不能被划归于公元前十三世纪末，于是也无法支持以奥尔布赖特为代表提出的古代以色列人军事征服迦南理论。艾城的发掘也未能提供青铜时代晚期该城被毁的证据。甚至，考古发现，艾城遗址在公元前十三世纪末的地层完全缺席，表明在这一时期艾城无人定居。⑥ 简言之，在古代以色列人起源的问题上，考古证据明确否定了外来移民军事征服理论。正如德弗（William G. Dever）的总结："《希伯来圣经》所提到的迦南遗址要么没有被摧毁，要么没有在'需要的时期'被摧毁，要么就是被（以色列人之外的）其他人，例如来自海洋的入侵民族非利士人所摧毁。"⑦

---

① 《民数记》21:21—31。

② William G. Dever, *Archaeology and The Emergence of Early Israel*；John R. Bartlett, *Archaeology and Biblical Interpretation*, p.22.

③ 《约书亚记》第6章。

④ 《约书亚记》第8章。

⑤ Kathleen M. Kenyon, *Archaeology in the Holy Land* (New York: Praeger, 1970), pp. 210-212.

⑥ William G. Dever, *Archaeology and The Emergence of Early Israel*；John R. Bartlett, *Archaeology and Biblical Interpretation*, p.23.

⑦ William G. Dever, *Archaeology and The Emergence of Early Israel*；John R. Bartlett, *Archaeology and Biblical Interpretation*, p.24.

第二节　古代以色列民族之迦南本土起源

一、迦南本土游牧民族社会变迁理论

上文提到过，坚信古代以色列人是游牧民族逐渐定居而形成的群体的学者，在游牧民族是外来者还是本地人方面出现了分歧。在芬克尔斯坦因（Israel Finkelstein）①看来，那些在迦南的山区和高地放牧并逐渐定居的人们，是早已熟悉这片土地的本土牧民。与西尔伯曼（Neil Asher Silberman）一起，芬克尔斯坦因提出，根据考古发现，一方面，坐落于迦南地区中央山地的村庄的出现与古代以色列人的出现时间重合，因此这些村庄不能被排除与古代以色列人相关联；另一方面，这些村庄所在的位置表明居住在那里的人们是需要照看兽群的牧民，而村庄呈椭圆形状，进一步表明这些牧民需要椭圆形的布局以便圈养他们的畜群。因此，"最早期以色列人其中的一大部分是游牧民。"②

根据芬克尔斯坦因的观点，青铜时代晚期迦南地区山地定居点的出现不是偶发的独立现象，而应被理解为公元前三千年至公元前两千年这一区域定居点发展过程的有机构成，是该地区定居点出现又没落再出现再没落这样一个循环往复过程的组成部分。③ 据此，有学者把古代以色列人在迦南地区的出现视作一种"社会进化"，视作"黎凡特地区定居点规律变化的一个节奏点"，视作"游牧与农业的生活方式周期循环运动的一个发展阶段"④。正因如此，笔者将认为古代以色列人主要由迦南本地游牧民族构成的推测总结称为"迦南本土游牧民族社会变迁理论"。

---

① Israel Finkelstein, "Ethnicity and Origin of the Iron I Settlers in the Highlands of Canaan: Can the Real Israel Stand Up?", *The Biblical Archaeologists*, 1996,59(4):198-212.

② Israel Finkelstein, Neil Asher Silberman, *The Bible Unearthed: Archaeology's New Vision of Ancient Israel and the Origins of Its Sacred Texts* (New York: Touchstone, 2002), pp. 111-113.

③ Israel Finkelstein, "The Emergence of Israel in Canaan: Consensus, Mainstream and Dispute", *Scandinavian Journal of the Old Testament*, 1991,5(2):56.

④ Lawson G. Stone, *Early Israel and Its Appearance in Canaan*; Bill T. Arnold, Richard S. Hess, *Ancient Israel's History: An Introduction to Issues and Sources* (Michigan: Baker Academic, 2014), pp.127-128.

　　不得不提，这一理论的强势力量，正是在于其放眼长期的视角。[1] 该理论强调，长达千年的历史，见证了诸多周期性的起落：迦南地区的城镇在发展与衰落的循环中形成与瓦解；迦南高地的聚居点在废墟之间一次次被建立又一次次被遗弃；迦南山地的居民在牧民定居化和农民流浪化的模式中寻求生存，在牧民和农民之间转换身份；迦南地区的政治实体也在力量积聚和力量削弱的交替间隔中发展壮大和崩溃坍塌。

　　芬克尔斯坦因具体指出，在公元前第三个千年至第二个千年这段时间里，迦南的高地和山区经历了三次循环往复的过程。每一次循环都历经以下步骤：首先，一波定居点的出现；其次，筑有防御工事的定居中心的形成；接着，这样的定居中心甚至被逐步组织成为大型政治实体；最后，这些大大小小的定居点都出现定居人群的危机，随之而来的是这些定居中心在危机中垮塌消失。[2] 第一次与第二次循环的定居点发展高潮分别发生在青铜时代早期和青铜时代中期，青铜时代晚期至铁器时代早期迦南地区定居点的变化落入第三次循环。因此，古代以色列人定居点的出现就被置于更长远、更广泛的循环运动之中，不过是该区域持续出现的历史往复变迁的一个阶段。芬克尔斯坦因进一步表示，"理解这一循环过程背后的驱动力对于理解古代以色列人的起源至关重要。"[3]

　　然而，正如被称作"沙漠理想"的外来游牧民族和平渗透理论，试图用迦南本土游牧民族来解释古代以色列人构成的理论，同样遇到了游牧群体的流动性问题，及其导致的这一群体在物质文化遗留上的不可见性进而导致的考古资料的稀缺性。不断移动的群体一旦定居下来，他们固定的物质文化就得以通过考古发掘被揭示、被考察。但是，想要追溯这一定居群体定居之前的游牧起源，考古手段的确爱莫能助。利用考古发现考证游牧起源已经相当困难，那么，试图证明游牧民族究竟是外来者还是本地人就更是难上加难。尽管如此，仍有学者表示，坚持古代以色列人源自迦南本土游牧者的观点忽略了来自迦

---

[1]　Robert A. Mullins, *The Emergence of Israel in Retrospect*; Thomas E. Levy, Thomas Schneider, William H. C. Propp, *Israel's Exodus in Transdisciplinary Perspective: Text, Archaeology, Culture, and Geoscience* (Switzerland: Springer International Publishing, 2015), p. 520.

[2]　Israel Finkelstein, "The Emergence of Israel in Canaan: Consensus, Mainstream and Dispute", *Scandinavian Journal of the Old Testament*, 1991,5(2):56.

[3]　Ibid.

南之外的影响因素①，考古记录展示出的青铜时代晚期迦南地区的大量人口增长，必然包括来自该地区之外的定居者②。

不得不承认的是，无论是外来游牧民族和平渗透理论，还是迦南本土游牧民族社会变迁理论，都面临着一个棘手的问题：青铜时代晚期至铁器时代早期，迦南高地所增长的人口数量不可能仅仅是依靠游牧民族定居化来实现的，不管这些游牧群体是本地人，还是外来者，他们都不足以构成考古发现的这一时期的人口增长。斯塔格（Lawrence E. Stager）论述道，"很难相信所有这些新发现的铁器时代早期的定居者们来自一个单一的源头，也就是所谓的放养羊群的游牧民族。在共生共栖的关系中，畜牧的群体极少超出当地人口总量的10%—15%。考虑到迦南地区贯穿青铜时代的定居者数量的下降，用拥有本土背景的游牧人群来解释铁器时代绝大多数定居人群的出现，似乎行不通。"③因此，被视为古代以色列人的这个群体，也不可能完全是来自逐渐零散稀疏定居化的，迦南本土的抑或外来的游牧民族。

二、 迦南本土农民起义社会革命理论

为了解释青铜时代晚期至铁器时代早期迦南地区中央高地的定居点增长，门登霍尔（George E. Mendenhall）④改写了古代以色列人出现的历史，提出古代以色列人实则是迦南本土地位最低的一群农民⑤。坐落于低地的迦南城邦在那时实行着封建主义制度。这里的农民没有钱财也没有产业，更没有自己的土地，作为仆人或劳动者，他们完全仰仗封建主。为了反抗养尊处优的迦南封建主，逃离迦南城邦腐败社会的掌控，受到压迫的迦南农民撤退到高地山区寻求生存与自由。于是，拒绝配合封建主统治的本地农民便构成了后来的古代以色列人。探寻古代以色列起源的另一模式——迦南本土农民起义社会

① Richard S. Hess, *Israelite Religions: An Archaeological and Biblical Survey* (Grand Rapids, Michigan: Baker Academic; Nottingham, England: Apollos, 2007), p.212.

② Ibid., 213.

③ Lawrence E. Stager, *Forging An Identity: The Emergence of Ancient Israel*; Michael David Coogan, *The Oxford History of the Biblical World* (New York: Oxford University Press, 1998), p.123.

④ George E. Mendenhall, "The Hebrew Conquest of Palestine", *The Biblical Archaeologist*, 1962, 25:66-87.

⑤ Randall Price, *The Stones Cry Out: What Archaeology Reveals About the Truth of the Bible* (Oregon: Harvest House Publishers, 1997), p.148.

革命理论就此诞生。

　　这群农民也常被学者联系甚至等同于古代近东地区的哈比鲁人（Habiru
或 Apiru）①——一个被记录在公元前第二个千年的文献中的单独群体，他们
存在于迦南城邦主流社会的边缘，是一群脱离社会的被弃者，一群反社会的叛
逆者，一群隐居于迦南农村郊野的流浪者，一群维持着半独立社区的亡命徒。
在社会经济困难时期（青铜时代晚期普遍被认为是社会经济愈发困难的时
期），一无所有的哈比鲁人联合起来，与处境相似的迦南农民一起，逃离迦南社
会精英的掌控，对抗迦南城邦封建主的统治。②

　　根据迦南本土农民起义社会革命理论，古代以色列人并非作为一个不同
于迦南本土的人种或民族出现，而是迦南土生土长的原住民；古代以色列人也
不是外来的或本地的游牧民族，而是当时定居于迦南社会的农业劳动者；古代
以色列人群体的建立起因于当时当地的农民针对迦南城邦结构的拒绝与排
斥。③ 也就是说，在这一理论看来，古代以色列人的出现源自一场革命运动，
这场运动试图推翻青铜时代晚期迦南领主的霸权。

　　戈特瓦尔德（Norman K. Gottwald）④进一步发展并详尽阐述了门登霍尔
的社会革命理论。他坚定地表示，被称为"以色列人"的这个社会政治实体，其
绝大部分由迦南本地人组成，这些从迦南低地逃离的农民与来自沙漠地区的
一小撮流亡者联合力量，在迦南中央高地山区找寻新的家园，并建立了共有的
平权社群。而这一小撮外来的流亡者，在戈特瓦尔德看来，来自埃及，正是"出
埃及"的古代以色列人⑤。他们信仰雅威，并在其信仰之神的引领下来到迦南
高地，给起义的迦南农民带来了平等、平权意识和雅威崇拜。对雅威崇拜这一
新的宗教视野的热情进而推动了迦南本土农民起义与革命的尝试。但是，戈
特瓦尔德明确指出，早期以色列的主要构成者还是迦南本地反叛的农民，外来

　　① John van Seters, J. Maxwell Miller, John H. Hayes, "A History of Ancient Israel and
Judah", *Journal of the American Oriental Society*, 1988, 108(2):66.

　　② Rivka Gonen, *The Late Bronze Age*; Amnon Ben-Tor eds., Raga'el Grinberg trans., *The
Archaeology of Ancient Israel* (New Haven and London: Yale University Press, 1992), p.214.

　　③ Donald B. Redford, *Egypt, Canaan, and Israel in Ancient Times* (Princeton: Princeton
University Press, 1992), p.266.

　　④ Norman K. Gottwald, *The Tribes of Yahweh: A Sociology of the Religion of Liberated
Israel, 1250 - 1050 B.C.E.*, Maryknoll, New York: Orbis Books, 1979.

　　⑤ Norman K. Gottwald, *The Hebrew Bible: A Socio-Literary Introduction* (Minneapolis:
Fortress Press, 1985), p.272.

者仅仅扮演了补充角色。①

学术界普遍对迦南本土农民起义社会革命理论持怀疑与拒绝的态度。首当其冲的原因在于,这一理论明显是现代马克思主义"阶级斗争"观念在古代以色列人起源问题上的投射,是利用马克思主义理论对古代以色列人出现条件的过分简化还原。② 此外,认为雅威崇拜是这场社会革命的驱动力这一观念本身就值得商榷。③ 一方面,雅威并非迦南之神,而是外来的神,起义的迦南农民为何不选择信奉本地神灵,而是选择仰仗外来信仰? 另一方面,就算迦南的反叛分子接受了外邦人带来的雅威崇拜,我们仍然需要考虑,青铜时代晚期至铁器时代早期这些起义的迦南农民,是否拥有足够的教育背景与学习能力去接受和实践一套全新的信仰系统? 正如德弗的总结:"在这个模型中,我们面临的是一个假定的社会革命,一个很大程度上依靠意识形态动机的社会革命,而想要在切实有形的物质文化遗留中检测作为这场社会革命诱因的意识形态,却极其困难。"④

尽管考古发现表明青铜时代晚期迦南城镇边缘的农业区域确实贫困,这里的经济衰落也有可能在迦南城邦坍塌的过程中扮演了催化剂的角色,但是,"却不足以构成迦南山区新一波强劲充沛的定居热潮"⑤。也就是说,迦南地区的农业人口数量并不足以解释青铜时代晚期至铁器时代早期山地农业定居点的增长。值得指出和思考的另一个问题是,如果迦南高地定居点的出现的确始于农民起义社会革命,那么,这里的建筑结构为什么少有防御工事? 充满了紧张局势与矛盾冲突可能性的定居社群为什么大多都未设防? 同样的道理,如果迦南高地定居点的出现是逃离迦南封建主统治的结果,那么,为什么这些反叛者流亡者没有尽可能远离其压迫的源头,而是将其定居的社区建立在迦南城邦中心附近? 简言之,并没有直接且足够充分的考古证据支持迦南本土农民起义确

---

① Norman K. Gottwald, *The Hebrew Bible: A Socio-Literary Introduction* (Minneapolis: Fortress Press, 1985), pp. 272 - 276.

② William G. Dever, *Archaeology and The Emergence of Early Israel*; John R. Bartlett, *Archaeology and Biblical Interpretation*, p. 25.

③ Ibid.

④ William G. Dever, *Who Were the Early Israelites and Where Did They Come From?* (Grand Rapids, Michigan; Cambridge, U. K.: William B. Eerdmans Publishing Company, 2003), p. 74.

⑤ Israel Finkelstein, Neil Asher Silberman, *The Bible Unearthed: Archaeology's New Vision of Ancient Israel and the Origins of Its Sacred Texts* (New York: Touchstone, 2002), p. 105.

有其事，也没有相关文献记载了在这一时期这一地区的社会革命确有发生。

第三节　古代以色列民族之起源的新范式与理论整合

一、 古代以色列民族之起源的新范式——分解理论

　　试图解答古代以色列人形成的问题，莱姆切（Niels Peter Lemche）①、斯塔格②、利维拉尼（Mario Liverani）③等学者以多样的方式提出了新的范式，并被阿尔贝茨（Rainer Albertz）④总结称作"脱轨"（digression）⑤理论，但马林斯（Robert A. Mullins）⑥指出，"分解"（dissolution）⑦一词能够更好地描述古代以色列人的形成这一现象。据此，我们把尝试探索古代以色列民族之起源的新范式称作分解理论。

　　分解理论强调多方面因素的聚合⑧，也就是说，我们不能简单地把古代以色列人的出现归结为某一方面的原因，更不能单纯地把古代以色列民族的形成归纳于某一方面的来源，相反，要把这个复杂的现象放在其所处的时代背景、地理背景、社会现实背景、政治、经济和文化背景之中加以全面考察。具体说来，古代以色列人出现的时期，亦即青铜时代晚期至铁器时代早期的过渡阶

---

①　Niels Peter Lemche, *Early Israel: Anthropological and Historical Studies on the Israelite Society Before the Monarchy*, Leiden: E.J. Brill, 1985.

②　Lawrence E. Stager, *Forging an Identity: The Emergence of Ancient Israel*; Michael David Coogan, *The Oxford History of the Biblical World* (New York: Oxford University Press, 1998), pp.90-129.

③　Mario Liverani, *Israel's History and the History of Israel*, London: Equinox, 2007.

④　Rainer Albertz, trans. J. Bowden, *A History of Israelite Religion in the Old Testament Period, Vol.1: From the Beginnings to the End of the Monarchy*, Louisville: Westminster, John Knox, 1994.

⑤　Ibid., p.72.

⑥　Robert A. Mullins, *The Emergence of Israel in Retrospect*; Thomas E. Levy, Thomas Schneider, William H. C. Propp, *Israel's Exodus in Transdisciplinary Perspective: Text, Archaeology, Culture, and Geoscience* (Switzerland: Springer International Publishing, 2014), pp.517-525.

⑦　Ibid., p.521.

⑧　Robert A. Mullins, *The Emergence of Israel in Retrospect*; Thomas E. Levy, Thomas Schneider, William H. C. Propp, *Israel's Exodus in Transdisciplinary Perspective: Text, Archaeology, Culture, and Geoscience*, p.521.

段,迦南各城邦都经历着政治动摇和削弱;进而面临着经济疲软和衰落,贸易往来在这一时期遭遇了显著下降;同时承受着来自海洋的入侵民族(Sea Peoples)所带来的混乱与毁坏;并长期以来囿于埃及在黎凡特地区的霸权,被埃及的统治和淫威所侵蚀。这一系列的艰难困苦,促使迦南地区的很多农民、牧民以及亡命徒试图把自己与迦南社会分离开来,摆脱迦南城邦的统治阶层,逃离迦南城邦的势力范围,来到迦南山区及边缘地带,尝试开发这片地区并于此建立新的家园。正如莱姆切①和阿尔贝茨②的总结,正是迦南的农夫和牧羊人构成了(迦南山区)部落联盟,也就是我们所知的"以色列"。

在马林斯看来,针对以色列民族形成这样一个复杂的历史过程,相较于其他理论,分解理论提供了更令人满意的解释。③ 古代以色列人作为一个民族出现在历史舞台上时,正值青铜时代晚期至铁器时代早期的过渡时期,这一时期,埃及新王国时期第二十王朝在迦南地区实行控制。该学者进一步指出,古代以色列人作为一个社会族群的身份塑造必然不仅取决于其所处时代和社会现状,而是植根于可回溯三个世纪的历史积淀和社会背景(公元前 1500 年至公元前 1200 年),④亦即埃及新王国时期第十八王朝至第十九王朝在迦南延伸霸权的阶段。

自从公元前十五世纪中叶,以城邦结构存在的迦南地区就已受制于埃及的统治,具体说来,受制于埃及新王国时期第十八王朝法老图特摩西斯三世(Thutmose III/Tuthmosis III)⑤的掌控。负责记录国王每日大事的书记官留下的文字记载⑥,详述了迦南城邦的溃败;迦南人的财物被掳掠,所得战利品

　　① Niels Peter Lemche, *Early Israel: Anthropological and Historical Studies on the Israelite Society Before the Monarchy* (Leiden: E. J. Brill, 1985), p.431.

　　② Rainer Albertz, trans. J. Bowden, *A History of Israelite Religion in the Old Testament Period, Vol. 1: From the Beginnings to the End of the Monarchy*, p.72.

　　③ Robert A. Mullins, *The Emergence of Israel in Retrospect*; Thomas E. Levy, Thomas Schneider, William H. C. Propp, *Israel's Exodus in Transdisciplinary Perspective: Text, Archaeology, Culture, and Geoscience*, p.522.

　　④ Ibid.

　　⑤ 法老图特摩西斯三世于公元前 1479 年至公元前 1425 年在位统治新王国时期的埃及。

　　⑥ 乔安·弗莱彻:《埃及四千年:主宰世界历史进程的伟大文明》,杨凌峰译,杭州:浙江文艺出版社,2019 年,第 237 页。

也留有清晰的记录①;迦南被征服之地的孩童被带到埃及,送进军队或宗教机构接受教育,归化埃及之后,很多孩子后来被送回其家乡,充当代理行政官,受埃及的委派去管理当地事务;迦南没有身份优势的俘虏被押到埃及,被重新部署和利用起来成为"雇佣兵、家仆、采石工、手工匠和建筑工";迦南各城邦的百姓和首领不得不向埃及纳税,并定期向法老缴纳朝贡。②面对强国凌驾,游牧群体略具优势③,因为他们的流动性和灵活性使其更难被控制,尽管如此,他们也无法免疫于埃及多方面的强压政策。随着新王国时期第十九王朝的到来,埃及对黎凡特地区进行了军事扩张④,进而,对迦南地区的挟制也更加直接和强硬,这就为古代以色列的出现铺垫了基础,搭建了舞台。⑤

二、 古代以色列民族之起源的理论整合

不难看出,除了被称作"分解理论"的新范式,试图解决古代以色列民族之形成的问题的其他理论都共同面临着一个重大挑战:他们只关注古代以色列人口来源的一个方向,只强调古代以色列社群形成的一个方面,而并未全面考虑各种可能性。秉持不同理论的学者在呈现其假设时,均表现出古代以色列人似乎只受一种因素驱使来到迦南中央高地,古代以色列民族也仅由单一群体构成,这就武断地排除了古代以色列人在迦南山地定居的其他原因,同时忽略了古代以色列民族构成的多方面人口来源。正如本书导论所述,这些理论分别都有其不可避免的弱点和缺陷,每一种理论在尝试解答古代以色列民族的起源时,都难以给出全面且具有压倒性的证据,而不得不弱化甚至忽略一些

---

①　仅仅从美吉多(Megiddo)一地就收获丰盛,清单列举如下:获取两千五百人口,包括部落首领三名,三名战车驾驶者,各色妇女、孩童八十七个,以及一千七百九十六名男女仆人;战俘三百四十名;宝石,黄金,大量原银;饰品有黄金、白银、乌木与天青石用料之雕像若干;大量布料;饮酒器具与大釜锅两只;象牙、黄金和木头材质的床与椅子,另加脚凳;战车九百二十四辆,其中包括两台为黄金打造;铠甲二百套,另加美吉多与卡迭石首领所穿之青铜铠甲两套;弓五百零二张;卡迭石头领营帐所用之木头与银质柱杆七根;有人头雕像的权杖及狼牙棒;母马两千零四十一匹,马驹一百九十一匹,种马六匹;牛一千九百二十九头;山羊两千只,绵羊两万零五百只。

②　乔安·弗莱彻:《埃及四千年:主宰世界历史进程的伟大文明》,第236—239页。

③　Norman K. Gottwald, *The Hebrew Bible: A Socio-Literary Introduction* (Minneapolis: Fortress Press, 1985), p.273.

④　乔安·弗莱彻:《埃及四千年:主宰世界历史进程的伟大文明》,第302页。

⑤　Robert A. Mullins, *The Emergence of Israel in Retrospect*; Thomas E. Levy, Thomas Schneider, William H. C. Propp, *Israel's Exodus in Transdisciplinary Perspective: Text, Archaeology, Culture, and Geoscience*, p.522.

细节。因此,我们不得不拓展视野,把目光置于更广泛的光谱,从而捕捉更多、更全面的可能性。正如赫斯(Richard S. Hess)的陈述:"至少在某种程度上接受(关于古代以色列人起源的)所有理论模型并非简单地选择一个中间立场,而是断言在一个族群形成过程中,人类动机及其社会行为的多样性。例如,兹维特(Zevit)提议和平渗透定居者与军事征服定居者的联合(构成了古代以色列民族)。而这很可能解释了铁器时代早期大部分的迦南山区定居现象。"①

既然任何一种理论都着重关注于古代以色列民族之形成的某一方面证据,并无法做到毫无疏漏地自圆其说,那么,我们或许可以考虑对这些理论进行整合处理。毕竟,上述每一种理论也都在其框架之中给我们提供了确凿的依据,并就其进行了合理论证。"尽管各种理论各具优势也各有弱点,但目前看来,没有理由彻底拒绝任何一种理论。每种理论的不同方面,很可能都是真实的。"②况且,一个族群的形成,必然是一个长期的动态的过程,这个过程并不完全均匀,也并非一蹴而就,古代以色列民族的形成也不例外。历史现实中的古代以色列人,可能来自不同且多样的源头,于是,探索这个问题的每一种理论所考察的路径都为古代以色列民族的形成提供了线索,每一种理论所呈现的证据也都构成了古代以色列民族形成这个庞大叙事的有机组成部分。

借用斯塔格的表述:"所有这些新发现的铁器时代早期的定居点(被普遍认为属于古代以色列人)不太可能都来自一个单一的源头——无论是青铜时代晚期牧羊的游牧民定居于此,还是分裂瓦解的迦南城邦系统不再能够掌控的农民下决心接管低地农业组织或拓荒新的、自由的高地从而定居于此,如今,考古学家已经收集了足以提供更综合全面模式的定居数据,那么,我们的关注点也必须拓宽,引入更综合全面的解释,而不是局限于占优势地位的假说——不管它是以色列人的'征服',还是'农民'革命,或是'游牧者的定居'。"③

当然,对于现有理论进行整合的探索或许难免遭人诟病,因为,这样的整合一方面不像其整合的不同对象那样持有明确的意见,另一方面也不像其整

---

① Richard S. Hess, *Israelite Religions: An Archaeological and Biblical Survey* (Grand Rapids, Michigan: Baker Academic; Nottingham, England: Apollos, 2007), p.215.

② Ibid., p.214.

③ Lawrence E. Stager, *Forging an Identity: The Emergence of Ancient Israel*; Michael David Coogan, *The Oxford History of the Biblical World*, p.104.

合的各个理论那样持有坚定的立场。然而,即便如此,针对古代以色列人之形成这样一个庞大且繁复的研究目标,我们不得不冲破各类观点之间设立的藩篱,打破不同理念之间构筑的屏障。考察各个理论提供的证据,权衡各个理论不同甚至相悖的观点,才能更大程度地呈现出更全面的视角,也才能更大概率地实现更细致入微的历史还原。也就是说,在古代以色列人起源的问题上,我们需要整合古代以色列人之迦南起源与外来起源两个方面的证据,并同时借助考古学发现以及相关文献记载这两个方面的资源。

受到分解理论这一新范式的启发,我们理应把古代以色列民族之形成这一历史现象置于其所在的历史境遇当中加以考量。毋庸置疑,该现象是一个非常复杂和漫长的历史进程,这也就意味着,我们应该把古代以色列民族的形成看作是对其当时所处的时代背景、地理背景、社会现实背景、政治、经济和文化背景的回应。具体说来,尤其是对青铜时代晚期埃及新王国统治下的迦南地区政治和经济形势变化的应对。

在以色列民族形成的过程中,埃及霸权所扮演角色的关键性及其所占据地位的重要性甚至直接地被反映在"以色列"(Israel)这个名字上,换句话说,"以色列"这个名字本身就直白地表达了想要逃离埃及统治的愿望。我们知道,构成"以色列"这个名字的词根的一部分毫无疑问是"el",亦即"El",意为"神";而如果"以色列"这个名字的词根的另一部分意为"对抗/战斗/斗争"(to fight),或意为"统治/支配/控制"(to rule),又或意为"愈合/弥合/修复"(to heal);那么,"以色列"就能够被顺理成章解释为类似"神统治"(El rules)或"让神统治"(Let El rule)之意。[1] 而这样的命名很有可能被那些在迦南高地定居的拓荒者特意使用,一方面用这个名字来统一新形成的群体,另一方面也用这个名字来表达他们对埃及新王国统治的不满。[2] 我们甚至可以假设,除了先前各种理论所提到的无论是迦南本地还是外来的人口,对于其他无社会归属感的人群,逃离到迦南山区避难也是情理之中的选择。

---

① Rainer Albertz, trans. J. Bowden, *A History of Israelite Religion in the Old Testament Period*, *Vol. 1: From the Beginnings to the End of the Monarchy*, p. 76.

② Robert A. Mullins, *The Emergence of Israel in Retrospect*; Thomas E. Levy, Thomas Schneider, William H. C. Propp, *Israel's Exodus in Transdisciplinary Perspective: Text, Archaeology, Culture, and Geoscience*, p. 523.

第二章　古代以色列民族之起源的探索依据

第一节　梅伦普塔石碑最早记载"以色列"

梅伦普塔石碑(the Merneptah Stele)(图 2 - 1)出土于埃及新王国时期第十九王朝法老梅伦普塔(Merneptah)的墓葬宗庙,这块花岗岩石碑由埃及新王国时期第十八王朝法老阿蒙霍特普三世(Amenhotep III)①所立,石碑上刻有的碑文被部分考古学家追溯至公元前 1208 年②,记载了法老梅伦普塔军事远征的战果。法老梅伦普塔于公元前 1213 年至公元前 1203 年在位统治新王国时期的埃及。石碑文字记录了法老梅伦普塔在迦南地区发动的军事战役取得胜利,并列举了一系列战败地区和民族,"以色列"也被列入其中。梅伦普塔石碑记载如下:③

---

① 法老阿蒙霍特普三世于公元前 1390 年至公元前 1352 年在位统治新王国时期的埃及。

② 梅伦普塔石碑被不同的考古学家追溯至不同的年份,例如:公元前 1230 年,公元前 1209 年,公元前 1208 年和公元前 1207 年。Maxwell J. Miller, John H. Hayes, *A History of Ancient Israel and Judah* (Philadelphia: Westminister Press, 1986), p.68; Lawrence E. Stager, *Forging an Identity: The Emergence of Ancient Israel*; Michael David Coogan, *The Oxford History of the Biblical World* (New York: Oxford University Press, 1998), p.91; Israel Finkelstein, Neil Asher Silberman, *The Bible Unearthed: Archaeology's New Vision of Ancient Israel and the Origins of Its Sacred Texts* (New York: Touchstone, 2002), p.18, 101; John Andrew Dearman, *Religion and Culture in Ancient Israel* (Peabody: Mass Hendrickson, 1992), p.12.

③ The Canaan has been plundered into every sort of woe; Ashkelon has been overcome; Gezer has been captured; Yanoam is made nonexistent; Israel is laid waste and his seed is not; Hurru is become a widow because of Egypt.

迦南(Canaan)陷入种种祸患,

亚实基伦(Ashkelon)被击败,

基色(Gezer)被俘获,

雅罗安(Yanoam)不复存在,

以色列(Israel)荒无人烟,其种无存,

赫鲁(Hurru)因埃及成了寡妇。①

根据对梅伦普塔石碑上象形文字的分析解读,伴随"亚实基伦"、"基色"和"雅罗安"三个名称一起出现的是表示城市的埃及符号②;伴随"迦南"和"赫鲁"两个名称一起出现的是表示地理区域的象形标识③;而"以色列"这个名称则单独使用了一个不同的限定性符号④,象征外来的部落身份,这一符号通常被用于那些不从属于固定城邦或不与特定地理位置相联系的群体;而这一与"以色列"连用的埃及符号,既被用于描述农业人口,也被用于描述游牧人群,既被用来指代定居社群,也被用来指代非定居的部落联盟。⑤ 据此,虽然我们不能确定梅伦普塔石碑上所记载的以色列,究竟是一群从事农耕活动的农民,还是一群游牧、半游牧的牧民,但是我们能够相对安全地推论出如下结论:法老梅伦普塔军事征服的以色列是一个政治实体或民族实体,坐落于青铜时代晚期的迦南地区,这一实体与其相邻的迦南城邦军事实力相当,或者,至少这一实体对埃及来说足够重要,以至于梅伦普塔石碑把它与另外三个迦南城邦并列提及。⑥

梅伦普塔石碑也被称作以色列石碑(the Israel Stele),其重大意义在于,它是现存已知的唯一提到"以色列"这个名称的古代埃及文字记录,也是除《希伯来圣经》之外,迄今为止对"以色列"进行记载的最早的文献依据。如果我们大胆假设该石碑的记载如实,那么,根据上文的分析,我们至少可以稳妥地得出这样的论证起点:公元前1208年的迦南地区已经存在着"古代以色列"这个

---

① 摘自 Lawrence E. Stager, *Forging an Identity: The Emergence of Ancient Israel*; Michael David Coogan, *The Oxford History of the Biblical World*, p.91.

② Carol A. Redmount, *Bitter Lives: Israel in and out of Egypt*; Michael David Coogan, *The Oxford History of the Biblical World* (New York: Oxford University Press, 1998), p.72.

③ Ibid.

④ Ibid.

⑤ Lawrence E. Stager, *Forging an Identity: The Emergence of Ancient Israel*; Michael David Coogan, *The Oxford History of the Biblical World*, p.91.

⑥ Ibid.

实体,它或许是一个部落联盟,或许是一个更复杂的政治和民族实体,但无论如何,它都是一个区别于其他迦南社群和组织的独立群体。换句话说,古代以色列人无论是源于迦南之外,还是始于迦南本地,无论是外来移民聚居于此,还是游牧民族逐渐定居,抑或是本地农民迁居山地,都出现在公元前1208年之前。

　　面对梅伦普塔石碑所提供的"证据",倘若我们试图为古代以色列民族之外来起源(包括外来游牧民族和平渗透理论和外来移民军事征服理论)作辩护,那么,根据《希伯来圣经》的记载,"(被)救脱离埃及人的手到美好宽阔流奶与蜜之地"①之前,古代以色列人"吃吗哪共四十年,直到进了有人居住之地,就是迦南的境界"②,再比照梅伦普塔石碑被考古学家追溯至公元前1208年的碑文这一时间节点,"在旷野走了四十年"③的古代以色列人于是在大约公元前1250年离开埃及。有学者指出,如果古代以色列人历史上确实在埃及生活过,后来又逃离那里,那么他们离开的最佳时机必然落入公元前1250年至公元前1200年之间,因为这一时期,正值青铜时代晚期崩溃坍塌,古埃及帝国霸权松动衰落。④

　　反之,如若我们尝试论证古代以色列民族之迦南本土起源(包括迦南本土游牧民族社会变迁理论和迦南本土农民起义社会革命理论),梅伦普塔石碑同样能够呈现支持"证据"。石碑上的浮雕图像,对应着铭文记述,展示了梅伦普塔法老的军事征战和辉煌战果。因此,浮雕在展现埃及军队围攻亚实基伦、基色、雅罗安等城池的同时,也描绘了古代以色列人的军事力量。⑤ 古代近东的艺术作品通常会采用各不相同的画法与造型,区别描绘各族各地人口,呈现其差异。例如,赫梯人、亚述人和波斯人不但留着各式的发型,蓄着各样的胡须,而且还穿着各异的衣袍;巴比伦人、迦南人(Canaanite)(图2-2)和古埃及人(Egyptian)(图2-3)也有着截然不同的外貌形象与衣着打扮。艺术作品中体现出的外形差异自然是为了方便观者识别该形象所代表的族群。据此,并结合梅伦普塔石碑碑文的分析解读,古代以色列人理应看起来像"夏

---

① 《出埃及记》3:8。

② 《出埃及记》16:35。

③ 《约书亚记》5:6。

④ Carol A. Redmount, *Bitter Lives: Israel in and out of Egypt*; Michael David Coogan, *The Oxford History of the Biblical World*, p.79.

⑤ Lawrence E. Stager, *Forging an Identity: The Emergence of Ancient Israel*; Michael David Coogan, *The Oxford History of the Biblical World*, p.92.

苏人"(Shasu)(图 2-4)——迦南地区及周边的游牧、半游牧民族,因为夏苏人恰恰没有城邦归属,也不固定于某地理区域。换个角度,即便古代以色列人不被描绘为游牧、半游牧的形象,其外表至少也应该区别于一并出现在梅伦普塔石碑中的另外三个迦南城邦的城市居民形象,因为古代以色列人还有可能是从事农耕的农业社群。然而,梅伦普塔石碑上的古代以色列人却被描画得与迦南人如出一辙。这也就意味着,尽管梅伦普塔石碑碑文象形文字所伴随的符号指征差异,但根据石碑浮雕图案描述,在古埃及人眼里,古代以色列人等同于迦南人,至少被视作与迦南城邦居民形象类似。至此,古代以色列人源自迦南本土的假说得到了"证据"支持。正如有些学者得出的结论:"这一自称'以色列人'的群体实则迦南人,他们并未占据着名为"以色列"的领土,因此并不是一个稳定的政治实体。"①此外,该学者进一步表示,梅伦普塔石碑铭文及浮雕所展示的古代以色列人群体,印证了《希伯来圣经》中《士师记》的描述——一个既缺乏中央集权也没有特定地域家园的分割型部落社会②:"当时以色列人离开那里,各归本支派(tribes)、本宗族(clans)、本地业(inheritance)去了。那时以色列中没有王(king),各人任意而行。"③

需要特别指出的是,利用梅伦普塔石碑来研究和证明古代以色列人的起源,无论是支持其外来起源还是迦南本土起源,都面临着一个共同的困难:作为记述早期古代以色列人的历史文物,梅伦普塔石碑可谓是一个异常发现。除这块石碑之外,没有任何其他的古代埃及文献或任何其他的古代近东文献记载了古代以色列人,直到公元前十世纪和九世纪的历史遗物,才提及这一群体。④ 因此,从被追溯至公元前 1208 年的梅伦普塔石碑碑文,到被追溯至公元前十世纪和九世纪的其他考古发现,存在长达三百到四百年的区间,在这三四

---

① Jo Ann Hackett, "There Was No King in Israel", in *The Era of the Judges*; Michael David Coogan, *The Oxford History of the Biblical World*, p.147.

② Ibid., pp.147-151.

③ 《士师记》21:24—25。

④ 提及古代以色列人的其他记载:追溯至公元前九世纪发掘于摩押(Moab)的米沙石碑(the Mesha Stele),记载了以色列王暗利(Omri);追溯至公元前九世纪发掘于但丘(Tel Dan)的但丘石碑(the Tel Dan Stele),记载了"大卫王室"(house of David)与"以色列王"(king of Israel);追溯至公元前九世纪的新亚述时期文献,记载了"暗利王室"(house of Omri);追溯至公元前十世纪的法老示撒一世(Sheshonq/Shishak I)攻陷耶路撒冷(Jerusalem)。

百年的时间里,除了《希伯来圣经》的记述之外,我们没有任何其他提及古代以色列人的文献记载。

因此,在讨论与研究古代以色列人之起源的问题上,有些学者想要摒弃梅伦普塔石碑所提供的"证据",恰恰因为它是这一时期,也是很长一段时期当中现存已知的唯一提到"以色列"这个名称的古代埃及文字记录。这些学者的主要论据在于,想要得出古代以色列人于公元前 1200 年左右已出现在迦南地区这样的结论,我们需要更多的证据。毋庸置疑,更多的线索当然能够进一步帮助我们的论证,但是,借口证据不足而导致的探索停滞,恐怕也并非理想出路。在挖掘更多遗址从而获得更多的考古发现和文献记载之前,客观中立地对现有发现与文本加以分析利用,并据此进行合乎逻辑的推论,是我们目前能够实现的研究过程,也是目前最合理的研究进路。

考古学从来都不是一门完美的科学,而根据《希伯来圣经》等文献记载对历史进行窥探也向来问题重重。截至目前,没有任何考古证据印证《出埃及记》等《希伯来圣经》章节所描绘的古代以色列人的来源———一群曾寄居于埃及,后又离开埃及,旷野流浪于西奈,最终到达迦南并征服迦南全地的人们。而梅伦普塔石碑的亮相,却扎扎实实为学界带来了"确凿"的考古数据,其提供的信息把古代以色列人置于青铜时代晚期的迦南地区。

第二节　迦南中央高地人口激增且定居点缺乏猪骨

公元前 1200 年左右是古代以色列人在迦南地区出现最被广泛接受的日期。这个日期被普遍接受的主要原因之一与迦南中央高地地区的物质文化遗存有很大的关系。考古发现揭示了铁器时代早期①迦南地区,尤其是其中部高地地区人口数量大幅增加。② 在 678 个铁器时代早期的定居点中,有 93% 是之前无人居住的、新建的定居点,并且通常是小规模的、没有建立防御工事的村落,它们当中的绝大多数都位于迦南中央高地。③ 这些定居点是在青铜时代晚期到铁器时代早期之前的几代人时间内建立的。问题在于,这些新出

---

① 相应的绝对年代大约为公元前 1200 年至公元前 1000 年。

② Richard S. Hess, *Israelite Religions: An Archaeological and Biblical Survey*, p.212.

③ Eveline J. van der Steen, "The Central East Jordan Valley in the Late Bronze and Early Iron Ages", *Bulletin of the American Schools of Oriental Research*, 1996, 302:63.

现的定居村庄的人口究竟是古代以色列人，还是其他群体。尽管有学者明确指出："我们不应该自动假定每个新兴定居点或每个在青铜时代晚期结束后重新建立的定居点的居民都是古代以色列人，然而，（迦南）山地和加利利的定居模式呈现出一个基本符合被称为"以色列"的新兴部落联盟的时间和地理概况。"①

　　能够为我们解答这些新兴定居点的居民是否是古代以色列人的最具说服力的线索莫过于当时这些新居民留下的物质文化。总的来说，迦南中央高地物质文化遗存的独特特征在于，这里的居民是从事农业与绵羊、山羊等畜牧业的农村社区。② 当几个方面的物质文化遗存一起在同一遗址被发现时，考古学家便倾向于把该遗址标记为古代以色列人的定居点。这些物质文化遗存包括：有轮圈的存储罐，有柱支撑的房屋，储藏窖（坑），绵羊、山羊和牛的动物骨头（但很少或完全没有猪骨）。③ 部分学者认为，这类物质文化遗存代表着其所在区域是半游牧民族的临时帐篷营地，或半游牧民族逐渐放弃游牧生活方式停止迁徙的定居地点。④ 与迦南城市形成鲜明对比的是，迦南中央高地的村庄没有寺庙、宫殿、公共建筑或仓库，在这些村落也没有发现印章或印章印记，同样没有例如珠宝或进口陶器等奢侈品类物件。⑤ 上述这些被认定能够指示古代以色列定居点的标志存在一个共同的问题，即它们也出现在其他迦南遗址，因此并不是古代以色列定居点的独有标识。⑥ 虽然我们很难总结出一个万无一失的古代以色列定居点的确切定义，但我们毋庸置疑可以利用这些物质文化遗存来帮助我们理解早期的以色列。毕竟，一方面，正如有学者指出，这些相似的物质文化遗存可以被称为一种"集合"（assemblage），即"一组同时代的物质文化遗存类型保持明显的相关性，并经常一起出现，以至于形成

---

① John Andrew Dearman, *Religion and Culture in Ancient Israel* (Peabody, Mass: Hendrickson Publishing, 1992), p. 30.

② Lawrence E. Stager, *Forging an Identity: The Emergence of Ancient Israel*; Michael David Coogan, *The Oxford History of the Biblical World*, p. 100.

③ Ibid., p. 102.

④ Israel Finkelstein, Neil Asher Silberman, *The Bible Unearthed: Archaeology's New Vision of Ancient Israel and the Origins of Its Sacred Texts* (New York: Touchstone, 2002), pp. 101 - 102.

⑤ Israel Finkelstein, Neil Asher Silberman, *The Bible Unearthed: Archaeology's New Vision of Ancient Israel and the Origins of Its Sacred Texts*, p. 109.

⑥ Lawrence E. Stager, *Forging an Identity: The Emergence of Ancient Israel*; Michael David Coogan, *The Oxford History of the Biblical World*, p. 102.

了相对固定的模式"①；另一方面，这些考古发现是我们在《希伯来圣经》和梅伦普塔石碑之外仅有的可供研究古代以色列相关问题的材料来源。

被认为是古代以色列定居点遗址的一个有趣特点，并且也是可以被用来指征以色列文化和生活传统的一个独特标志，即遗址的物质文化存留中缺乏猪骨。根据对考古遗址的动物遗骸的观察，具体对食用猪肉和回避食用猪肉的分布模式分析，明确发现，铁器时代早期的迦南高地遗址和其他被视为古代以色列人居住的地方，几乎完全没有猪的遗骸，而同时代居住在沿海平原的非利士人(Philistines)遗址则展示出大量的猪骨。② 铁器时代早期的迦南中央高地遗址中没有猪骨，进而说明没有消费猪肉的习惯，而这一现象并不能单纯归因于生态或环境的影响，因为，猪骨不仅出现在沿海遗址中，而且还同时出现在高地和低地、农村和城市等不同遗址中。③ 即使对这个问题持相对保守立场的考古学家芬克尔斯坦因也表示："猪的禁忌，正在成为可以揭示铁器时代早期的民族界限的主要的(如果不是唯一的)途径。具体来说，这可能是研究特定铁器时代早期遗址的民族特征的最有价值的工具。"④

在这一点上，考古学的发现与《希伯来圣经》的记载实现了相互确认。在后来形成的犹太教宗教信仰以及后来发展的犹太教律法中⑤，有一项严格的饮食律法：犹太人不应食用猪肉。⑥ 如果早期的古代以色列人也遵循这条律法，那么，不食用猪肉这个行为习惯，即使不从宗教上，也至少从文化上，将古代以色列人与其食用猪肉的邻居区分开来。例如，非利士人就食用猪肉，或者还把猪作为祭品用来献祭，对猪的消费习惯明确体现在了非利士人定居点的

① William G. Dever, *Who Were the Early Israelites and Where Did They Come From?* (Grand Rapids, Michigan; Cambridge, U.K.: William B. Eerdmans Publishing Company, 2003), p. 101.

② Avraham Faust, *Israel's Ethnogenesis: Settlement, Interaction, Expansion and Resistance* (London, Oakville: Equinox Publishing, 2006), p. 35.

③ Ibid., p. 36.

④ Israel Finkelstein, "Ethnicity and the Origin of the Iron I Settlers in the Highlands of Canaan: Can the Real Israel Stand Up?", *The Biblical Archaeologist*, Volume 59, No. 4, 1996: 206.

⑤ 最早也要在被流放到巴比伦之后。

⑥ "猪，因为蹄分两瓣，却不倒嚼，就与你们不洁净。这些兽的肉，你们不可吃；死的，你们不可摸，都与你们不洁净。"参见《利未记》11：7—8。"猪，因为是分蹄却不倒嚼，就与你们不洁净。这些兽的肉你们不可吃，死的也不可摸。"参见《申命记》14：8。

物质文化遗存。① 事实上，研究表明，在公元前 1200 年左右，整个迦南地区的家畜品种从绵羊和山羊转向了牛和猪，但是，这一转变在那些被认为是早期古代以色列人定居区域的迦南中央高地并没有发生。② 此外，更加令人费解却又非常有趣的一点在于，有学者研究表明，迦南中央高地是饲养猪的理想地区③，并且，在之前的时期（铁器时代之前）和之后的时期（铁器时代之后），猪骨也普遍存在于迦南中央高地遗址的物质文化遗迹中。④ 因此，猪的养殖在铁器时代的迦南中央高地并不盛行，如同出现了一段历史真空期一般，这着实奇怪并令人困惑。而该地区猪骨的缺乏，恰恰为铁器时代的迦南中央高地有可能是古代以色列人占主导地位的区域提供了合理论证的关键证据。

　　古代以色列人选择不食用猪肉，可能是为了把他们自己与其邻居从生活习惯和文化传统等方面区别开来，人为地建立一种与他者的差异化，进而形成族群内部的凝聚力和向心力。或者，对猪和猪肉的排斥也可能是一种宗教限制。⑤ 无论是哪种情况，被明确陈列出来的事实在于，古代迦南中央高地定居点遗址的考古发现中没有猪骨，这就在很大程度上意味着这些遗址是属于古代以色列人的定居点。如果这里的物质文化遗存的确代表早期以色列，那么，猪骨的缺乏就恰恰表明，《希伯来圣经》至少在这一点上记载了古代以色列的特定文化和宗教特征，也至少在这一点上保留了古代以色列人的特殊生活和习俗记忆，并在这一点上将古代以色列人与迦南的其他群体区分开来。此外，这也把古代以色列人与后来的以色列王国、后来的犹太教联系在一起。而且，除了《希伯来圣经》的记述和梅伦普塔石碑的记载，定居点缺乏猪骨再次提供了证明，即古代以色列确实在公元前 1200 年左右就已生活于迦南地区，尤其是迦南中央高地区域。

　　有学者指出，在古代近东，除了古代以色列人之外，还有许多群体不食用

　　① Israel Finkelstein, Neil Asher Silberman, *The Bible Unearthed: Archaeology's New Vision of Ancient Israel and the Origins of Its Sacred Texts*, p.119.

　　② Richard S. Hess, *Israelite Religions: An Archaeological and Biblical Survey* (Grand Rapids, Michigan: Baker Academic; Nottingham, England: Apollos, 2007), p.223.

　　③ Ibid., p.213.

　　④ Israel Finkelstein, Neil Asher Silberman, *The Bible Unearthed: Archaeology's New Vision of Ancient Israel and the Origins of Its Sacred Texts*, p.119.

　　⑤ Lawrence E. Stager, *Forging an Identity: The Emergence of Ancient Israel*; Michael David Coogan, *The Oxford History of the Biblical World*, p.123.

猪肉,因此,对猪肉的回避不足以被视为是古代以色列人存在的证据。① 尽管毫无疑问这是合情合理的判断,但同样不容忽视的是,古代以色列人显然不食用猪肉,这一点从铁器时代中后期(the Iron Age II)遗址的证据中可以明显看出。需要特别强调的是,在铁器时代中后期,古代以色列人在考古记录中的存在比之前的时期更加明确。学者们更加确定,在这一时期的遗址中可以看到清晰的以色列物质文化遗存。② 也就是说,铁器时代中后期的这些遗址能够被更加稳妥地确证为古代以色列遗址。而且,对猪肉的回避在这一时期古代以色列遗址中也是典型的。"在铁器时代中后期,以色列人显然不食用猪肉。"③

　　除此之外,有非常强有力的证据表明,铁器时代早期位于迦南山区的物质文化遗址确定属于古代以色列人,因为,铁器时代早期和铁器时代中后期的迦南山地物质文化遗存之间存在着连续性。铁器时代中后期代表了大卫王(King David)和所罗门王(King Solomon)的联合王国(the United Monarchy)时期。这一时期的迦南山地物质文化遗存与在其之前的铁器时代早期的考古发现有着共同的特征,表明铁器时代中后期的以色列人源自于铁器时代早期的可能是早期以色列人的群体。④ 这些遗址的延续进而表明,铁器时代中后期的以色列人起源于铁器时代早期的一个独特群体,大概率正是早期的古代"以色列人"(Israelites),或者被有些学者所称的"原始以色列人"(proto-Istaelites)。⑤ 出于上述原因,大多数学者、历史学家和考古学家达成共识,认为我们可以把铁器时代早期迦南中央高地的定居点遗址及其物质文化遗存归属于古代以色列人。

　　既然迦南中央高地的确是早期古代以色列人的定居地区,我们看到的另

---

① Brian J. Hess, Paula Wapnish, *Can Pig Remains be Used for Ethnic Diagnosis in the Ancient Near East?*; Neil Asher Siberman, David B. Small eds., *The Archaeology of Israel: Constructing the Past, Interpreting the Present*, A&C Black, 1997.

② Robert D. Miller II, *Chieftains of the Highland Clans: A History of Israel in the 12th and 11th Centuries B. C.* (Grand Rapids, Michigan; Cambridge, U. K.: William B. Eerdmans Publishing Company, 2005), p.2.

③ Avraham Faust, *Israel's Ethnogenesis: Settlement, Interaction, Expansion and Resistance* (London, Oakville: Equinox Publishing, 2006), p.38.

④ Robert D. Miller II, *Chieftains of the Highland Clans: A History of Israel in the 12th and 11th Centuries B.C.*, p.2.

⑤ Ibid.

一个显而易见的事实,即早期古代以色列人是突然出现并聚居在迦南山区的一群人。结合前文对于古代以色列人之起源的理论探讨,顺理成章便能得出如下结论:古代以色列人的形成几乎不太可能仅仅依靠迦南本地的人口构成,而必然也会吸收迦南之外的外来人口。毕竟,铁器时代早期迦南中央高地的人口数量激增,根本无法依靠青铜时代晚期迦南城邦的自然人口增长来实现;该地区新兴定居点的非凡扩张,也无法由单纯的本地自然人口迁徙来解释。取而代之,这一现象的出现,必须有大量人口(既有本地的,也有外来的)于这一时期涌入迦南中央高地。[①] 因此,从现有的考古学发现分析,大概率发生的事件还原,即来自外部的、非迦南人口的群体,与来自内部的、迦南本地人口的群体一起,对古代迦南地区,尤其是迦南中央高地的人口激增起到了作用。再结合迦南山地的这些定居点人群被普遍认为是早期古代以色列人,我们便能够颇具信心得出结论:古代以色列人的人口来源便既包括迦南本土的居民,又包括迦南之外而来的移民。"无论如何,最早的以色列可能是一个由部落和家族逐渐崛起于所在土地的多元化人口构成的松散联盟。因此,以色列的祖先可能有不同的多样化起源,基本上,以色列似乎是从迦南的多元民族熔炉中崛起的。"[②]

　　由于迦南中央高地的物质文化遗存确实代表早期古代以色列人刚刚形成的阶段状况,那么,我们就可以明确将古代以色列人标记为铁器时代早期已经出现的一个独特人群。需要特别指出并值得格外关注的是,大多数学者、历史学家和考古学家认为,古代以色列族群形成的关键时期不仅仅在铁器时代早期,而且也在青铜时代晚期的末尾,因为,考古发现验证了一个不容忽视的现实,即陶器、武器、宗教物品和建筑等一系列物质文化遗存展现出古代以色列定居点遗址对青铜时代晚期的跨文化延续性或连续性。据此,我们便可以在向前追溯古代以色列人之起源的过程中,顺势寻觅其宗教行为的形成背景。并且,古代以色列人的宗教如同其他各方面的文化传统一样,必然不是凭空冒出的结果,而必定是对之前时代宗教传统不同程度的延续和改变,也必然是当

---

　　① Lawrence E. Stager, *Forging an Identity: The Emergence of Ancient Israel*; Michael David Coogan, *The Oxford History of the Biblical World*, p.100.

　　② William G. Dever, *Who Were the Early Israelites and Where Did They Come From?* (Grand Rapids, Michigan; Cambridge, U.K.: William B. Eerdmans Publishing Company, 2003), p.137.

时所处的时代背景和环境背景的产物。

　　接下来,在解决了古代以色列人的来源问题之后,我们将视线转回古代以色列人的宗教起源。在这个问题上,学术界广泛认可的共识是,从青铜时代晚期(公元前1550年至公元前1200年)到铁器时代早期(公元前1200年至公元前1000年),存在着诸多方面宗教行为的延续,其中包括祭祀与崇拜场所的延续和强调献祭等崇拜仪式的延续。这表明,新来的定居者熟悉青铜时代晚期迦南地区先前的崇拜行为和宗教模式,甚至,很大一部分新兴定居点的人口也就是早期古代以色列人,很可能是迦南及其周边地区居民的后代。[①] 综合以上的分析和论述,想要全面理解古代以色列人的宗教形成,我们就不得不深度探究其所延续的先前的宗教行为,以及其所在历史时期和所处地理区域的宗教实践。也就是说,我们需要深入研究青铜时代晚期迦南地区包括崇拜场所与崇拜行为等的典型宗教模式。

---

① John Andrew Dearman, *Religion and Culture in Ancient Israel*, p.31.

第三章　古代以色列宗教的孕育土壤探析——以贝特谢安为例

贝特谢安(Beth-Shean/Beit She'an)[1]，亦被称作"伯珊"或"伯善"，是位于约旦河谷的一个古城，也是迦南地区的一个重要城市，自青铜时代至铁器时代，包括迦南人、非利士人、古代以色列人等各类族群都曾居住于此。[2]

根据《希伯来圣经》的记载，贝特谢安在公元前 1000 年左右成为以色列王国的一部分，并成为该王国的一个重要城市。《列王纪上》记述了所罗门王的领土，其中包括贝特谢安："耶斯列下边的伯善全地，从伯善到亚伯·米何拉直到约念之外。"[3]《撒母耳记上》描绘了非利士人与以色列人的争战，以及扫罗和他三个儿子战死疆场后的细节："非利士人来剥那被杀之人的衣服，看见扫罗和他三个儿子仆倒在基利波山，就割下他的首级，剥了他的军装又将扫罗的军装放在亚斯她录庙里，将他的尸身钉在伯珊的城墙上。"[4]

贝特谢安的地理位置位于贸易路线的十字路口，这样的战略性位置使其成为该地区一个重要的政治和经济中心。早期古代以色列人必然会意识到该城市的重要性，他们甚至可能试图控制和保卫这一城镇，以在该地区保障和维持自己的安全，建立和稳固自己的地位。早期以色列人在这里遇到的宗教实践，毋庸置疑会对他们自身的宗教观念与宗教行为产生影响。

贝特谢安的考古记录为我们提供了有关早期以色列人文化和宗教实践的

---

① 2014 年至 2017 年，本人曾多次在贝特谢安遗址进行实地考察。

② Amihai Mazar, "Four Thousand Years of History at Tel Beth-Shean: An Account of the Renewed Excavations", *The Biblical Archaeologist*, 1997, 60:62.

③ 《列王纪上》4:12。

④ 《撒母耳记上》31:8—10。

宝贵窗口。虽然贝特谢安与早期以色列人的形成没有最为直接的联系,但该城的考古发现却为我们提供了有关早期以色列人在该地区崛起的文化、宗教和政治背景。在古代以色列人形成之前及之时,该城是迦南的一个宗教中心,透过贝特谢安城中居民在青铜时代晚期的崇拜行为,我们能够了解以色列人形成之时的人们的宗教观念和行为,进而洞悉早期古代以色列人发展的宗教信仰和实践。研究居住在贝特谢安城内的人们的崇拜遗址与遗址中的宗教物品,可以很大程度地为早期以色列宗教的形成和发展提供宝贵洞见。

第一节　贝特谢安遗址考古发掘概况和考古发现分类

一、贝特谢安的地理位置

青铜时代晚期,贝特谢安因其战略性的地理位置,成为了古代埃及(Egypt)在迦南地区的军事和行政要地之一,是迦南北部主要的新王国时期[①]埃及要塞。[②] 作为古埃及重镇的贝特谢安被摧毁之后,铁器时代早期,其遗址之上又建立起了迦南城镇。该遗址的北部和南部分别有深谷环绕,哈罗德(Harod)河和阿西(Asi)河流经其中。贝特谢安位于两条重要古道的交会处:一条是纵贯约旦河谷(Jordan Valley)的道路,另一条则是沿着耶斯列山谷(Jezreel Valley)和哈罗德谷(Harod Valley)延伸的横向道路[③],这条道路是一段国际公路的一部分,直到今天仍然连接着以色列北部的沿海平原和外约旦[④]。由于地处这个重要的路口,加之其肥沃的土地和丰富的水源,贝特谢安成为一个具有极大战略优势和重要性并极具吸引力的地点。[⑤]

---

① 大约公元前 1550 年至公元前 1070 年。

② Amihai Mazar, "Four Thousand Years of History at Tel Beth-Shean: An Account of the Renewed Excavations ", *The Biblical Archaeologist*, 1997, 60:62.

③ Amihai Mazar, *Excavations at Tel Beth-Shean 1989 – 1996*, Volume I: *From the Late Bronze Age IIB to the Medieval Period* (Jerusalem, 2006), pp. 3 - 4.

④ Amihai Mazar, "Four Thousand Years of History at Tel Beth-Shean: An Account of the Renewed Excavations", *The Biblical Archaeologist*, 1997, 60, p. 62.

⑤ Amihai Mazar, *Beth-Shean: Tel Beth-Shean and the Northern Cemetery*; E. Stern, A. Lewinson-Gilboa, J. Aviram, *The New Encyclopedia of Archaeological Excavations in the Holy Land*, Volume 1 (Jerusalem, 1993), p. 214.

二、 贝特谢安的发掘历史

贝特谢安是迦南地区发掘最为广泛和彻底的新王国时期埃及要塞城镇。[①] 不同的考古团队在这个遗址上进行了多年的发掘。从 1921 年到 1933 年,宾夕法尼亚大学博物馆开展了大规模的发掘。[②] 这次发掘覆盖了山丘顶部的大部分区域,发现了许多重要的建筑遗迹,包括神殿、总督的住所,以及驻扎在该遗址的古埃及卫队和官员的居住区。同时,这次发掘也出土了各种各样的文物,构成了迄今为止在古埃及驻扎亚洲的行省中发现的最重要的埃及纪念碑和铭文集合。发掘人员在神殿及其周围区域挖掘出了许多物品和祭祀用具,代表着在迦南发现的公元前二千年的这类文物中最有价值的收藏之一。[③] 这次发掘还确立了该遗址的地层学框架。不幸的是,此次考古发掘成果的科学出版物不足,只有少部分文物被完整出版,其他发现至今未被公开发表。[④]

1983 年,耶路撒冷希伯来大学考古学研究所在这片山丘的山顶进行了一期短暂的考古勘查。[⑤] 这次考察主要调查了铁器时代的地层。从 1989 年到 1996 年,耶路撒冷希伯来大学在贝特谢安实施了大规模的挖掘工作。[⑥] 在这些重新开始的挖掘中,发掘了山丘顶部的青铜时代中期(the Middle Bronze Age)、

---

① Amihai Mazar, *The Egyptian Garrison Town at Beth-Shean*; S. Bar, D. Kahn, J. J. Shirly, *Egypt, Canaan and Israel: History, Imperialism, Ideology and Literature*, Proceedings of a Conference at the University of Haifa, 3 - 7 May 2009 (Leiden, 2011), p.155.

② Alan Rowe, *The Topography and History of Beth-Shan: with Details of the Egyptian and Other Inscriptions Found on the Site*, Publications of the Palestine Section of the Museum of the University of Pennsylvania (Philadelphia, 1930).

③ Amihai Mazar, "Four Thousand Years of History at Tel Beth-Shean: An Account of the Renewed Excavations", *The Biblical Archaeologist*, 1997, 60: 62 - 63; Amihai Mazar, *The Egyptian Garrison Town at Beth-Shean*; S. Bar, D. Kahn, J. J. Shirly, *Egypt, Canaan and Israel: History, Imperialism, Ideology and Literature*, pp.155 - 156.

④ Amihai Mazar, *Beth-Shean: Tel Beth-Shean and the Northern Cemetery*; E. Stern, A. Lewinson-Gilboa, J. Aviram, *The New Encyclopedia of Archaeological Excavations in the Holy Land*, Volume 1, p.215; Amihai Mazar, "Four Thousand Years of History at Tel Beth-Shean: An Account of the Renewed Excavations", *The Biblical Archaeologist*, 1997,60:63.

⑤ Yigael Yadin, Shulamit Geva, "Investigations at Beth-Shean: the Early Iron Age Strata, *Qedem*, Jerusalem, 1986:23.

⑥ Amihai Mazar, *Excavations at Tel Beth-Shean* 1989 - 1996, Volume I: *From the Late Bronze Age IIB to the Medieval Period*, Jerusalem, 2006.

青铜时代晚期和铁器时代早期地层,继续了宾夕法尼亚大学的考古工作。①

三、 先前贝特谢安遗址发掘的方法问题

贝特谢安的最初发掘是在考古学调查的地层学方法处于早期发展阶段时进行的。因此,来自某个出土位置地点(locus)②的考古材料的地层学背景及其在该位置地点内的空间关系常常未弄清楚;收集文物的方法既不详尽也不系统;有关各种出土文物的位置信息也很少提供。关于该遗址考古年代的确定,贝特谢安青铜时代晚期地层的主要挖掘者完全依赖埃及铭文证据,特别是石雕圣甲虫和纪念铭文。不幸的是,这些文物被证明是声名狼藉的极糟糕的年代标志物,因为它们经常被保留为传家宝,因而被重复使用,甚至是在刻有法老名字的统治年代之后多年才被制造出来的。③

四、 解决方案与当前方法

在这种情况下,詹姆斯(Frances W. James)和麦戈文(Patrick E. McGovern)应用了更可靠的地层学和年代学框架来重新分析两个青铜时代晚期的遗址地层:第七层(Level VII)和第八层(Level VIII)。④ 在处理遗址的建筑和文物数据时,他们对所有存档的资料和野外记录进行了全面调查,包括田野日记、建筑师笔记和平面图、物品登记、照片和手绘图、信件等。他们也对宾夕法尼亚大学博物馆收藏的出土于第七层和第八层的陶器和其他物品进行了重新分析。⑤ 两位学者还对每个位置地点的考古堆积物的完整性、考古遗存是否存在晚期遗存侵入或早期地层渗透等证据,以及一个位置地点是否符合

---

① Amihai Mazar, *Beth-Shean: Tel Beth-Shean and the Northern Cemetery*; E. Stern, A. Lewinson-Gilboa, J. Aviram, *The New Encyclopedia of Archaeological Excavations in the Holy Land*, Volume 1, p.214.

② "locus"指考古发掘过程中的位置地点标记,当某个地层的一片区域被划分为一个完整的平面单位时,通常会给这片区域以数字等方式进行标记命名,例如:Locus 1068。"locus"的复数形式为"loci",当表示一个位置地点时,在这个位置地点名称前使用"Locus";当表示多个位置地点时,在这些位置地点名称前使用"Loci"。

③ Frances W. James, Patrick E. McGovern, *The Late Bronze Egyptian Garrison at Beth Shan: A Study of Levels VII and VIII*, Volume I (Philadelphia, 1993), p.1.

④ Ibid.

⑤ Ibid.

其所在地层的整体建筑布局等方面进行了重新评估。[①]

广泛的重新检查结果表明,贝特谢安遗址两个青铜时代晚期地层的原始建筑平面图基本上是正确的,[②]正如地图(图 3-1)所示。根据詹姆斯和麦戈文的说法[③],本文将涉及的青铜时代晚期地层第七层具体属于青铜时代晚期的最末期(Late Late Bronze Age IIB)[④],相应的绝对年代大约为公元前十三世纪下半叶(公元前 1250 年至公元前 1200 年),涵盖了新王国时期第十九王朝法老拉美西斯二世(Ramesses II)[⑤]至法老梅伦普塔(Merneptah)[⑥]的统治时期。需要特别注意的是,由于迦南的年代表从根本上与埃及王朝年代表相结合,而在第十九和二十王朝,埃及王朝年代表可能相差大约 20 年的时间,因此,贝特谢安遗址地层第七层的年代断定,在绝对年代上对应具体的古埃及法老统治时期允许上下调整,以对应埃及年代表。[⑦]

除了青铜时代晚期的第七层和第八层这两个地层外,由宾夕法尼亚大学博物馆挖掘出的第六层(Level VI),也展示了在贝特谢安出现的埃及和迦南宗教实践的显著互动和宗教融合,这不仅表现在神殿建筑上,还表现在各种各样的文物上。[⑧] 然而,由于本文试图探讨古代以色列宗教形成的背景,第六层的年代属于古埃及第二十王朝,晚于本书所涉及的研究对象,所以目前的研究将不包括这一层,而只集中讨论对应古代以色列人出现以及古代以色列宗教

① Frances W. James, Patrick E. McGovern, *The Late Bronze Egyptian Garrison at Beth Shan: A Study of Levels VII and VIII*, Volume I, p.1.

② Ibid.

③ Ibid., p.5.

④ Late Bronze Age IIB: 1300－1200 B.C.E.; Early Late Bronze Age IIB: 1300－1250 B.C. E.; Late Late Bronze Age IIB: 1250－1200 B.C.E.

⑤ 法老拉美西斯二世大约于公元前 1279 年至公元前 1213 年在位统治新王国时期的埃及。

⑥ 法老梅伦普塔大约于公元前 1213 年至公元前 1203 年在位统治新王国时期的埃及。

⑦ Frances W. James, Patrick E. McGovern, *The Late Bronze Egyptian Garrison at Beth Shan: A Study of Levels VII and VIII*, Volume I, p.5.

⑧ Frances W. James, Patrick E. McGovern, *The Late Bronze Egyptian Garrison at Beth Shan: A Study of Levels VII and VIII*, Volume I; Amihai Mazar, *The Egyptian Garrison Town at Beth-Shean*; S. Bar, D. Kahn, J.J. Shirly, *Egypt, Canaan and Israel: History, Imperialism, Ideology and Literature*, p.179; Robert A. Mullins, *The Late Bronze and Iron Age Temples at Beth-Shean*; J. Kamlah, H. Michelau, *Temple Building and Temple Cult: Architecture and Cultic Paraphernalia of Temples in the Levant* (2.－1. mill. B.C.E.), Proceedings of a Conference on the Occasion of the 50th Anniversary of the Institute of Biblical Archaeology at the University of Tubingen (28－30 May 2010), Wiesbaden, 2012, p.151.

形成的青铜时代晚期的第七层。

在第六层和第七层之间，还有一个中间阶段地层，被称作第七层晚期层（Late Level VII），它与更晚时期的文物类型相关联。然而，本研究决定排除这个中间阶段地层，因为，一般而言，日记和建筑师笔记并不能提供以下内容的明确标准，包括相关位置地点的底部和顶部高度、地板和墙壁高度、干扰证据等，以划定第七层晚期层的界限。① 因此，属于第七层晚期层的位置地点（Loci）1073、1105 上部（Upper 1105）和 1089 上部（Upper 1089）在本研究中被排除在外。

第七层被证明是一个相对安全的地层。该地层中发掘出的大部分建筑和其他结构的高度，包括墙壁底部和顶部，地面和其他表面的高度，都在建筑师笔记中以米为单位记录。② 此外，由于日记和物品登记中的条目将被出土文物描述为"在位置地点 X 的地板上"③或"在位置地点 X 的地板下方"④，而由于物品不可能被置于不存在的地板表面，因此，地板本身，尽管保存状况不佳，也一定是已经被挖掘出来了。而且，即使地板在某些地方丢失，也可以通过从相邻的保存良好的地方进行推断，估算其大致高度。基于这一假设，詹姆斯和麦戈文将地板表面和地板上方填土中的考古遗物归于第七层⑤，墙壁和其他表面也适用相同的规则。相应地，第七层地板和墙壁下方的区域被归于更早的第八层。⑥ 结合前面提到的更加可靠的地层和年代框架，上述这些原因使第七层的位置地点相对而言更加安全，适合我们的研究。

考虑到当前研究是关于宗教崇拜行为的，因此，我们将目光聚焦于对应当前研究对象的最可采纳的发掘区域，这个区域即贝特谢安的神殿区，具体即位于青铜时代晚期地层第七层的神殿，我们称之为"第七层神殿"（the Level VII temple）。

---

① Frances W. James, Patrick E. McGovern, *The Late Bronze Egyptian Garrison at Beth Shan: A Study of Levels VII and VIII*, Volume I, Philadelphia, 1993, p.1,4.

② Ibid., p.4.

③ "on the floor of Locus X"

④ "below the floor of Locus X"

⑤ Frances W. James, Patrick E. McGovern, *The Late Bronze Egyptian Garrison at Beth Shan: A Study of Levels VII and VIII*, Volume I, p.6.

⑥ Ibid., p.1.

五、 考古发现分类

在第七层神殿区域,发掘出了大量的物品和各种手工艺品。因此,在我们处理这些考古发现时,采用合适的方法是必要且重要的。首先,我们必须排除考古发现中的那些"噪音",也就是那些要么被证明是无用的或者模糊的,要么其来源被追溯为是晚期侵入或早期渗透的物品。在我们当前的研究案例中,后者的"噪音"包括两枚铜质币,显然不属于青铜时代晚期,而是来自更晚的时期。前者的"噪音"包括那些尺寸过小的碎片,对我们的研究没有任何意义,例如非常小的容器体碎片、口沿、颈部、手柄和底座等碎片。因为,一方面,这些碎片实在太小了,以至于无法确定它们被发现的确切位置地点,或无法确保它们被发现的位置地点就是它们所被使用的地点,因为它们很容易是侵入性的物品;另一方面,同样由于这些碎片太小了,以至于在许多情况下无法明确它们究竟属于什么类型的器皿或物品。出于上述原因,只有完整的或几乎完整的器皿被选中并囊括在我们的研究中,尤其是涉及到在考古发现中最常见的陶器器皿时。另外,本研究还排除了十九个不同材料的根本无法被识别的碎片,因为甚至没有任何照片或手绘图来协助我们进行进一步的研究。它们没有被归类为"未分类物品",但仍然被包含在第七层神殿的考古发现目录中。

本研究对发现于贝特谢安第七层神殿区的文物进行了分类。为了分析的清晰和明确,不同的物品被归为不同的类别。同时,为进一步澄清研究对象,还在类别之下应用子类别。即使在实际考古数据分析之前,分类系统本身也是为了澄清和展示物品的功能而设计的,以符合我们的宗教实践研究导向和对相关活动的调查。

除了特殊材料,例如彩陶(faience)、雪花石膏(alabaster)、玄武岩/黑陶(basalt)制成的器皿外,所有陶器(pottery vessel)都根据其功能进行分类:碗(bowl)、勺(scoop)、杯(cup)、碟(saucer)、盅(krater)被归为"敞口服务器皿"(open serving vessel),而高脚杯(goblet)、双耳瓶(amphoriskos)、壶(jug)和小壶(juglet)则被归为"封口服务器皿"(closed serving vessel)。烹饪锅(cooking pot)被归为"烹饪器皿"(cooking vessel),所有储藏罐(storage jar)则属于"储藏器皿"(storage vessel)类别。工具(tool)也根据其功能进行分类,如"称重工具"(weighing tool)、"编织工具"(weaving tool)、"凿刻工具"(chiseling tool)

和"碾磨工具"（grinding tool）。至于刀片（blade）、匕首（dagger）、盔甲鳞片（armor scale）、箭头（arrowhead）和矛头（spearhead）等物品，都被归为"武器"（weapon）类别。"珠子"（bead）因其数量众多及其重要性而被单独列为一类。各种各样的吊坠（pendant），主要包括神祇吊坠（deity pendant）、花卉吊坠（floral pendant）和符号吊坠（symbol pendant），都被归为"设计护身符"（design amulet）类别，以强调它们的功能。"印章"（seal）类别包括各种形状的如圆柱形印章/滚筒印章（cylinder seal）、圣甲虫（scarab）和图章（stamp seal）。"椭圆形饰板"（cartouche plaque）因只在一个位置地点被发现，所以自己单独成为一个类别。"珠宝"（jewelry）类别涵盖戒指（ring）、别针（pin）、耳环（earring）、项链（necklace）、颈圈（collar）、手镯（bracelet）、臂环（armlet）、脚链（anklet）、腰带（girdle）、头饰（headdress）和胸饰（pectoral）。"小雕像"（figurine）类别包括拟人小雕像（anthropomorphic figurine）如女性小雕像（female figurine），兽形小雕像（zoomorphic figurine）主要是鸭头（duck head）、鹅头（goose head）和眼镜蛇（cobra）小雕像。骨头碎片（bone fragment）、颚骨碎片（jaw fragment）和不同种类的牙齿（tooth）被归为"骨头"（bone）类别。在"贝壳"（shell）类别中，有锥螺（conus）、蚶蜊（glycymeris）、骨螺（murex）和蜓螺（nerita polita）。当然，某些类别无法进一步细分，其中包括"灯"（lamp），"石碑"（stela），"哈索尔魔杖"（Hathor wand），"崇拜座"（cult stand）/"高圆柱形座"（tall cylindrical stand），"微型碗"（miniature bowl），"饰板"（plaque），"游戏棋子"（gaming piece），"盒子"（box），"盒盖"（box lid），"盖子"（lid），"象牙"（ivory），"卵石"（pebble）和"角"（horn）（动物部位）。

第二节 贝特谢安第七层神殿概况

第七层神殿（图 3-1;图 3-2;图 3-3）位于贝特谢安遗址发掘区域的中心，神殿建筑建造是南北走向。从西南方向接近该建筑，第七层神殿包括一个入口大厅（Entrance Hall）和一个有两根柱子的内庭院（Inner Courtyard），可能起到主厅的作用；一个通过台阶到达的高出地面的祭坛室（Altar Room），这个有楼梯（Stairway）的被抬高的祭坛室无疑是作为至圣所（Holy of Holies）使用；以及位于东南角的一个房间（Southeasten Room），紧挨着内庭院，彼此之间由一个开口连接。① 从南、西、北三个方向围绕着第七层神殿的开放区域，分别构成三个庭院：南侧外庭院（Southern Outer Courtyard）、西侧外庭院（Western Outer Courtyard）和北侧外庭院（Northern Outer Courtyard）。

与第七层神殿相关的房间和其他部分所涵盖的位置地点，列举在如下表格：

神殿内部：	
位置地点：	
1068：	祭坛室 楼梯：位置地点 1068 内部台阶的附近或北侧
1072：	内庭院
1085：	东南角房间
1086：	入口大厅
神殿外部：	
位置地点：	
1062,1103,1104,1105：	北侧外庭院
1069,1070,West of 1072,1107,1371,1374,1376：	西侧外庭院
1089,1362,1364：	南侧外庭院

第三节　贝特谢安第七层神殿考古数据描述与分析

一、祭坛室和楼梯：考古数据描述与分析

（一）考古数据描述

贝特谢安第七层神殿的祭坛室（Locus 1068）是一个狭窄的后部房间，通

---

① Frances W. James, Patrick E. McGovern, *The Late Bronze Egyptian Garrison at Beth Shan: A Study of Levels VII and VIII*, Volume I, p. 2; Amihai Mazar, *Beth-Shean: Tel Beth-Shean and the Northern Cemetery*; E. Stern, A. Lewinson-Gilboa, J. Aviram, *The New Encyclopedia of Archaeological Excavations in the Holy Land*, Volume 1, p. 217.

过其南侧的楼梯才能进入。该房间的内部尺寸约为 11.5 米乘 2.7 米。① 房间内唯一的特征是有一个浅的盆/槽或桶/箱,其内部尺寸约为 0.8 米乘 1.0 米,位于北墙沿线。② 根据发掘者的说法,在这个房间里有一个上部祭坛(upper altar),而在房间被挖掘之前,该祭坛已被清理移除。③

通往祭坛室的楼梯没有位于神殿的中线上,显然是被纳入了祭坛室和内庭院(Locus 1072)之间的墙壁。一共有七节台阶从内庭院上升到祭坛室的地板高度,包括位于内庭院的下部祭坛(lower altar)之后的台阶和沿着内庭院北墙的长凳扩展部分的台阶。因此,这个楼梯部分位于祭坛室,部分位于内庭院④。

祭坛室是贝特谢安第七层神殿中出土最多文物的地方(表 3-1)。而且,这些文物的很大一部分被记录为发现于楼梯台阶的附近或北侧,其中尤其突出的是大量的珠子、众多的设计护身符、印章和象形文字椭圆形饰板(表 3-2)。在总共出土的 10856 颗珠子和 274 个设计护身符中,在楼梯台阶附近就发现了 10823 颗珠子和 261 个设计护身符,它们都来自祭坛室。在楼梯台阶附近找到了 11 个印章,而房间剩余部分只找到 2 个。5 个椭圆形饰板也都是在楼梯台阶附近发现的。大部分的小雕像如鸭头或鹅头;陶器,特别是敞口服务器皿、封口服务器皿、储藏器皿和 1 个烹饪器皿;武器;工具,包括称重、编织、凿刻和碾磨工具,都是从房间的其他地方发现的(表 3-3)。在这个位置地点,唯一的 1 个崇拜座/高圆柱形座碎片也是在离楼梯台阶不远的地方发现的。还有各种其他的物品,如彩陶器皿、珠宝、游戏棋子、盒盖、贝壳、骨头和卵石也来自祭坛室。

(二) 考古数据分析

如表 3-1 所示,从祭坛室挖掘出了各类物品,出土区域包括祭坛室内部及楼梯区域。在数量方面,该区域的考古发现类型以珠子和设计护身符为主要组成部分。这两种物品的数量远远超过了其他所有发现物品的数量总和。

---

① Frances W. James, Patrick E. McGovern, *The Late Bronze Egyptian Garrison at Beth Shan: A Study of Levels VII and VIII*, Volume I, p.6.

② Ibid.

③ Alan Rowe, *The Four Canaanite Temples of Beth-Shan* (Philadelphia, 1940), p.9.

④ Frances W. James, Patrick E. McGovern, *The Late Bronze Egyptian Garrison at Beth Shan: A Study of Levels VII and VIII*, Volume I, p.6.

具体来说,总共出土了 10,856 颗珠子和 274 个设计护身符,其中的绝大多数出土于通往祭坛室的楼梯附近或旁边,如表 3-2 所示。问题相当明显:为什么这里会有这么多的珠子和设计护身符? 此外,另一个有趣的观察是,珠子和设计护身符在该遗址的其他位置地点也总是同时出现,特别是在内庭院中,只不过内庭院出土的珠子和设计护身符数量远远少于祭坛室的出土数量。于是,又出现了另一个问题:为什么珠子和设计护身符总是同时出现,并集中在同一地方?

珠子是最简单和最古老的珠宝形式之一。珠子被定义为“中轴线有一个穿孔的用于装饰的任何物品”[①]。珠子在珠宝中很常见,因为它们可以反复出现在各类作品中,如项链、手镯、头饰、臂环和腰带上,或者缝在衣服的边缘上。[②] 这解释了为什么在考古发掘时,许多情况下,会从一个集中的区域挖掘出相对较大数量的珠子。大多数珠子肯定是用于项链和手镯,然而,珠子也可以作为独立的装饰品,或者作为具有崇拜或象征意义的物品[③],与吊坠、护身符和印章的作用类似。

设计护身符是一种个人装饰品,被认为通过魔法手段赋予佩戴者某些能力或本领。[④] 从外形来看,几乎所有的设计护身符都有一个穿孔。有时,穿孔在护身符端部附近,如同吊坠;有时,孔穿过护身符中心轴线,如同珠子。[⑤] 从功能来看,大多数设计护身符是被挂起来的,因此可以被看作是一种吊坠,其功能也可能与珠子非常相似。[⑥] 护身符也可以与珠子一起,作为复杂珠宝的一部分。珠宝,如项链、颈圈和手镯,可能包括一个或多个设计护身符作为吊坠。设计护身符也可以镶嵌在头饰、腰带和其他服装上。

因此,可以合理地推断,在青铜时代晚期的迦南地区,珠子和设计护身符至少也有装饰功能,作为某种珠宝,例如颈圈、项链或耳环的装饰元素。在贝特谢安神殿出土的多种设计护身符(尤其是花卉类型)都有非常类似的古埃及出土的对应物,它们很可能与珠子串在一起,形成一个典型的埃及新王国时期

---

① Amir Golani, *Jewelry from the Iron Age II Levant* (Fribourg: Academic Press/Vandenhoeck & Ruprecht, 2013), p.185.

② Ibid., p.186.

③ Ibid., p.185.

④ Ibid., p.154.

⑤ Ibid.

⑥ Ibid., pp.153-154.

颈圈或胸饰。① 此外，在古代社会，几乎所有的珠宝都带有某种宗教意义。② 珠宝最突出的宗教方面的功能之一即护身符功能，其魔力不仅保护佩戴者免受伤害，阻挡邪恶力量，而且还增强佩戴者自身的潜力，赋予佩戴者力量使其能够追求自己的欲望。③ 珠宝的形态、颜色和材料从多方面反映着一个古代文化的宗教符号和信仰。例如，各种"眼睛"的描绘图案常常出现在珠子上，这类珠子被普遍佩戴以避免和抵挡"邪恶之眼"的有害影响。红玉髓石/红玛瑙石（carnelian stone）的使用可能反映了与血液和生命类比的红色在宗教上的意义。黄金和白银等材料的光彩和可锻性则因其与太阳和月亮的联系而受到推崇。④

然而，在贝特谢安，我们不仅注意到，珠子和设计护身符最高度集中出现的位置是在第七层神殿祭坛室的楼梯台阶附近，而且注意到，在神殿以外区域，珠子和设计护身符的数量及类型都明显减少。⑤ 这进一步证实了在我们的案例中，贝特谢安第七层神殿出土的大量珠子和设计护身符显示出更确凿的宗教功能。正如麦戈文所指出的那样⑥，在居住环境中，设计护身符出现的数量很少，这可能是由于首饰拥有者的意外遗失或故意放置造成的，毕竟，首饰在拥有者的一生中是会被佩戴的。但是，从贝特谢安第七层神殿中发现的大量的主要与埃及相关的珠子和设计护身符已经超越了单纯的装饰意义。除了大量珠子和设计护身符外，祭坛室还出土了一些其他珠宝，包括一只金耳环，蓝绿色釉面的彩陶脚链、手镯和戒指。所有这些珠宝都可能有着宗教仪式功能和宗教象征意义，即这些珠宝蕴含着象征其信仰宗教的力量。值得注意的是，釉面彩陶戒指类型主要集中出土于神殿区域，而其他材料的戒指则更多出现在居住环境中。正如詹姆斯和麦戈文所指出的那样⑦，釉面彩陶戒指是

---

① Frances W. James, Patrick E. McGovern, *The Late Bronze Egyptian Garrison at Beth Shan: A Study of Levels VII and VIII*, Volume I, p.128.

② Amir Golani, *Jewelry from the Iron Age II Levant*, p.74.

③ Ibid., p.75.

④ Ibid., p.87.

⑤ Frances W. James, Patrick E. McGovern, *The Late Bronze Egyptian Garrison at Beth Shan: A Study of Levels VII and VIII*, Volume I, pp.127－128.

⑥ Patrick E. McGovern, *Late Bronze Palestinian Pendants: Innovation in A Cosmopolitan Age* (Sheffield, 1985), p.102.

⑦ Frances W. James, Patrick E. McGovern, *The Late Bronze Egyptian Garrison at Beth Shan: A Study of Levels VII and VIII*, Volume I, p.149.

独特的埃及风格类型,很多时候传达了特定的宗教意义,并且特别适合作为供奉礼物和还愿祭品。与之相对,标准的迦南风格类型和材料的戒指,只在日常生活中佩戴。据此,我们得出结论,贝特谢安第七层神殿出土的这些珠子、设计护身符和其他珠宝在该神殿被用于宗教用途,可能被用来装饰崇拜的神明雕像,也可能被用作供奉礼物和还愿祭品,甚至被充当税收。[①]

在青铜时代晚期,崇拜神像经常被用珠宝装饰。[②] 此外,在神殿及其周围献上珠宝是很普遍的现象,它们可能被用来献祭和供奉,同时也是财富的彰显。[③] 神殿的供奉品可能包括一系列的珠宝,或者珠宝和其他物品的组合,例如黄金和贝壳,这些物品也都在第七层神殿中被发现。有时候,单个物品也会被献上,成为献给神、女神或祭司的礼物。作为财富的珍宝、珠宝成为献祭和供奉的自然选择,被信仰者以向神殿献上其珍贵物品的行为而实现其对神明的自愿供奉。[④] 这些物品被用来作为供奉品,不仅是因为它们内在固有的价值,而且还因为它们具有宗教崇拜、辟邪驱邪、消除厄运和神奇魔法的特性。[⑤] 很有可能,大多数小型的供奉品都曾经由祭司向神像所代表的神明正式献上。[⑥] 而且,所有这些供奉品所带来的财富的受益者也是掌管神殿并主持其职能的祭司,因为被供奉的珠宝成为了神殿财库的一部分。[⑦]

在贝特谢安,大部分的珠子和设计护身符出土于神殿区域内,表明它们被作为供奉。[⑧] 类似的情况也出现在青铜时代晚期的提默纳(Timna)[⑨],在那里,许多珠宝类物品,尤其是珠子,与采矿神殿有关。[⑩] 另一个例子出现在青

[①]　Patrick E. McGovern, *Late Bronze Palestinian Pendants: Innovation in A Cosmopolitan Age*, p.102.

[②]　Amir Golani, *Jewelry from the Iron Age II Levant*, p.74.

[③]　Ibid., p.12,74.

[④]　Ibid., p.75.

[⑤]　Ibid., p.12.

[⑥]　Geraldine Pinch, Elizabeth A. Waraksa, *Votive Practices*; J. Dieleman, W. Wendrich, *UCLA Encyclopedia of Egyptology* (Los Angeles, 2009), p.7.

[⑦]　Amir Golani, *Jewelry from the Iron Age II Levant*, p.75.

[⑧]　Frances W. James, Patrick E. McGovern, *The Late Bronze Egyptian Garrison at Beth Shan: A Study of Levels VII and VIII*, Volume I, p.136.

[⑨]　青铜时代晚期,古埃及在迦南地区的提默纳开采铜矿,采矿区附近还建有埃及神庙。

[⑩]　T. Kertesz, *Beads and Pendants*; B. Rothenberg, *The Egyptian Mining Temple at Timna*, London, 1988.

铜时代晚期的拉吉①壕神殿(the Fosse Temple),该神殿附近也出土了大量珠宝。② 而在贝特谢安第七层神殿的祭坛室出土的各类珠宝,尤其是大量的珠子,更进一步证明,在神殿中,大部分供奉品都是在祭坛室中展示或储存的,特别是在靠近通往祭坛室的楼梯附近。

祭坛室中发现了 13 枚印章,包括 1 个鸭形印章、1 个圆柱形印章/滚筒印章和 1 个圣甲虫印章。与珠子和设计护身符一样,13 个印章中,有 11 个都出土于祭坛室的楼梯台阶附近,仅有 2 个来自房间其他部位。此外,第七层神殿出土的绝大多数印章都集中在神殿区域内,与其他特别的物品,如珠宝、彩陶器皿、小雕像等一起。③ 这些印章的分布模式与我们之前的考古数据分析结果相一致,它们主要被作为献祭和供奉品,其功能与神殿该位置地点出现的其他特殊物品类似,包括前文所述的被放置在通往后方祭坛室的楼梯台阶旁的珠子和设计护身符。

5 块椭圆形饰板同样被发现在祭坛室的楼梯台阶附近,并且在任何其他地方都没有出现。所有的饰板都是釉面彩陶材质,其中 4 个饰板上刻着"拉美西斯"的字样;而另 1 个饰板上刻着"梅伦普塔"的称号。④ 在包括印章、圣甲虫和饰板在内的 15 件刻有皇室名字的残片中,有 12 件,相当于 80%,出土于神殿区域。⑤ 并不让人感到意外的是,这些物品中的绝大多数都被发现在通往后方祭坛室的楼梯台阶附近,而如前文提及,这里还放置着其他特殊物品,包括珠子和设计护身符,如上文的推测,这些都是祭品和供品。并且,根据詹姆斯和麦戈文的结论⑥,这一推测再合适不过,因为,这座神殿可能同时供奉了埃及和迦南的神灵。

可以合理地得出结论,许多前述的考古发现都是个人物品,大概率因为这些物品作为个人财产的重要性而被作为礼物奉献给神灵。像珠子、设计护身符和珠宝(耳环、脚链、手镯和戒指等)这样的手工艺品,很可能是个人性质的珍宝财物。不同形状的印章、圣甲虫和刻有象形文字的椭圆形饰板,都铭刻着

---

① "拉吉"也被译作"莱基"。

② O. Tufnell, C.H. Inge, L. Harding, *Lachish II: The Fosse Temple*, London, 1940.

③ Frances W. James, Patrick E. McGovern, *The Late Bronze Egyptian Garrison at Beth Shan: A Study of Levels VII and VIII*, Volume I, pp. 225,230.

④ Ibid., Fig. 165.1 - 5.

⑤ Ibid., p. 225.

⑥ Ibid.

独特的象征符号,它们也很可能是个人所有权的标记。在某些情况下,物品的个人性质恐怕比其物质价值更为重要。[1] 虽然许多这类考古发现都是奢侈品,但我们应该将"奢侈品不视为与必需品对立的物品,而是将其视为其主要用途是修饰和社交的事物",因为"物品本身就是化身的标志"[2]。有学者[3]给出的例子是,在世俗场景下,一枚银戒指具有一定的物质价值;但在社交意义上,戒指则具有不同的价值,作为财富和身份地位的指征;或者,观察现代生活中的例子,即作为一个象征(例如,婚戒作为婚姻的象征)。然而,在宗教场所,比如神殿中,同样的一枚戒指此时便具有不同的意义:它对持有人是一个提醒,是创造供奉者与神灵之间的个人纽带的礼物,是个人牺牲和献祭的明确象征,或是一种放弃和呈上某些在物质、社交和个人层面具有价值的东西的臣服宣言。

正如我们所看到的,在贝特谢安第七层神殿中,大量文物在从内庭院通往祭坛室的楼梯台阶附近被发掘出来。不同寻常的一点是,这个楼梯台阶并非与房间中轴对齐。这被解释为是一种让房间西侧有更多空间以便用于储存并作为宝库的方法,[4]但由于这些楼梯直接位于该遗址地层第九层(Level IX)的阶梯式祭坛(stepped altar)的正上方,这样的设计也可以被理解为一种有意的放置,为了表现对神殿早期神圣结构的延续性。[5]

这种类型的神殿已被确定为"埃及神殿/埃及神庙"[6],其建筑布局和构造展现出埃及的影响,包括弯曲的轴线建造、纸莎草风格柱顶、抬升的内殿、地板

---

① P. G. Warden, "Gift, Offering, and Reciprocity: Personalized Remembrance and the 'Small Finds'", *The Magazine of the University of Pennsylvania*, 1992, 34:54.

② I. J. Winter, *On Art in the Ancient Near East*, Volume I: *Of the First Millennium B. C. E.* (Leiden, 2010), p.339.

③ P. G. Warden, "Gift, Offering, and Reciprocity: Personalized Remembrance and the 'Small Finds'", *The Magazine of the University of Pennsylvania*, 1992, 34:54.

④ Robert A. Mullins, *The Late Bronze and Iron Age Temples at Beth-Shean*; J. Kamlah, H. Michelau, *Temple Building and Temple Cult: Architecture and Cultic Paraphernalia of Temples in the Levant (2.-1. mill. B. C. E.)*, Proceedings of a Conference on the Occasion of the 50th Anniversary of the Institute of Biblical Archaeology at the University of Tubingen (28-30 May 2010), Wiesbaden, 2012, p.137.

⑤ Frances W. James, Patrick E. McGovern, *The Late Bronze Egyptian Garrison at Beth Shan: A Study of Levels VII and VIII*, Volume I, p.5.

⑥ Rivka Gonen, *The Late Bronze Age*; Amnon Ben-Tor, eds., Raga'el Grinberg, trans., *The Archaeology of Ancient Israel* (New Haven and London: Yale University Press, 1992), p.229.

上的柱基。考古学家玛扎尔(Amihai Mazar)将这种类型的神殿识别为"有抬高的至圣所的神殿"①。需要特别指出的是,带有一组楼梯台阶通往神殿焦点的阶梯式祭坛首次出现是在青铜时代晚期后段时期(the Late Bronze Age IIA),相应的绝对年代大约为公元前 1400 年至公元前 1300 年,发展高峰是在青铜时代晚期的末期(the Late Bronze Age IIB),相应的绝对年代大约为公元前 1300 年至公元前 1200 年,并延续到铁器时代早期,相应的绝对年代大约为公元前 1200 年至公元前 1000 年。② 而且,这种类型的神殿不仅出现在贝特谢安,还在米吉多(Megiddo)、拉吉③和夏琐④的神殿中。⑤

靠近楼梯台阶的考古发现的大量聚集,包括珠子、设计护身符、印章和椭圆形饰板,显然表明其具有不容忽视的重大意义。筑起抬高的祭坛平台和楼梯,可能指征神殿内进行的崇拜仪式实践发生了变化或改进。⑥ 假设神殿内的焦点是放置在楼梯台阶顶部的祭坛上的崇拜神像(没有保存下来),增加楼梯台阶或许是为了象征性地抬升神明,或试图通过抬升祭坛的高度从而进一步区分神圣和世俗之间的距离。还有一个可能性是,通往祭坛的楼梯台阶并非用作行走通过的楼梯,而是用作一组摆放供奉品的长凳。⑦ 这个假设得到了考古发现数据的充分支持,一方面,考古发现物品的功能性质被推测为祭品和供品;另一方面,出土物品数量最为巨大的位置就在楼梯台阶处。作为祭品和供品长凳发挥作用,这组楼梯台阶可以最大化神殿内的空间,与此同时,使祭品和供品能够被前来献祭和上供的崇拜者更容易、更清楚地看到。另一个假设是,引入并使用阶梯式祭坛,是为了通过建筑结构人为制造与神明的距离差别,来满足日益增长的区分供奉品的需要。⑧ 献给神明的礼物可能按照类

---

① Amihai Mazar, *Temples of the Middle and Late Bronze Ages and the Iron Age*; A. Kempinski, R. Reich, *The Architecture of Ancient Israel: from the Prehistoric to the Persian Periods: in Memory of Immanuel (Munya) Dunayevsky* (Jerusalem, 1992), pp.173 - 177.

② Dana Douglas DePietro, *Piety, Practice, and Politics: Ritual and Agency in the Late Bronze Age Southern Levant* (ProQuest. University of California, Berkeley, 2012), p.65.

③ "拉吉"也被译作"莱基"。

④ "夏琐"也被译作"哈佐尔"。

⑤ Dana Douglas DePietro, *Piety, Practice, and Politics: Ritual and Agency in the Late Bronze Age Southern Levant*, pp.65 - 66.

⑥ Ibid., p.66.

⑦ Ibid.

⑧ Ibid.

型分组,即便在实践中可能存在差异。甚至,祭品和供品还可能按照献上它们的个人的身份、地位、阶层和性别加以区分,以及按照参与崇拜仪式实践的人所扮演的角色来划分。

二、 内庭院:考古数据描述与分析

(一) 考古数据描述

贝特谢安第七层神殿的内庭院(Locus 1072)呈梯形状,与整座神殿的形状相符合。其北侧约 10.8 米宽,向南逐渐缩短至 9.5 米。内庭院的西侧和东侧分别约为 7.6 米和 8.0 米长,呈八字形向外倾斜展开。[①]

内庭院北墙上长凳的一部分同时构成了通往祭坛室楼梯的第二级台阶。东墙上也有一条长凳。在内庭院的西北角,有 1 个与北墙长凳垂直且毗邻的长方形盆/槽或桶/箱,内部尺寸约为 1.6 米乘 0.8 米;另 1 个盆/槽或桶/箱位于内庭院的西南角,内径约为 1.2 米,由一堵弧形的墙围成。[②] 1 座约 1.4 米长、0.8 米宽的泥砖祭坛靠在通往祭坛室的楼梯台阶东侧基座上,并被罗维(Alan Rowe)[③]确认为下部祭坛。通往祭坛室的楼梯的第一级台阶位于北墙长凳和下部祭坛之间。

内庭院中央附近有 2 个由卵石砌成的柱子基座,相距约 5.6 米,每个基座距离相邻的南北墙壁约 2.5 米。[④] 根据詹姆斯和麦戈文的判断[⑤],由于柱子可能是木制的,因此早已腐烂分解,所以在考古发掘过程中没有找到。罗维的重建[⑥]展示出这两根柱子支撑着半开放的门廊屋顶;其他学者[⑦]则认为内庭院中的这两根柱子可能支撑着全封闭的屋顶。

---

① Frances W. James, Patrick E. McGovern, *The Late Bronze Egyptian Garrison at Beth Shan: A Study of Levels VII and VIII*, Volume I, pp. 12 – 13.

② Ibid., p. 13.

③ Alan Rowe, *The Four Canaanite Temples of Beth-Shan* (Philadelphia, 1940), p. 8.

④ Frances W. James, Patrick E. McGovern, *The Late Bronze Egyptian Garrison at Beth Shan: A Study of Levels VII and VIII*, Volume I, p. 13.

⑤ Ibid.

⑥ Alan Rowe, *The Four Canaanite Temples of Beth-Shan*, p. 7.

⑦ Frances W. James, Patrick E. McGovern, *The Late Bronze Egyptian Garrison at Beth Shan: A Study of Levels VII and VIII*, Volume I, p. 13; Robert A. Mullins, *The Late Bronze and Iron Age Temples at Beth-Shean*; J. Kamlah, H. Michelau, *Temple Building and Temple Cult: Architecture and Cultic Paraphernalia of Temples in the Levant (2.-1. mill. B.C.E.)*, p. 137.

内庭院区域内出土了一些非常别致且有趣的物品。1块描绘着女神的石灰石制成的石碑倚靠在西南角盆/槽或桶/箱的曲面墙上。[①] 在所谓的下部祭坛周围,发现了1根象牙制成的哈索尔魔杖,也可能是响板/拍板,以及大量金箔覆盖层和彩陶。[②]

值得注意的是,除了称重、凿刻和碾磨工具,椭圆形饰板和高圆柱形崇拜座以外,大部分出现在祭坛室的物品也出现在内庭院中。只不过,与祭坛室相比,内庭院区域出土的珠子、设计护身符和印章数量要小得多。此外,还在内庭院中发现了1只雪花石膏器皿、1个盒子、象牙和动物角。不幸的是,在内庭院出土的其他物品(表3-4)无法被精确定位在这个位置地点中。

(二) 考古数据分析

内庭院的主要功能是作为贝特谢安第七层神殿的大厅。与祭坛室相比,内庭院区域的考古发现相对较少,但仍然具有重要意义。一尊立柱石碑(图3-4)被发现靠在内庭院西南角内嵌的盆/槽或桶/箱的弧形的墙上。[③] 这尊由石灰石制成的立柱石碑描绘了一位站立的女性形象,她身穿长袍,戴着颈圈和阿特夫(atef)皇冠。她左手持握莲花权杖,右手拿着安可(ankh)生命之符[④]。一个身穿长袍、头戴莲花的更小尺寸的女性形象向更大尺寸的女性形象献上另一朵莲花。立柱石碑上的象形文字难以辨认,但其描绘的更大尺寸的女性形象的属性明显是神性的。[⑤] 因此,可以安全地推断出,这尊立柱石碑描绘的是一个女性崇拜一位女神。然而,遗憾的是,由于缺乏附上铭文的解读,女神的身份尚不确定。罗维称这个形象"毫无疑问是双角的阿斯托雷斯女神

---

① Frances W. James, Patrick E. McGovern, *The Late Bronze Egyptian Garrison at Beth Shan: A Study of Levels VII and VIII*, Volume I, p.13.

② Ibid.

③ Alan Rowe, *The Topography and History of Beth-Shan: with Details of the Egyptian and Other Inscriptions Found on the Site*, Publications of the Palestine Section of the Museum of the University of Pennsylvania (Philadelphia, 1930), pp. 19, 21, pl. 48.2; Alan Rowe, *The Four Canaanite Temples of Beth-Shan*, pp.8, 31, pls. 35.5, 49A.1; Frances W. James, Patrick E. McGovern, *The Late Bronze Egyptian Garrison at Beth Shan: A Study of Levels VII and VIII*, Volume I, p.250.

④ 古埃及象征生命的象形符号。

⑤ Frances W. James, Patrick E. McGovern, *The Late Bronze Egyptian Garrison at Beth Shan: A Study of Levels VII and VIII*, Volume I, p.240.

(Ashtoreth of the Two Horns)"①。其他学者如詹姆斯和麦戈文②则将这位女神视为可能是重要的迦南女神例如阿施塔特(Ashtarte)或埃及女神哈索尔(Hathor)在当地对应的等效神明。

像该石碑这样的特殊物品，实际上是把我们讨论的建筑定义为"宗教性质"的关键。这个石碑被发现的位置很有趣，也非常值得注意。从贝特谢安第七层神殿的平面图（图3-2）我们可以看出，当人们通过入口大厅(Locus 1086)进入神殿后，向左转再次跨越一扇门才能进入主大厅，就是内庭院。进入内庭院之后，前来崇拜的人们最先看到的很可能是这个石碑，因为它就被立在内庭院入口旁边。可能性非常高的假设，即这个石碑的所在位置是故意安放的。无论放置地点的选择原因为何，结果是，这个石碑能够被每个进入神殿的人所看到，并且它是每个进入神殿的人所看到的第一件物品。石碑的放置位置表明了它所需要的可及性/可达性。事实上，贝特谢安第七层神殿整个空间的使用选择都显示出可及性/可达性，并通过每个位置的可及性/可达性区别进一步揭示神殿空间的等级。不难想象，无论谁经过这栋建筑，他们都可以轻而易举地看到入口大厅，即使他们并没有进入神殿。然而，神殿内部的房间逐渐变得越来越不可到达。如果有人想要到达神殿最后方的祭坛室，他们必须先通过所有之前的神殿房间。自然而然，相对较远的房间将是整个建筑物中最不可达的房间，因此也是整栋建筑中最隐蔽、最重要的房间，这就解释了为什么它应该是祭坛室，因为最少的人可以到达那里，而且它也是整个神殿中最难到达的房间。

一枚哈索尔魔杖或响板/拍板（图3-5）出土于贝特谢安第七层神殿内庭院的楼梯台阶底部。其由河马牙制成，雕刻精美。③哈索尔是古埃及广受欢迎的女神，掌管爱与欢乐，分娩和如歌舞等其他女性追求。哈索尔也是绿松石

---

① Alan Rowe, *The Topography and History of Beth-Shan: with Details of the Egyptian and Other Inscriptions Found on the Site*, p.19.

② Frances W. James, Patrick E. McGovern, *The Late Bronze Egyptian Garrison at Beth Shan: A Study of Levels VII and VIII*, Volume I, p.250.

③ Alan Rowe, *The Four Canaanite Temples of Beth-Shan*, p.8, pl. 47A.4; Frances W. James, Patrick E. McGovern, *The Late Bronze Egyptian Garrison at Beth Shan: A Study of Levels VII and VIII*, Volume I, pp.180,240, Fig.105.1.

(turquoise)和异国他乡土地之神。① 魔杖或响板/拍板的正面展示出哈索尔女神显著的特征:牛耳朵和螺旋形假发。女神还戴着可能是挂有多串珠链的颈圈,有凹槽纹饰的皇冠或手镯被放在假发上方。② 该物品弯曲的上端形成了一只完全伸展的右手形状,下端被断开了。大多数研究者认为,在参加哈索尔舞蹈节时,祭司的头上会敲响一对这样的物品。在埃及遗址的发掘中也出土了一些配对的平背响板/拍板,无疑支持了这种解释。③ 然而,由于需要配对的两只响板/拍板才能在祭司头顶敲响,但神殿内庭院出土的却只有单独一只,这表明贝特谢安第七层神殿的这件物品大概率并非响板/拍板,也不用作敲响功能,而只是象征着女神或女神所传达给她的信徒的益处(如生命,繁荣和健康),或者代表着一个对应的迦南女神或概念。④ 因为青铜时代晚期,迦南神祇经常被认为是与埃及神祇相匹配对应的。⑤ 也正因为如此,即使哈索尔在贝特谢安第七层神殿受到格外尊敬,也无法确定是否在那里举行了崇拜哈索尔的舞蹈仪式。但不管怎样,哈索尔及相关的女神被认为是特别易于接近的神祇,至少当女神们悦纳崇拜者献上的礼物时是如此。⑥ 在贝特谢安第七层神殿中出现的典型的作为献给神明的礼物的物品,如设计护身符和小雕像,表明呈上献祭品和供奉品可能被视为该神殿官方职能的一项重要部分。

从表3-1和表3-4可以看出,位于第七层神殿内庭院的珠子、设计护身符和印章数量相比于祭坛室要少得多。至于陶瓷器皿,这两个位置地点出土的数量几乎相同,陶器的类型也覆盖了相同的种类,包括储藏器皿、烹饪器皿、敞口服务器皿和封口服务器皿。考虑到它们被发现的场所背景,这些器皿可能被用作容器,里面装有献给神明的礼品。尤其在碗或篮子中发现了大量的供品,一些供奉的小雕像和小塑像(statuette)被用亚麻布包裹起来。⑦ 当然还有一种可能,即这些器皿本身也被作为供品献给神明。

① R. A. Gillam, "Priestesses of Hathor: Their Function, Decline and Disappearance", *Journal of the American Research Center in Egypt*, 1995, 32:211.

② Frances W. James, Patrick E. McGovern, *The Late Bronze Egyptian Garrison at Beth Shan: A Study of Levels VII and VIII*, Volume I, p.180.

③ Ibid.

④ Ibid., pp.180,240.

⑤ Ibid., p.166.

⑥ Geraldine Pinch, Elizabeth A. Waraksa, *Votive Practices*; J. Dieleman, W. Wendrich, *UCLA Encyclopedia of Egyptology* (Los Angeles, 2009), p.4.

⑦ Ibid., p.7.

在出土的陶器中,尤其有趣的是一副杯和托碟(cup-and-saucer)①,从祭坛室中发现。它由一个碗及其里面的一个小碗组成。有学者指出,杯和托碟类型的器皿具有宗教性质,既可以用作照明,也可以用来散发香味。② 根据乌泽尔(Joe Uziel)和加朵(Yuval Gadot)的判断③,杯和托碟结合了两种活动,外层碗充当灯,内层碗盛装芳香油。内碗中的芳香油可以单独燃烧,或者用外碗中燃烧的油加热,甚至内碗和外碗的油都点燃,在两个火焰的情况下,同时产生光和香气。另外还有两套杯和托碟分别从北侧外庭院(Locus 1062)和南侧外庭院(Locus 1089)中被找到。④

另一个有趣的器皿被称为花盆,来自内庭院。⑤ 该器皿拥有类似花瓶的形状,带有陡峭的侧壁并向外张开,其表面没有装饰。它的底部是扁平的,穿孔的。虽然这个所谓的花盆的功能并不确定,但有学者提出,它们在家庭和宗教场合中被用作制作面包的模具。⑥ 但是,一方面,单个花盆几乎不可能被使用,因为即使是为了制作面包,也至少需要两个花盆:一个不带孔的用于盛放面团,另一个带孔的用作盖子以便释放气体。另一方面,这里发现的花盆没有二次烧制的痕迹,其内部也没有碳化的有机物残留。⑦ 这就排除了它被用于烹饪的可能性。所以,虽然这个器皿出土于贝特谢安第七层神殿,说明它肯定在当地的宗教信仰和崇拜行为中发挥作用甚至有一定的重要性,但是,我们仍不清楚它的确切用途。

坐落于内庭院的两个卵石柱子基座表明,神殿主大厅的屋顶由两根支柱支撑。根据与在阿玛尔纳(Tell el-Amarna)和德尔麦迪纳(Deir el-Medina)两处遗址的埃及陵墓圣堂类比,罗维在贝特谢安第七层神殿的重建绘制⑧中将其描绘为面向天空半开放的结构,没有完整的屋顶(图3-3)。然而,这一观点

---

① Frances W. James, Patrick E. McGovern, *The Late Bronze Egyptian Garrison at Beth Shan: A Study of Levels VII and VIII*, Volume I, Fig.12.2.

② Joe Uziel, Yuval Gadot, "The 'Cup-and-Saucer' Vessel: Function, Chronology, Distribution and Symbolism", *Israel Exploration Journal*, 2010,60:41.

③ Ibid., p.48.

④ Frances W. James, Patrick E. McGovern, *The Late Bronze Egyptian Garrison at Beth Shan: A Study of Levels VII and VIII*, Volume I, Fig.14.7.

⑤ Ibid., Fig.12.4.

⑥ Ibid., p.241.

⑦ Ibid.

⑧ Alan Rowe, *The Four Canaanite Temples of Beth-Shan*, p.7.

被马林斯否决①,他认为虽然如此特征的门廊屋顶可能存在于埃及,毕竟那里
几乎很少降雨,但在迦南并不是这种情况,半开放的屋顶在迦南的气候条
件②下,显然并非明智的选择。

三、 东南角房间：考古数据描述与分析

(一) 考古数据描述

从贝特谢安第七层神殿的内庭院朝东南方向打开的一个房间即东南角房
间(Locus 1085)。该房间南北长约 5 米,从其北侧的 5.6 米宽向南侧缩窄至
4.0 米宽。③ 从内庭院通往该房间的开口宽 3.6 米,西墙北端有一个非常矮的
垂直残墙根。④ 一堵约 1.8 米的独立的墙从东墙朝房间内伸出,界定出该房间
东南角落的一个开放的长方形区域。⑤

总体而言,东南角房间出土的考古发现比前面提到的两个房间(祭坛室和
内庭院)少,无论是在种类还是在数量方面(表 3 - 5)。在神殿其他位置地点都
没有出现,却在这里被发现的唯一一种物品是饰板。在东南角房间里发掘出
的珠宝和小雕像数量与祭坛室和内庭院出土的数量差不多。这里出土的珠子
和设计护身符的数量则比祭坛室和内庭院要少得多。该房间的其他考古发现
有印章,称重、编织和碾磨工具,武器,各种陶器,包括敞口服务器皿、封口服务
器皿、烹饪器皿、储藏器皿,以及 1 只雪花石膏器皿。

(二) 考古数据分析

从东南角房间出土的物品相比于祭坛室和内庭院出土的物品,种类相对
较少。尽管拟人小雕像,尤其是女性小雕像,在贝特谢安遗址的住宅和神殿场
景下都有出现,但具体到第七层神殿区域内,5 个女性小雕像中,有 2 个是从

---

① Robert A. Mullins, *The Late Bronze and Iron Age Temples at Beth-Shean*; J. Kamlah,
H. Michelau, *Temple Building and Temple Cult: Architecture and Cultic Paraphernalia of
Temples in the Levant (2.-1. mill. B.C.E.)*, p.137.

② 至少可以判断,迦南地区拥有典型的地中海气候,夏季炎热干燥,冬季温暖湿润,而非全年
少降水。

③ Frances W. James, Patrick E. McGovern, *The Late Bronze Egyptian Garrison at Beth
Shan: A Study of Levels VII and VIII*, Volume I, p.14.

④ Ibid., pp.14 - 15.

⑤ Ibid., p.15.

东南角房间找到的。其中一个是陶制的女性小雕像①，头上戴着有凹槽的头饰，头饰由两缕巨大的哈索尔假发束组成，披下来至少延伸到肩膀，而且假发束从肩膀处向外盘旋。② 另一个是女性小雕像的头部③，由雪花石膏制成，背面平坦且有沟槽纹路。④ 根据詹姆斯和麦戈文的说法⑤，这个小雕像两侧的假发束揭示了它是对一种石质女性小雕像饰板类型的复制。

　　一件蓝绿色釉面的彩陶小雕像⑥来自神殿内庭院。它已经严重风化，下方腿部断裂，其面部特征、乳房和生殖部位因此轮廓不清晰。小雕像人物的长发垂落在胸前，手臂垂挂在身体两侧。⑦ 这个小雕像的尺寸和正面直立的姿势与出土于东南角房间的陶制小雕像几乎一模一样。⑧ 在贝特谢安第七层神殿发现的其余两枚女性小雕像，一枚⑨来自西侧外庭院（Locus 1374），另一枚⑩来自南侧外庭院（Locus 1089）。前者非常厚，由模具制成。这个小雕像的双手握着乳房，但由于头部已断落遗失，所以其面部、头发和头饰特征均无法确定。后者的残余碎片也显示出与出土于东南角房间的陶制小雕像的相似之处。⑪

　　正如我们所观察到的，贝特谢安第七层神殿中的所有拟人类型物品都是女性小雕像。它们可以分为两种主要类型：一种是双手握住乳房的形象⑫；另一种是双臂垂挂在身体两侧的形象⑬。女性小雕像不仅出土于贝特谢安神殿，也频繁出现在其他青铜时代晚期的迦南神殿和宗教遗址，女性小雕像在该时期考古遗址的广泛存在支持了一个被普遍接受的解释，即女性小雕像盛行于青铜时代晚期的迦南地区，它们象征女神或神化的人类，例如

---

　　① Frances W. James, Patrick E. McGovern, *The Late Bronze Egyptian Garrison at Beth Shan: A Study of Levels VII and VIII*, Volume I, Fig. 76.3.

　　② Ibid., p. 165.

　　③ Ibid., Fig. 76.6.

　　④ Ibid., pp. 165 – 166.

　　⑤ Ibid., p. 166.

　　⑥ Ibid., Fig. 76.1.

　　⑦ Ibid., p. 165.

　　⑧ Ibid., Fig. 76.3.

　　⑨ Ibid., Fig. 76.7.

　　⑩ Ibid., Fig. 76.9.

　　⑪ Ibid., Fig. 76.3; 165.

　　⑫ Ibid., Fig. 76.7.

　　⑬ Ibid., Fig. 76.1, 3, 9.

女王或高等女祭司。^① 然而，受制于同时代铭文证据的缺乏，确切识别这些象征主体非常困难。这些女性小雕像显然强调性特征：裸体、乳房、阴部三角形、膨胀的腹部，这使它们极有可能与迦南的生育女神及该地区的生育崇拜相关。^② 此外，女性小雕像似乎也在贝特谢安的某种家庭或民间崇拜中扮演了角色，因为许多类似小雕像是在居住场景，也就是住宅环境中被发现的。^③

四、 入口大厅：考古数据描述与分析

（一）考古数据描述

进入贝特谢安第七层神殿需要通过一个入口大厅（Locus 1086），该大厅的入口，亦即整座神殿的入口，面向西侧外庭院，大厅其他三个方向被三面墙包围起来。房间的东北角设有开口，通过这道门便可以跨过神殿南侧的厚墙进入内庭院。^④

入口大厅出土的考古发现相当稀少，与第七层神殿中的其他位置地点相比，这个区域相对较空（表3-6）。除了1个珠子、2个设计护身符和2个贝壳外，这个房间仅发掘出1个称重工具、1个编织工具、1个储藏器皿和1个玄武岩/黑陶器皿。

（二）考古数据分析

与第七层神殿内的其他三个房间相比，入口大厅出土的考古发现不仅种类更少，数量也要少得多，这在某种程度上使该位置地点显得相当空旷。由于这个区域是一个入口大厅，我们便可以合理假设，在这个房间中发掘出来的少量物品可能是被当时的人们无意间留下的、意外掉落的、在经过这里时遗失的或者仅仅是被自然力带到这里的。

---

① Frances W. James, Patrick E. McGovern, *The Late Bronze Egyptian Garrison at Beth Shan: A Study of Levels VII and VIII*, Volume I, p.166.

② O. Negbi, "*Canaanite Gods in Metal: An Archaeological Study of Ancient Syro-Palestinian Figurines*", Tel Aviv, 1976:77 – 84, 96 – 100, 141.

③ Frances W. James, Patrick E. McGovern, *The Late Bronze Egyptian Garrison at Beth Shan: A Study of Levels VII and VIII*, Volume I, p.166.

④ Ibid., p.18.

五、 北侧外庭院：考古数据描述与分析

（一）考古数据描述

贝特谢安第七层神殿的北侧外庭院（Loci 1062、1103、1104 和 1105）是位于神殿以北的一个开阔区域，面积约为 10 米乘 13 米。[①] 该区域的南侧由祭坛室的后墙界定，北、东、西三面由部分墙体环绕。西墙的南端缺失，但很可能正是在这里开设了通往第七层神殿西侧外庭院的宽敞入口。东墙的南端在一个正方形块状障碍物处中断，这可能是通向已不属于神殿部分的东南区域的入口。[②]

Loci 1104 和 1105[③] 之间有 1 个长方形石质结构，大约 1.2 米乘 0.8 米。这个结构周围堆着石头、灰烬和烧焦的动物遗骸，被詹姆斯和麦戈文解释为一座祭坛[④]。两段墙体构成了北侧外庭院西南部分的一角，将西侧的 Locus 1103 和东侧的 Locus 1062 分隔开来。

在 Loci 1104 和 1105 附近出土的所有物品中（表 3-7），陶器数量最多，包括 16 个敞口服务器皿、5 个封口服务器皿、1 个储藏器皿、3 个灯。其他材质的器皿包括 2 个彩陶器皿和 1 个玄武岩/黑陶器皿。某些发现，例如 1 个微型碗和 1 个盖子，仅仅出现在神殿北侧外庭院的这两个位置地点（Loci 1104，1105），而在第七层神殿内的其他位置地点并没有出现。其他出土物品没有任何独特之处，包括武器、珠宝、珠子、设计护身符、印章、小雕像、高圆柱形崇拜座、贝壳和骨头。

在位于北侧外庭院更靠南的 Locus 1062，共发掘出 57 颗珠子（表 3-8）。该位置地点还出土了包括敞口服务器皿和封口服务器皿的陶器、武器、珠宝、印章、高圆柱形崇拜座、微型碗和 1 枚游戏棋子。Locus 1103 只出土了 1 片刀片碎片，除此之外没有发现其他人工制品。

---

① Frances W. James, Patrick E. McGovern, *The Late Bronze Egyptian Garrison at Beth Shan: A Study of Levels VII and VIII*, Volume I, p.18.

② Ibid.

③ 由于神殿北、西、南侧外庭院的开放区域的考古发掘位置地点较多，它们并没有被单独命名，因此在描述神殿几侧外庭院的区域时，直接使用它们所在的考古发掘位置地点。当出现一个位置地点时，使用单数形式"Locus"；当出现多个位置地点时，使用复数形式"Loci"。

④ Frances W. James, Patrick E. McGovern, *The Late Bronze Egyptian Garrison at Beth Shan: A Study of Levels VII and VIII*, Volume I, p.18.

（二）考古数据分析

在贝特谢安遗址，崇拜座，特别是高圆柱形崇拜座，也都集中在神殿区域。唯一完整的样本[①]出土于第七层神殿的北侧外庭院（Locus 1105），这里还有一只带有圆形孔洞的高圆柱形崇拜座残块[②]，来自同一外庭院的另一个位置地点（Locus 1062）。这只完整的高圆柱形崇拜座具有波状侧面和封闭底部。一个带有手指压痕的附加带状物围绕着底部，一对相对的圆形孔洞则靠近边沿，其边沿打磨圆滑并略微向内弯曲倾斜。[③] 另一个崇拜座[④]出土于南侧外庭院（Locus 1362）。它有一个开放的底部，向外展开，并具有三角形的边沿轮廓，内部中间以及外部底部上有明显的脊状结构。一个带圆形孔洞的高圆柱形崇拜座残块[⑤]也出现在同一位置地点。第七层神殿中发现的其他圆柱形崇拜座遗存包括：来自西侧外庭院（Locus 1371）的，可能是高圆柱形崇拜座上的嵌花装饰[⑥]；分别来自祭坛室和西侧外庭院的，带有内部或外部脊状结构的崇拜座中段部分[⑦]。基于与古埃及考古发现的类比，高圆柱形崇拜座支撑着碗，被用于向神灵献上食品和饮料等供奉品。[⑧] 考古发掘已经在迦南神殿内的这种崇拜座上发现碗，虽然碗不一定是埃及类型的。[⑨] 而且，这些崇拜座上没有火烧后变黑的痕迹，这就明确排除了它们被用作香炉的可能性。[⑩] 此外，来自贝特谢安遗址住宅环境的几个崇拜座表明它们可能在家庭崇拜中占有一席之地。[⑪]

[①] Frances W. James, Patrick E. McGovern, *The Late Bronze Egyptian Garrison at Beth Shan: A Study of Levels VII and VIII*, Volume I, Fig. 97.1.

[②] Ibid., Fig. 98.1.

[③] Ibid., p. 176.

[④] Ibid., Fig. 97.2.

[⑤] Ibid., Fig. 98.2.

[⑥] Ibid., Fig. 90.2.

[⑦] Ibid., Fig. 98.3, Fig. 97.5.

[⑧] Ibid., pp. 177, 242.

[⑨] Amihai Mazar, "Excavations at Tell Qasile, Part One: the Philistine Sanctuary: Architecture and Cult Objects", *QEDEM*, Jerusalem, 1980, 12:94–100.

[⑩] M.D. Fowler, "Excavated Incense Burners: A Case for Identifying a Site as Sacred", *Palestine Exploration Quarterly*, 1985, 117:25–29.

[⑪] Frances W. James, Patrick E. McGovern, *The Late Bronze Egyptian Garrison at Beth Shan: A Study of Levels VII and VIII*, Volume I, p. 177.

　　两个微型碗[①]从北侧外庭院(Locus 1062 和 Locus 1105)出土。它们的底部有如同细线切割的裂纹,也有展开的侧壁。[②] 唯一的另外一个微型碗[③]发现于第七层神殿的南侧外庭院(Locus 1089)。这个手工制作的微型碗有一个中央穿孔穿过其圆形底部,穿孔是在烧制前从外侧制作的。从青铜时代中期跨越至铁器时代,类似的微型器皿在神殿环境中都普遍存在。微型器皿通常被发现在墓地和神圣场所,并被普遍解释为儿童玩具或仪式相关用品。[④] 大概可以推断,一方面,有时会进行小规模的仪式;另一方面,某些宗教甚至魔法实践可以通过例如微型碗之类的微型物品来实现象征化。因此,根据推测,这些微型碗可能被用于献上小的、象征性的供奉品。

　　第七层神殿的北侧外庭院,特别是 Loci 1104 和 1105,具有宗教方面的神圣功能。这种开放的崇拜区域通常位于神殿前面。由玄武岩/黑陶制成的、粗糙雕凿的大型祭坛及其周围积聚的灰烬和大量烧焦的骨头(大多数未经鉴定,但包括狗和食肉动物)的存在,证明了它的仪式用途。[⑤] 具体而言,这里的考古发现为以下结论提供证据:燔祭是贝特谢安第七层神殿所举行的崇拜仪式的一部分。除此之外,神殿区域中,最高数量的敞口服务器皿和封口服务器皿集中在北侧外庭院,尤其是 Loci 1104 和 1105,甚至远远超过了神殿内部(例如祭坛室和内庭院)发现的数量,这也进一步支持了上述结论。值得注意的是,在外庭院中为动物燔祭设置祭坛,是大多数青铜时代晚期迦南神殿的重要特征。例如,在夏琐[⑥],被归属于神殿及其庭院的一些考古发现,被解释为围

　　① Frances W. James, Patrick E. McGovern, *The Late Bronze Egyptian Garrison at Beth Shan: A Study of Levels VII and VIII*, Volume I, Fig.101.2,3.

　　② Ibid., p.178.

　　③ Ibid., Fig.101.4.

　　④ A. Orsingher, *Vessels in Tophet Sanctuaries: the Archaic Evidence and the Levantine Connection*; A. Maila Afeiche, *Cult and Ritual on the Levantine Coast and Its Impact on the Eastern Mediterranean Realm*, Proceedings of the International Symposium, Beirut, 2012, Beyrouth, 2015, p.567.

　　⑤ Frances W. James, Patrick E. McGovern, *The Late Bronze Egyptian Garrison at Beth Shan: A Study of Levels VII and VIII*, Volume I, p.242; Robert A. Mullins, *The Late Bronze and Iron Age Temples at Beth-Shean*; J. Kamlah, H. Michelau, *Temple Building and Temple Cult: Architecture and Cultic Paraphernalia of Temples in the Levant (2.-1. mill. B.C.E.)*, p.141.

　　⑥ "夏琐"也被译作"哈佐尔"。

绕祭坛进行的仪式化屠宰的遗物,仪式化屠宰之后,这里还会进行公共圣餐。① 然而,在新王国时期的埃及神庙中,这样的祭坛非常少见。② 于是,我们清楚地观察到,是否在外庭院设置祭坛进而是否进行燔祭这个问题上,贝特谢安神殿遵循了典型的青铜时代晚期迦南神殿的传统,与同时期古埃及神庙的宗教实践形成鲜明区别。然而,需要特别指出,综合考虑到前文所述的考古发现,这一区分恰恰进一步证实了该神殿对迦南和埃及宗教行为的融合。

六、 西侧外庭院:考古数据描述与分析

(一) 考古数据描述

贝特谢安第七层神殿的西侧外庭院(Loci 1069、1070、west of 1072、1107、1371、1374 和 1376)的考古数据在野外记录文献中较为贫乏。该庭院北部的 Locus 1376,尺寸不确定,可能是一个从西北方向进入神殿区域入口。在其东侧,Locus 1107 是一个长方形区域,大约 4.8 米乘 3.2 米,被三面墙包围,形成一个不完全的房间。并不清楚这个房间的南侧是否有门或朝向庭院开放,因为南北墙的南端被打破了。③

西侧外庭院的主要特征是一段东西向的墙体,该墙体与第七层神殿区域外一座被称为指挥官住宅的建筑物对齐,并且,墙体大约位于神殿和指挥官住宅之间的中心位置。④ Locus 1374 在墙体的北端,而 Locus 1371 则延伸到了墙体的南端。Loci 1069、1070 和 west of 1072 是同一面墙体的东端区域。

与第七层神殿的其他区域相比,西侧外庭院的考古发现较为稀少(表 3-9)。除了 5 个小雕像,有 3 个鸭头或鹅头、1 个眼镜蛇小雕像尾巴、1 个女性小雕像躯干,4 颗珠子和 3 个碾磨工具外,在这里出土的其他物品数量更少(只有一两个)。这些物品也并非不同寻常,包括:称重、编织类工具,陶器如敞口服务器皿、封口服务器皿、储藏器皿,玄武岩/黑陶器皿,设计护身符,高圆柱形

① S. Zuckerman, "'… Slaying Oxen and Killing Sheep, Eating Flesh and Drinking Wine …': Feasting in Late Bronze Age Hazor", *Palestine Exploration Quarterly*, 2007, 139, 3: 186-204.

② Frances W. James, Patrick E. McGovern, *The Late Bronze Egyptian Garrison at Beth Shan: A Study of Levels VII and VIII*, Volume I, p.242.

③ Ibid., p.22.

④ Ibid.

崇拜座，盒盖，象牙，贝壳，骨头，动物角。Locus 1069 则没有记录任何出土物品。[①]

(二) 考古数据分析

贝特谢安第七层神殿西侧外庭院发掘出的 5 件小雕像，其中 3 件是动物形的，具体来说，是鸭或鹅的头部。[②] 它们由陶瓷制成，通过其整体头部轮廓、宽阔的呈脊状的喙和眼睛位置被识别。[③] 这些兽形小雕像集中出现在第七层神殿区域：其中 3 件[④]来自祭坛室；2 件[⑤]来自内庭院；以及来自外庭院的 6 件，包括上述的 3 件来自西侧外庭院（Locus 1070 和 west of Locus 1072），2 件[⑥]来自南侧外庭院（Locus 1362），以及 1 件[⑦]来自北侧外庭院（Locus 1105）。

这些鸭头和鹅头可能曾经连接在碗上，[⑧]因为考古发掘出的所有头部都是从更大的物体上断落的。这类碗的碗口沿，很可能是古埃及风格的扇形边沿形式，而这种形式的碗口沿保存在一些出土样本上。比如，在祭坛室发现的那件[⑨]，以及从北侧外庭院（Locus 1105）发现的那个[⑩]。后者的眼睛和喙的轮廓用红色涂料勾勒出来，眼睛的白色则用白色涂料展现。[⑪] 前者的头部较

---

① Frances W. James, Patrick E. McGovern, *The Late Bronze Egyptian Garrison at Beth Shan: A Study of Levels VII and VIII*, Volume I, pp. 22 - 23.

② Ibid., Fig. 87. 2, Fig. 89. 1, No. 25. 11. 701.

③ Frances W. James, Patrick E. McGovern, *The Late Bronze Egyptian Garrison at Beth Shan: A Study of Levels VII and VIII*, Volume I, p. 172; Amihai Mazar, "Excavations at Tell Qasile, Part One: the Philistine Sanctuary: Architecture and Cult Objects", *QEDEM*, Jerusalem, 1980, 12:97.

④ Frances W. James, Patrick E. McGovern, *The Late Bronze Egyptian Garrison at Beth Shan: A Study of Levels VII and VIII*, Volume I, Fig. 82. 2 - 4.

⑤ Ibid., Fig. 87. 1, No. 25. 11. 185.

⑥ Ibid., Fig. 88. 2, 4.

⑦ Ibid., Fig. 87. 4.

⑧ Frances W. James, Patrick E. McGovern, *The Late Bronze Egyptian Garrison at Beth Shan: A Study of Levels VII and VIII*, Volume I, p. 172; Robert A. Mullins, *The Late Bronze and Iron Age Temples at Beth-Shean*; J. Kamlah, H. Michelau, *Temple Building and Temple Cult: Architecture and Cultic Paraphernalia of Temples in the Levant (2. -1. mill. B.C.E.)*, p. 141.

⑨ Frances W. James, Patrick E. McGovern, *The Late Bronze Egyptian Garrison at Beth Shan: A Study of Levels VII and VIII*, Volume I, Fig. 86. 3.

⑩ Ibid., Fig. 87. 4.

⑪ Ibid., p. 172.

小，颈部较长，喙的轮廓较不明显，而且被不规则地手工磨光了。[①] 这些动物的头部被用不同方式固定在碗的内部，或将其颈部紧贴在碗沿上，或将榫插入碗的侧壁。[②] 喙的尺寸各不相同。大多数情况下没有显示出眼睛，除了有几个例子用黏土颗粒标示出眼睛。[③]

　　各种水禽在古埃及的宗教崇拜领域中发挥了重要作用。例如，鹅的形象在象形文字中的使用已经广泛发展成与宗教崇拜相关。其他的例子还有鹅主要与太阳神的宗教崇拜相联系。[④] 由于贝特谢安第七层神殿出土的大部分鸭或鹅头都集中在神殿区域，且其他同时期迦南遗址出土的类似物品同样集中在神殿内，因此，这些鸭或鹅头很可能附着在扇形边沿的埃及风格的碗上，并大概率被使用于当地的宗教崇拜活动中。例如，这些带有水禽头部的碗可以作为给神奉献礼物的容器，起盛放或展示的作用，在神殿中用它们献上食物和其他供品。[⑤] 在贝特谢安发掘出的，可能与这些水禽头部相连的扇形边沿碗的内部，都没有发现烧焦的痕迹或有机物的残留，这进一步排除了它们被用于焚香的可能性。[⑥]

　　除了祭坛室之外，第七层神殿区域出土工具最多的位置地点，就是西侧外庭院。这里发掘出的工具种类与祭坛室发掘到的几乎相同，唯一的区别即一个凿刻工具，具体即一个铜质基础的凿子。[⑦] 其他工具包括：碾磨工具，主要是磨盘；纺织工具，主要是纺锤；称重工具如称重砝码。第七层神殿的碾磨工具如磨盘和研杵以及纺织工具如纺锤，与实用工具类型相符，更多地出现在可能是居住区的环境，而非在神殿场景。[⑧] 一般而言，在贝特谢安第七层神殿区域发现的工具要么位于神殿结构内部（主要来自祭坛室），要么位于神殿西侧外庭院。

---

　　① Frances W. James, Patrick E. McGovern, *The Late Bronze Egyptian Garrison at Beth Shan: A Study of Levels VII and VIII*, Volume I, p.172.

　　② Ibid., Fig.87.1.

　　③ Ibid., Fig.88.2,4; p.172.

　　④ Ido Koch, "Goose Keeping, Elite Emulation and Egyptianized Feasting at Late Bronze Lachish", *Tel Aviv*, 2014, 41:164.

　　⑤ Frances W. James, Patrick E. McGovern, *The Late Bronze Egyptian Garrison at Beth Shan: A Study of Levels VII and VIII*, Volume I, pp.173,241.

　　⑥ Ibid., p.173.

　　⑦ Ibid., Fig.154.4.

　　⑧ Ibid., pp.182－183,192－193.

可以合理地假设,在神殿区域发掘出的称重工具,可能是用来衡量神殿的收入。其中一些工具也可能是手工匠人前来崇拜上供的奉献品。[1] 在不同类型的工具中,第七层神殿出土最多的是纺织工具。由于迦南神殿和埃及神庙中有时会进行小型手工艺活动,因此,各种尺寸的小工具可能原本是压榨机或织布机的一部分。[2] 学者们还提出了纺织品生产与宗教崇拜和神明的关联。[3] 在贝特谢安神殿发掘出的各种宗教物品和工具,既有非实用的,也有实用的,这进一步揭示出,这里的宗教行为可能包括献上还愿祭品和供奉品,也包括对神明的崇拜。神明可能是该神殿和该地区的主神或主要女神;甚至是与纺织品生产相关的守护神,其能确保生产的顺利进行和获得经济上的成功。[4] 有学者指出更有趣的一点[5],即在青铜时代晚期和铁器时代的闪米特万神殿中,迦南母亲女神亚舍拉(Asherah)[6]在她的诸多西闪米特宗教角色之外,还承担着纺纱和织造的守护女神的职责。

七、 南侧外庭院:考古数据描述与分析

(一) 考古数据描述

贝特谢安第七层神殿的南侧外庭院(Loci 1089、1362 和 1364)的考古数据仅在野外记录中被简要描述。Locus 1362 是一个开放区域,其西侧和南侧由神殿区域外西南部的墙壁包围界定。Locus 1364 位于 Locus 1362 的东南方向,其西墙与东南部的一间房间共享一面墙,其北墙和南墙的东端缺失,使得 Locus 1364 的面积大约为 2 米乘 4 米,并完全向东开放,类似于西侧外庭院的

---

① Frances W. James, Patrick E. McGovern, *The Late Bronze Egyptian Garrison at Beth Shan: A Study of Levels VII and VIII*, Volume I, p.242.

② L. E. Stager, S. R. Wolff, "Production and Commerce in Temple Courtyards: An Olive Press in the Sacred Precinct at Tel Dan", *Bulletin of the American Schools of Oriental Research*, 1981, 243:95 – 102.

③ J. H. Boertien, *Public or Domestic? Temple, Text and Textile Production at Khirbet al-Mudayna in Moab*; E. van der Steen, J. Boertien, N. Mulder-Hymans, *Exploring the Narrative: Jerusalem and Jordan in the Bronze and Iron Ages: Papers in Honour of Margreet Steiner* (London, 2014), pp.133 – 158.

④ S. H. Bang, *Ritual Threads: Cultic Evidence Related to Household Textile Production at Iron Age Tell Halif*, Ph.D. Dissertation of Graduate School of Baylor, 2015.

⑤ S. Ackerman, "Asherah, the West Semitic Goddess of Spinning and Weaving?", *Journal of Near Eastern Studies*, 2008, 67:1 – 29.

⑥ "亚舍拉"也被译作"阿瑟拉"。

Locus 1107 的开口状态,但面向着神殿的入口大厅。Locus 1089 是神殿西南角的另一个开放区域,这个西南角由入口大厅的南墙和一道南北向的相邻墙壁(长度约为 3.2 米)所形成。①

南侧外庭院出土了许多有趣的考古发现。具体来说,从 Locus 1089(表 3-10)发掘出了 1 个梅卡尔石碑(Mekal stela)的碎片,130 颗珠子,4 个小雕像,包括 2 个眼镜蛇小雕像碎片、1 个女性小雕像躯干和 1 个公牛角状杯碎片,1 个微型碗,珠宝,设计护身符,碾磨工具,武器,陶器器皿,包括敞口服务器皿和 1 个储藏器皿,还有雪花石膏器皿。南侧外庭院的其他考古发现来自 Locus 1362(表 3-11),包括 4 个设计护身符,2 颗珠子,2 个鸭或鹅头小雕像,2 个高圆柱形崇拜座,武器,敞口服务器皿,贝壳,骨头和动物角。从 Locus 1364 出土的唯一物品是 1 个储藏罐把手,因为前文提到的原因被识别和归类为"噪音",因此被排除在我们的发现目录之外。

(二) 考古数据分析

第七层神殿南侧外庭院(Locus 1089)出土了 2 个眼镜蛇小雕像碎片,其中一个是上半身躯干②,另一个是尾巴③。在第七层神殿的其他区域,也发现了 2 个类似的碎片:一个上半身躯干④来自东南角房间;一个尾巴⑤来自西侧外庭院(Locus 1374)。所有出土的眼镜蛇小雕像均不完整。其上半身躯干是扁平的板状,尾巴是波状的粘在平板底部的黏土卷。⑥ 需要注意的是,虽然眼镜蛇小雕像的头、上半身躯干和尾巴碎片在第七层神殿区域广泛分布,但它们出现频率最高的场景可能是在住宅环境。⑦ 陶制的眼镜蛇小雕像典型地代表了埃及新王国时期的考古遗址阿玛尔纳,因为在该遗址的各种居住环境中,这类小雕像都普遍存在。根据詹姆斯和麦戈文的说法⑧,这些在古埃及遗址发现的眼镜蛇小雕像,在样式和制造方面,似乎与贝特谢安遗址出土的样本非常

---

① Frances W. James, Patrick E. McGovern, *The Late Bronze Egyptian Garrison at Beth Shan: A Study of Levels VII and VIII*, Volume I, p.24.

② Ibid., Fig.83.3.

③ Ibid., Fig.84.1.

④ Ibid., Fig.83.6.

⑤ Ibid., Fig.84.2.

⑥ Ibid., p.171.

⑦ Ibid.

⑧ Ibid.

相似。因此,贝特谢安的眼镜蛇小雕像很可能被视为古埃及眼镜蛇神/女神的等同物。[①] 常常出现在奉献品上的神明的动物形象或许被认为比人形或半人形更易接近,因此更适合在私人物品上描绘使用。[②] 这些兽形小雕像可以充当神灵的代表,或神圣力量和品质的象征,被崇拜者带到神殿,作为礼物、祭品和供奉品献给神明本身。至少,这些小雕像也有某种驱邪辟邪、消除厄运的作用。[③]

　　把小物品放置在神龛和神殿里的习俗似乎是最古老的宗教崇拜实践之一(特别是在古代埃及),这一行为可以追溯到当地神殿可能对所有人都开放的时代。[④] 最常见的供奉品类型是拟人小雕像、兽形小雕像、微型器皿以及各种设计护身符。[⑤] 物品类型上的差异揭示了不同的当地传统。物品在某个区域内的空间分布,正如上文所述的贝特谢安第七层神殿的考古数据展示,有助于更恰当、更准确地分析这些物品的功能。

第四节　案例分析结论

　　作为青铜时代晚期的一个主要强权中心,古埃及对迦南地区的控制,及其给迦南地区带来的全面而巨大的影响,是毫无争议、无可置疑的事实。埃及霸权为整个青铜时代晚期的迦南提供了一个时间/年代上、历史上和政治文化上的框架。[⑥] 因而,在这段时期,迦南地区的历史在极大程度上与古埃及相互关

---

　　① Frances W. James, Patrick E. McGovern, *The Late Bronze Egyptian Garrison at Beth Shan: A Study of Levels VII and VIII*, Volume I, pp. 171, 241; A. David, *Clay Cobras, Ramesside Household Cult or Apotropaic Device?*; N. Panitz-Cohen, Amihai Mazar, *Excavations at Tel Beth-Shean 1989 - 1996*, Volume III: *The 13th - 11th Century B. C. E. Strata in Areas N and S* (Jerusalem, 2009), p. 556.

　　② Geraldine Pinch, Elizabeth A. Waraksa, *Votive Practices*; J. Dieleman, W. Wendrich, *UCLA Encyclopedia of Egyptology*, p. 5.

　　③ Robert A. Mullins, *The Late Bronze and Iron Age Temples at Beth-Shean*; J. Kamlah, H. Michelau, *Temple Building and Temple Cult: Architecture and Cultic Paraphernalia of Temples in the Levant (2. -1. mill. B. C. E.)*, p. 141.

　　④ Geraldine Pinch, Elizabeth A. Waraksa, *Votive Practices*; J. Dieleman, W. Wendrich, *UCLA Encyclopedia of Egyptology*, p. 2.

　　⑤ Ibid.

　　⑥ S. Bunimovitz, *On the Edge of Empires-Late Bronze Age (1500 -1200 B.C.E.)*; T. E. Levy, *The Archaeology of Society in The Holy Land* (London, 1995), p. 321.

联并受其支配。在迦南地区的北部,迦南文化传统的延续和古埃及文化的强烈而深刻的影响,尤其在贝特谢安得到了充分体现。① 上文探讨了青铜时代晚期埃及霸权下迦南地区的宗教崇拜行为。具体说来,即研究了迦南北部山谷地区(贝特谢安)当地迦南人的宗教表达与占主导地位的古埃及信仰和崇拜的互动融合。

在青铜时代晚期,迦南地区的宗教是一种本土但并非与世隔绝的宗教,这个宗教在两个重要进程的影响下发展:埃及帝国的统治;迦南在东地中海和近东"世界系统"网络的经济和文化参与。② 然而,这些全球趋势并没有让迦南人不知所措。需要特别指出的是,大多数学者认为,虽然古埃及在迦南地区的战略位置上建立了统治中心或驻防要塞,如德尔巴拉赫(Deir el-Balah)、加沙(Gaza)、雅法(Jaffa)和贝特谢安,③但迦南地区的大部分土地仍然被当地的自治城邦所统治。④

因此,在考察迦南宗教崇拜如何响应古埃及带来的文化元素这一问题时,必须承认,没有任何一种文化是静态的,而两种文化之间的互动也不能遵循简单的借用方与出借方的二分法。古埃及在迦南的存在程度,以及迦南人接受古埃及观念的意愿,都分别影响了他们的宗教崇拜行为。本研究通过对青铜时代晚期贝特谢安遗址的案例分析,具体说来,即通过对与宗教崇拜实践最直接相关的建筑遗址——贝特谢安第七层神殿的详尽考察,阐明了该时期该地

---

① Amihai Mazar, *Archaeology of the Land of the Bible: 10,000 - 586 B.C.E.* (New York: Doubleday, 1992), p.282.

② N. Panitz-Cohen, *The Southern Levant (Cisjordan) during the Late Bronze Age*; M.L. Steiner, A.E. Killebrew, *The Oxford Handbook of the Archaeology of the Levant: c.8000 - 332 B.C.E.* (Oxford, 2014), pp.541,550; S.L. Cohen, *The Southern Levant (Cisjordan) during the Middle Bronze Age*; M.L. Steiner, A.E. Killebrew, *The Oxford Handbook of the Archaeology of the Levant: c.8000 -332 B.C.E.*, p.452.

③ E.F. Morris, *The Architecture of Imperialism: Military Bases and the Evolution of Foreign Policy in Egypt's New Kingdom*, Leiden, Boston, 2005; B.A. Nakhai, *Archaeology and the Religions of Canaan and Israel*, Boston, 2001, p.121; N. Panitz-Cohen, *The Southern Levant (Cisjordan) during the Late Bronze Age*; M.L. Steiner, A.E. Killebrew, *The Oxford Handbook of the Archaeology of the Levant: c.8000 - 332 B.C.E.*, p.548; G.D. Muford, *Egypt and the Levant*; M.L. Steiner, A.E. Killebrew, *The Oxford Handbook of the Archaeology of the Levant: c.8000 -332 B.C.E.*, p.77.

④ E.S. Sherratt, *Introduction to the Levant During the Late Bronze Age*; M.L. Steiner, A.E. Killebrew, *The Oxford Handbook of the Archaeology of the Levant: c.8000 -332 B.C.E.*, p.500.

区存在的明显宗教互动和宗教融合。

　　贝特谢安遗址考古数据展示出的，青铜时代晚期迦南与埃及宗教实践的融合，对早期古代以色列宗教的形成具有深远且重要的意义。古代以色列人作为一个在青铜时代晚期至铁器时代早期形成的新兴族群，必然会被其所在文化和宗教环境背景，及其周围人的文化传统和宗教实践所影响。一方面，古代以色列人于迦南地区出现，因此，他们的宗教崇拜行为受到迦南当地宗教传统的渗透可谓不言而喻。另一方面，古代以色列人登上历史舞台之时，正是古埃及在迦南地区具有强大和深远存在感的时期，以至于当地呈现出迦南和埃及宗教崇拜行为的融合。而这样融合的宗教崇拜形式，允许不同的群体将新的信仰和实践融入到自己的宗教传统中，是古代近东颇为普遍的现象；加之，贝特谢安是该时期迦南地区的一个重要城市，所以这里的宗教崇拜实践必然被当时崛起的古代以色列人所知晓，也不可避免地影响古代以色列宗教观念和行为的形成与发展。我们可以大胆假设，早期的古代以色列人逐渐成型的宗教信仰和实践，是应对和适应当时文化和宗教多样性的必然结果。也就是说，正是在类似的宗教融合现象普遍存在的背景下，古代以色列宗教逐步形成。

第四章　古代以色列宗教的孕育土壤探析——以米吉多为例

　　米吉多（Megiddo）①在青铜时代是一个重要的迦南城邦，在铁器时代是以色列北方王国的皇家城市。② 根据《希伯来圣经》的记载，所罗门王"建造耶和华的殿、自己的宫、米罗、耶路撒冷的城墙、夏琐、米吉多，并基色"。③

　　米吉多因其历史、地理和神学重要性闻名。从历史上来讲，米吉多是一个典型的历史遗址，涵盖了迦南人、埃及人、古代以色列人等各个族群的角色。④ 米吉多可谓是决定西亚命运的史诗战场。公元前十五世纪，正是在这里，通过米吉多之战⑤，埃及法老图特摩西斯三世⑥征服迦南，确立了埃及帝国在迦南的霸权地位。也是在这里，亚述帝国展开对以色列北方王国人民的驱逐。⑦ 还是在这里，大卫王后裔中最后一位正义的约西亚（Josiah）国王被法老

---

　　① 2016 年，本人曾参与以色列特拉维夫大学主持开展的米吉多遗址考古发掘，全程参与 2016 季的考古挖掘各项工作；2014 年至 2017 年，本人曾多次在米吉多遗址进行实地考察。

　　② Eric Cline, Megiddo, *Encyclopedia of the Bible and Its Reception* (Vol.18), De Gruyter, 2020.

　　③ 《列王纪上》9：15。

　　④ Yohanan Aharoni, *Megiddo*; E. Stern, A. Lewinson-Gilboa, J. Aviram, *The New Encyclopedia of Archaeological Excavations in The Holy Land*, Volume 3, Jerusalem, 1993, p. 1003.

　　⑤ 米吉多之战大约发生于公元前 1479 年。米吉多之战是法老图特摩西斯三世在迦南进行的最具决定性的战役，这场战役在卡纳克（Karnak）的阿蒙（Amun）神庙墙上的浮雕上被描绘出来。该描述是古埃及战役报告中最为详细的，包括了埃及军队击败 119 个迦南城市的列表。参见：Rivka Gonen, Amnon Ben-Tor, *The Late Bronze Age*; Amnon Ben-Tor eds. Raga'el Grinberg trans. *The Archaeology of Ancient Israel* (New Haven and London: Yale University Press, 1992), p.212.

　　⑥ 法老图特摩西斯三世于公元前 1479 年至公元前 1425 年在位统治新王国时期的埃及。

　　⑦ Noah Wiener, "Early Bronze Age: Megiddo's Great Temple and the Birth of Urban Culture in the Levant", *Bible History Daily*, Biblical Archaeology Society, 2021.

尼科二世(Necho II)①杀害,②为持续几个世纪的弥赛亚渴望开启了道路。此外,米吉多是唯一一个被古代近东各大强权帝国提及的古代以色列遗址。③

从地理上来看,米吉多位于古代近东最重要的陆路交通要道上,它所在的重要地理位置使其成为古代国际贸易的中转站和控制点,统治着国际贸易长达6000多年——从公元前约7000年直至圣经时代。④ 早期古代以色列人作为一个新群体汇流形成之时,毋庸置疑会有相当一部分人口来自或者经过米吉多。因此,米吉多的社会生活面貌和文化宗教传统,自然而然会被带到新兴的古代以色列定居点。此外,作为一个贸易重地,在这里发生的不同地区和人群之间的商业贸易交往,毋庸置疑也会促成他们之间的文化交流与互动,这当然也包括宗教实践方面的相互影响。

在古代以色列人形成之前及之时,同贝特谢安一样,米吉多也是迦南的一个重要城市。在贝特谢安遗址与宗教实践相关的考古发现之外,米吉多遗址的考古发现,为我们了解古代以色列人形成之时的宗教观念和行为提供更全面的视角和更多元的信息。通过研究贝特谢安和米吉多这两个古城遗址在同一时期的宗教崇拜行为,不但能在该问题上为我们呈现更丰富的数据和更广阔的视野,也能进一步帮助我们更清晰地勾勒早期古代以色列宗教景观,更深入地洞察早期古代以色列人的宗教信仰和实践。

第一节　米吉多遗址考古发掘概况

一、米吉多的地理位置

米吉多遗址位于纳哈尔艾隆(Nahal 'Iron),亦即瓦迪阿拉(Wadi 'Ara),进入耶斯列山谷(Jezreel Valley)的位置,其占据着对经由维亚马里斯(Via Maris)公路实施战略控制的关键地理位置。维亚马里斯是古代重要的国际军

---

① 法老尼柯二世于公元前610年至公元前595年在位统治王国晚期的埃及。
② “约西亚年间,埃及王法老尼哥上到幼发拉底河攻击亚述王,约西亚王去抵挡他。埃及王遇见约西亚在米吉多,就杀了他。”参见《列王纪下》23:29。
③ Introducing Megiddo. The Meggiddo Expedition.
④ Introducing Megiddo. The Meggiddo Expedition.

事和贸易路线，连接南部的埃及[①]与北部和东部的叙利亚（Syria）[②]、安纳托利亚和美索不达米亚。这条公路从埃及向北延伸，穿越西奈（Sinai）北部和南黎凡特的沿海平原。[③] 维亚马里斯公路对控制迦南至关重要，这使米吉多成为了控制迦南地区的瓶颈战略要地，因此使米吉多也成为扩张中的古埃及帝国不可或缺的必争之地。此外，米吉多还是通往上一章提到的贝特谢安这一迦南重要城市的主要道路，这进一步使得米吉多对古埃及具有特殊的重要性。[④]

二、 米吉多的发掘历史

在米吉多进行的考古发掘工作不仅规模大，而且范围广。从 1903 年到 1905 年，舒马赫（Gottlieb Shumacher）代表德国东方研究学会对该遗址进行了挖掘。[⑤] 1925 年，芝加哥东方研究所重新开始对米吉多进行了挖掘，并一直持续到 1939 年。[⑥] 最近的米吉多考古发掘由特拉维夫大学主持，乔治华盛顿大学是其美国的高级合作伙伴，[⑦]旨在对米吉多及其历史进行长期、系统的研究。自 1992 年以来，该考古队每两年进行一次实地考古发掘工作。[⑧]

---

① 本书均指古代埃及。

② 本书均指古代地理区域，而非现代民族国家。

③ Yohanan Aharoni, *Megiddo*; E. Stern, A. Lewinson-Gilboa, J. Aviram, *The New Encyclopedia of Archaeological Excavations in The Holy Land*, Volume 3, p. 1003; D. Ussishkin, "The Destruction of Megiddo at the End of the Late Bronze Age and Its Historical Significance", *Tel Aviv*, p. 261; M. H. Feldman, "Hoarded Treasures: The Megiddo Ivories and the End of the Bronze Age", *Levant*, 2009, 41:175.

④ David Ussishkin, "The Destruction of Megiddo at the End of the Late Bronze Age and Its Historical Significance", *Tel Aviv*, 1995, 22, no. 2, p. 261.

⑤ Yohanan Aharoni, *Megiddo*; E. Stern, A. Lewinson-Gilboa, J. Aviram, *The New Encyclopedia of Archaeological Excavations in The Holy Land*, Volume 3, Jerusalem, 1993, p. 1004.

⑥ Yohanan Aharoni, *Megiddo*; E. Stern, A. Lewinson-Gilboa, J. Aviram, *The New Encyclopedia of Archaeological Excavations in The Holy Land*, Volume 3, Jerusalem, 1993, p. 1005.

⑦ Israel Finkelstein, David Ussishkin, Eric H. Cline, Matthew J. Adams, Eran Arie, Norma Franklin, Mario A. S. Martin, *Megiddo V: The 2004 – 2008 Seasons* (Winona Lake, 2013), p. 3.

⑧ Israel Finkelstein, David Ussishkin, Baruch Halpern, *Megiddo*; E. Stern, H. Geva, A. Paris, J. Aviram; *The New Encyclopedia of Archaeological Excavations in The Holy Land 5: Supplementary Volume*, Jerusalem, 2008, p. 1944.

三、考古数据选取

本研究希望通过比较贝特谢安第七层神殿与同时期的另一个遗址中类似的建筑遗迹，了解和把握该时期，也就是青铜时代晚期古代以色列人形成前夕及形成过程中，其所在迦南地区的宗教观念与行为。而特别值得探究的，即在时间上与贝特谢安第七层神殿基本处于同一时期的，米吉多遗址地层第七层（Stratum VII）。米吉多地层第七层的年代可以追溯到公元前十四世纪下半叶到公元前十二世纪上半叶，涵盖了古埃及新王国时期第十九王朝及第二十王朝初的时期。[①] 并且，由于我们已经对贝特谢安第七层神殿（宗教场所）的考古数据进行了全面考察与分析，因此，在观察与探讨宗教实践时，我们同样将目光集中于米吉多地层第七层的宗教场所，顺理成章地将对米吉多遗址地层第七层的宗教崇拜或祭祀区域进行深入研究，具体说来，即米吉多遗址 BB 区（Area BB）的 2048 号神殿（temple 2048）。

第二节　米吉多 2048 号神殿概况

米吉多的崇拜祭祀区域中心位于该遗址东部的 BB 区域。在这里，自历史早期就已有宗教圣所被建造并被持续使用。根据劳德（Gordon Loud）的推断[②]，一个大型的神殿（2048）坐落于米吉多遗址地层第八层（Stratum VIII），并持续存在于地层第七层（Stratum VIIB 和 Stratum VIIA），只不过采用了类似但稍有改动的平面布局。

在 2048 号神殿的早期（图 4-1；图 4-2），即地层第八层（图 4-2），这个宗教建筑是一个长方形结构，长 21.5 米，宽 16.5 米，包含一个单一的房间（11.5 米乘 9.6 米），门口对面有一个壁龛。[③] 该神殿建筑外观正面略微不对称，两侧的凸出翼具有不同的宽度。这个神殿的最早阶段既没有地面也没有门道的遗迹，因此，可以合理地推测，考古发掘在这个阶段找到的墙体属于建筑地基。北墙的中心位置附近，可能存在一个门道，那里填满了泥土和松散的

---

① Gordon Loud, *Megiddo II: Seasons of* 1935 - 1939 (Chicago: University of Chicago Oriental Institute Publications, 1948), p.5.

② Ibid., pp.102 - 105.

③ Ibid., pp.102 - 103.

石头。凸出翼的墙壁比这个建筑结构的主墙要薄。虽然东侧凸出翼的墙壁是由大块方石建造的,但所有其他墙壁都是由小块碎石建造的。① 由于米吉多地层第八层并不处于贝特谢安地层第七层的同一时期,因此,本研究将不包括米吉多的这一地层。

在 2048 号神殿的中期(图 4 - 1;图 4 - 3),即地层第七层 B 层(图 4 - 3),这座神殿被考古发现证明是一座完全由重型方石建造的宏伟建筑。其总体平面基本保持不变,但小的修改很多而且明显。建筑两侧的墙壁和前侧墙壁与该建筑早期即第一阶段的墙壁相符合,但后侧墙壁更宽,这可能解释了需要额外的碎石作为地基的原因。② 在后侧墙壁上,没有了壁龛,取而代之的是一个高 1.1 米的筑台,可能是一个祭坛。筑台的表面全部被涂以灰泥,其靠在后侧墙壁上,并延伸至约后墙三分之二的长度。米吉多 2048 号神殿中唯一发现的地板位于这个地层,它是部分烧过的石灰地面,并与倚靠在后墙上的筑台的底部相接。该地板在米吉多神殿地层第七层的后期被再次使用。在这个地板上,摆放着一组石制品(图 4 - 1),包括:1 个浴缸;1 个光滑的平板或桌子,上面有杯形凹槽;1 个圆形和 6 个方形的玄武岩块;1 个圆形的石头和 1 个排水管,均由石灰岩制成。③ 根据劳德的说法④,除了方形的部分可能例外,被发现的这些物品都嵌入在地板中,因此,发现的物品应与其所嵌入的地板处于同一时代。通常情况下,大门位于北墙的中心位置,门槛和门侧柱的一部分仍然保存完好。在门外,有 1 个玄武岩柱底座,并且只有单独一个,被放置在完好的路面上。在神殿的西北角,有一堵较小规模的方石墙,连接着西北方向的一个结构。这个结构的两个房间非常大,相邻的房间也比一般的其他房间更大,与神殿本身的规模相当。⑤

在 2048 号神殿的晚期(图 4 - 1;图 4 - 4),即地层第七层 A 层(图 4 - 4),这座建筑发生了相当大的变化,并被一座贫瘠的神殿所取代。其墙壁由质量极其低劣的碎石制成,在内部有灰泥涂抹的痕迹,厚度仅为先前时期神殿墙壁

---

① Gordon Loud, *Megiddo II: Seasons of 1935 - 1939*, pp. 102 - 103.

② Ibid., pp. 104 - 105.

③ Ibid., p. 105.

④ Ibid.

⑤ Ibid.

的一半。① 在建筑东翼的前面,有两块具有凹槽面的石头形成一个垂直的插座。紧挨着这个插座,另一块长石头位于略微不对齐的墙壁中。在其内部是一个凹陷的玄武岩块,类似于一个枢轴石。在建筑的西翼找不到相应的结构特征。② 沿着这座建筑内部的后墙,有一个由石头和泥砖砌起来的平台,平台中心处比两侧宽。该平台保存状况非常糟糕,其灰泥饰面在大部分表面上几乎无法辨认。在平台较宽的部位上方,有一个壁龛,完全遮盖了 2048 号神殿中期的平台位置。在最左侧,有六级狭窄的台阶通向一个玄武岩平台,与之前提到的平台顶部平齐。根据劳德的假设③,在该神殿地板上发现的一些方形块状物可能来自这个楼梯的下方部分。在这座神殿的后墙上,还有一个重型砌体支撑墙,建造的目的似乎是为了加固在该部位被内部高壁龛所削弱的墙壁。④ 值得注意的是,在米吉多遗址的考古发掘中,2048 号神殿的这个晚期构造是最后一个被建造的用于宗教崇拜和祭祀的圣所,在时间更晚的、后来的地层中,只发现了具有世俗功能的建筑物。⑤

在米吉多 2048 号神殿发掘出来的物品遗存与贝特谢安第七层神殿发掘出来的考古发现采用相同的分类方法。⑥ 因此,各种物品都按照其功能进行分类,并在分类基础上进一步细分,以适应当前研究以实践为导向的研究方法,即透过物质文化遗存窥探其背后的宗教行为实践。与贝特谢安第七层神殿的出土物品处理方案一致,在米吉多 2048 号神殿出土的考古发现中,对于那些几乎无法识别的碎片,在本研究中也予以排除。⑦ 总共有 5 个这样的碎片,它们是未分类的物品,仍然被包括在米吉多 2048 号神殿的考古发现目录中。

①　Gordon Loud, *Megiddo II: Seasons of 1935 – 1939*, p.105.

②　Ibid.

③　Ibid.

④　Ibid.

⑤　David Ussishkin, "The Destruction of Megiddo at the End of the Late Bronze Age and Its Historical Significance", *Tel Aviv*, 1995, 22, no.2:254.

⑥　参见本书第三章第一节"考古发现分类"。

⑦　参见本书第三章第一节"考古发现分类"。

第三节　米吉多 2048 号神殿考古数据描述与分析

一、2048 号神殿：考古数据描述

相比于贝特谢安第七层神殿的出土物品,米吉多 2048 号神殿第七层的考古发现相当贫乏,可谓少得可怜。而且,由于考古报告提供的信息有限,我们甚至无法确定大多数物品的确切出土位置。[①] 此外,由于报告中的记录仅标识出该物品出土于第八层或第七层,而没有进一步标示是来自第七层的 B 层还是 A 层,因此我们无法确定这些考古发现的具体位置。

尽管如此,我们仍然可以从整理考古发现的过程中提取一些有用的信息。最常出现的物品类型被归类为"封口服务器皿"(表 4-1),包括壶和瓶(flask)。从数量来看,位居第二的物品是"敞口服务器皿"(主要是碗)、"珠子"和"设计护身符"(新月形吊坠),这几类物品的出土总数量都分别合计为 4 个(表 4-1;表 4-4)。从数量来看,位居第三的物品是小雕像(人形小雕像)和埃及小塑像(各 3 个)(表 4-1;表 4-2;表 4-5)。其他物品,包括武器(矛或箭头)、1 个纺织工具(纺锤)、1 个碾磨工具(可能是研钵(mortar))、1 个储藏器皿(罐)、1 个圣餐杯(chalice)、1 盏灯、1 个印章(圆柱形印章/滚筒印章)、1 个游戏棋子、1 个盖子和 1 件乐器(musical instrument)(铙钹(cymbal))。

在米吉多 2048 号神殿第七层中出土的所有考古发现中,被记录了相对较为具体的出土位置的物品如下:1 个面部有黑色镶嵌的镀金青铜人像,出土于废墟高处(high in debris)(表 4-2),这个镀金青铜人像至少可以被归属于第七层 A 层的表面上,甚至可能属于第六层(VI);1 件青铜制武器,可能是矛或箭头,出土于第七层 A 层的平台下方(表 4-3);在 2048 号神殿的平台墙内发现了一批贮藏物(hoard)(表 4-4),由 3 个黄金新月形吊坠组成,它们都属于"设计护身符"类别;4 颗由不同材料制成的珠子:红玉髓/红玛瑙、彩陶、金和银;以及显然曾附着于某种"敞口服务器皿"(如碗或盘)的金属碎片。除了这批贮藏物之外,还在米吉多 2048 号神殿的平台墙内发现了 1 个青铜人像,以及 3 尊由黑色石材制成的埃及小塑像(表 4-5)。埃及小塑像中,其中之一

---

① Gordon Loud, *Megiddo II: Seasons of 1935-1939*, p.159.

是托特普特(Thuthotep)，一位在塞索斯特里斯三世(Sesostris III)①统治下的埃及官员，其与另外 2 个小塑像一起被发现，大概率是属于同一时期的物品。奇怪的是，在第七层 A 层的平台内，有 1 件玄武岩碾磨工具(表 4－6)，可能是带有赤铁矿(hematite)碾磨痕迹的研钵。同样有趣的是，在米吉多 2048 号神殿的墙壁内，还发现了 1 件乐器(表 4－7)，是一只青铜制的铙钹。米吉多2048 号神殿第七层出土的其余物品未被记录特定的位置。

二、 2048 号神殿：考古数据分析

米吉多考古报告中提供的地层学数据实在匮乏。② 正如前文所述，平面布局相似的三座神殿重叠，分别是米吉多 2048 号神殿的早期、中期和晚期，这三个阶段相应地被劳德分配到地层第八层、第七层 B 层和第七层 A 层。③ 由于米吉多第七层与贝特谢安第七层的地层断代处于同一时期，我们因此将研究关注点仅放在这一地层。

既然晚期神殿是建立在中期神殿的基础之上，那么，米吉多 2048 号晚期的神殿(第七层 A 层)是否是在中期的神殿(第七层 B 层)完全毁灭后才建成的？ 中期神殿是否完全被夷为平地？ 如上文考古数据描述，晚期神殿的墙壁与中期神殿的墙壁明显不同：地层第七层 A 层的神殿墙壁更窄，是由碎石建成的；而地层第七层 B 层的神殿墙壁则更为厚实，是由方石砌成的。虽然中期神殿的上部构造可能已经升起到相当高的高度，但在其之上叠加的晚期神殿的建筑构造却不是这种情况，因为后者是一座高度更低、建造质量较差且墙壁更薄的建筑。④ 读罢劳德类似"部分烧焦的石灰地面"这样的描述，我们不难理解他的暗示，即米吉多 2048 号中期神殿被摧毁后，才建造了晚期神殿。正如他所得出的结论：晚期神殿(第七层 A 层)使用了中期神殿(第七层 B 层)的同一地面。⑤

---

① 赛索斯特里斯三世于公元前 1874 至公元前 1855 年在位统治古埃及第十二王朝。

② Gordon Loud, *Megiddo II: Seasons of 1935－1939*, Chicago: University of Chicago Oriental Institute Publications, 1948.

③ Ibid., pp. 102－109.

④ Ibid., pp. 103－105.

⑤ Ibid., p. 105.

然而,根据乌西什金(Ussishkin)的观察①,晚期神殿(第七层 A 层)中通往平台的楼梯底部比中期神殿(第七层 B 层)的地面高出 50 厘米,因此,合理的假设是,晚期神殿中与楼梯底部相连的地面,应该高于前一个时期即中期神殿的地面,而不是像劳德所推测的那样,认为这两个时期的神殿共享同一地面。② 此外,根据马扎尔对米吉多 2048 号神殿晚期的陶器研究,以及他的结论,即晚期神殿(第七层 A 层)在比地层第七层更晚的时间仍被使用,③乌西什金进一步指出,该遗址最新的神殿实际上是在第七层 A 层的神殿毁灭后才建造的。④ 因此,在米吉多,一个建造精良的神殿从地层第七层 B 层一直存在到第七层 A 层,并在地层第七层所在时代结束时被摧毁。在这座神殿被摧毁后,当地幸存的居民依照之前神殿的类似布局,搭起了一座质量较差的建筑结构以取代之前的神殿。

为了能够更准确地分析出土于米吉多 2048 号神殿中的考古发现,我们至少需要进一步澄清这些物品是从哪一地层中发掘出来的。然而,不幸的是,劳德并没有在考古报告中清楚地说明大部分考古发现的确切位置,很多情况下甚至根本没有任何说明。这正是我们需要确定米吉多 2048 号神殿仅在地层第七层 B 层存还是持续存在于地层第七层 B 层至第七层 A 层的原因。也就是说,弄清楚米吉多 2048 号神殿在其中期就已被摧毁,还是从中期至晚期期间一直被持续使用,这对神殿出土的考古数据分析至关重要。具体说来,如果中期神殿(第七层 B 层)在后来的晚期神殿(第七层 A 层)建造之前已经完全被摧毁,由于缺乏相关信息记录,从 2048 号神殿地层第七层中出土的物品可能属于第七层 B 层,也可能属于第七层 A 层。而如果 2048 号神殿从其中期一直屹立不倒至晚期,换句话说,从地层第七层 B 层至第七层 A 层,该神殿一直存在于米吉多,那也就意味着,该遗址发现的质量较差的最晚期建筑结构(所谓的 2048 号晚期神殿,即地层第七层 A 层),只能是在以后的某个时间建造,这样一来,从 2048 号神殿地层第七层中出土的物品逻辑上就只能归属于

① David Ussishkin, "The Destruction of Megiddo at the End of the Late Bronze Age and Its Historical Significance", *Tel Aviv*, 1995, 22, no. 2:255-256.

② Ibid.

③ Amihai Mazar, "The Emergence of the Philistine Material Culture", *Israel Exploration Journal*, 1985, 35:97.

④ David Ussishkin, "The Destruction of Megiddo at the End of the Late Bronze Age and Its Historical Significance", *Tel Aviv*, 1995, 22, no. 2:256.

米吉多中期神殿(第七层 B 层)。

如表 4 - 1 至 4 - 7 所示,米吉多 2048 号神殿出土了各种各样的物品。值得注意的是,正如上文所述,在数量方面,包括壶和瓶的封口服务器皿(表 4 - 1)是最突出的类型,出现的数量最多。位居其次的是主要由碗构成的敞口服务器皿(表 4 - 1)。根据这样的考古发现物品类型,一种合乎常理的假设,即这些壶和瓶可能是由来到神殿进行献祭和崇拜活动的信徒带来并使用的。另一种合理推测,即这些壶和瓶可能最初就来自神殿内部,并用于饮用仪式。在米吉多 2048 号神殿的案例中,这些封口服务器皿的集中出现的现象非常值得关注。与在此发掘出的其他类型的物品相比,封口服务器皿相对最丰富的数量表明,在米吉多 2048 号神殿发生了某种典礼性饮用活动。至于敞口服务器皿,这些碗或许被用作盛放供奉物和奉献品的容器,也有可能被用作神殿内部宗教仪式实践的典礼器具。

另一个值得注意的发现是一个圣餐杯,其表面以湿磨法抛光并在后续烧制中添加红色装饰。[1] 一般来说,在许多情况下,圣餐杯都是在宗教场所中被发掘出土的。当被用于仪式性目的时,圣餐杯可以被用来燃烧或加热熏香,甚至被用来蒸发精神活性物质,从而作为增强剂来加强仪式实践参与感和宗教体验真切感。[2] 因此,我们可以确证,米吉多 2048 号神殿中发现的圣餐杯是用于宗教仪式实践的容器。

除了一个没有明确记录出土位置的设计护身符外,所有其他设计护身符和珠子都是从米吉多 2048 号神殿第七层平台墙中的一批贮藏物里找到的(表 4 - 4)。无论这个平台是在地层第七层 B 层还是第七层 A 层期间建造的,它始终位于与米吉多 2048 号神殿后墙相连的位置。该平台竖立在神殿最靠内的尽头一端,在神殿入口的对面,也是远离神殿入口的最远端。因此,这个平台是神殿内最不易接近的区域,进而也很可能是神殿内最聚焦的区域,如果神殿内有"至圣所"的存在,那么非此平台莫属。该平台可能作为祭坛、圣坛,或被用作供奉神明、放置神像,也可能作为摆放祭品和供品的平台,供信徒献上

---

① Gordon Loud, *Megiddo II: Seasons of 1935 - 1939*, Chicago: University of Chicago Oriental Institute Publications, 1948, Pls. 72:15,141:13.

② Yuval Gadot, Israel Finkelstein, Mark Iserlis, Aren M. Maeir, Pirhiya Nahshoni, Dvory Namdar, "Tracking Down Cult: Production, Function and Content of Chalices in Iron Age Philistia", *Tel Aviv*, 2014,41, no.1:55 - 76.

和放置供奉神明的礼物。鉴于此,在米吉多 2048 号神殿内,设计护身符和珠子集中出现于平台墙中的一批贮藏物里,这一现象最合理的解释即它们是信徒带来的供奉品和献祭品的积累,由前来崇拜的信徒自己或神殿工作人员(如祭司)放置于此。这批贮藏物中还有 1 个敞口服务器皿,与在这里发现的黄金新月形吊坠设计护身符和不同材料的珠子并存,进一步支持了如下观点,即这种类型的敞口服务器皿在米吉多 2048 号神殿内被用作容器,盛放或展示各种祭品和供品。

　　米吉多 2048 号神殿出土了 3 件人形小雕像,它们分布在不同的区域。其中 1 件在平台墙中被发现(表 4 - 5),由青铜制成,其背部平坦无纹,仅有一条沿着轮廓线刻成的单一线条。[1] 另 1 件被发掘于废墟高处(表 4 - 2),面部特征有黑色镶嵌,由镀金青铜制成。[2] 第三件是一个人形小雕像的手臂碎片,也是用镀金青铜制成的,其出土地点没有具体说明。[3] 青铜时代晚期,饰板小雕像在南黎凡特地区很常见,[4]但在米吉多 2048 号神殿中发现的小雕像的特别之处,在于它们是用较为昂贵的材料制成。尽管我们可以争论,在崇拜实践中,奉献品的象征价值可能被认为比其制作材料的成本更重要,但这并不排除另外一个可能性,即更昂贵的物品可能包含更多的内在价值。由于我们无法得知这些人形小雕像最初被放置在哪里,也无法确定它们是如何被展示的,我们能够得出的唯一可靠假设是,它们是在神殿内被奉献给神明的。此外,由于制作这些小雕像所使用的材料相对更为昂贵,我们推测,在神殿中进行的宗教仪式是由制造和奉献这些珍贵物品的信徒自己实施的。可能某些小的供品和祭品会经由祭司被正式地呈献给象征神明的神像。[5] 古代神殿建造过程中还有一个有趣的传统,即先前的、旧的奉献品会被小心地放置在重建/新建神殿的地基中,可能是为了使新建筑变得更为神圣,[6]这也为我们理解米吉多 2048

---

① Gordon Loud, *Megiddo II: Seasons of 1935 - 1939*, Pls. 236:28.

② Ibid., Pls. 237 - 238:30.

③ Ibid., Pls. 236:27.

④ Itzhaq Shai, Chris McKinny, Joe Uziel, "Late Bronze Age Cultic Activity in Ancient Canaan: A View from Tel Burna", *Bulletin of the American Schools of Oriental Research*, 2015, 374, no.1:125.

⑤ Geraldine Pinch, Elizabeth A. Waraksa, *Votive Practices*; J. Dieleman, W. Wendrich, *UCLA Encyclopedia of Egyptology*, p.7.

⑥ Ibid.

号神殿平台墙中发现的小雕像提供了可借鉴的信息和思路。

　　米吉多2048号神殿的平台墙中还出土了3尊由黑色石材雕刻而成的埃及小塑像碎片（表4-5），其中包括了古埃及第十二王朝高级官员托特普特①的破碎塑像。② 在青铜时代晚期的米吉多神殿中出土了古埃及第十二王朝的小塑像，可谓异常情况，毕竟第十二王朝是古埃及中王国时期③的首个王朝，时间上远远早于青铜时代晚期。一些学者认为，这些小塑像是在后来（晚于古埃及中王国时期）才被引入米吉多，可能是作为贸易货品被带到这里，或者是作为对古埃及物品的文化兴趣的一部分被带到这里。④ 其他学者则认为，这些小塑像自古埃及中王国时期以来就一直被保存在不断变迁的米吉多神殿中。⑤ 虽然我们无法得知，出土小塑像等物品的平台墙是属于米吉多中期神殿（第七层B层）还是属于米吉多晚期神殿（第七层A层），但我们可以谨慎地推断出如下结论：这些小塑像被保存在米吉多2048号神殿中，并于该神殿晚期遭摧毁时（即地层第七层A层之前）被打碎。它们的残骸随后被收集并埋藏在重建的2048号神殿的平台中。这些小塑像的埋藏或许是一种宗教性质的埋葬，可能是一种被亵渎的纪念碑的仪式性质的葬礼。⑥

　　1件引人入胜的乐器——铜制铙钹，在米吉多2048号神殿的墙内被发掘出土（表4-7）。⑦ 青铜时代晚期，常见的宗教实践活动包括向神明奉上各类供品、献上各种祭品、焚烧芳香物品、焚烧动物祭品（燔祭）、奠酒祭神的仪式（酒祭）、宗教性的宴会仪式等，除此之外，另一种通常在神殿等神圣场所举行的宗教实践活动即演奏音乐和表演舞蹈。⑧ 石碑和崇拜座一类的物品上描绘的图像，以及神殿等圣所发现的乐器，都可以证实音乐和舞蹈与宗教崇拜行为

---

　　① 在赛索斯特里斯三世的统治下，公元前1874至公元前1855年。

　　② Gordon Loud, *Megiddo II: Seasons of 1935-1939*, Pls. 265:1;266:2;266:3.

　　③ 公元前1985至公元前1650年。

　　④ David Ussishkin, "The Destruction of Megiddo at the End of the Late Bronze Age and Its Historical Significance", *Tel Aviv*, 1995,22, no.2:256.

　　⑤ Ibid.

　　⑥ Ibid.

　　⑦ Gordon Loud, *Megiddo II: Seasons of 1935-1939*, Pls. 185:5.

　　⑧ A. Orsingher, *Vessels in Tophet Sanctuaries: the Archaic Evidence and the Levantine Connection*; A. Maila Afeiche, *Cult and Ritual on the Levantine Coast and Its Impact on the Eastern Mediterranean Realm*, Proceedings of the International Symposium, Beirut, 2012. Beyrouth, 2015, p.569.

的联系。① 因此,尽管米吉多 2048 号神殿只出土了这 1 件乐器,并且其出土位置也使得以下的解释看起来有些牵强,但是,这件乐器的存在仍不能排除如下可能:在米吉多 2048 号神殿中,曾经进行过宗教性质的音乐和舞蹈表演。

第四节 案例分析结论

从神殿建筑本身来看,与贝特谢安第七层神殿相比,米吉多 2048 号神殿的建筑气派可谓逊色得多。前者是包括入口大厅、内庭院、祭坛室和多个外庭院等一系列房间和空间区域的神殿建筑结构;后者则仅仅是由一个单一房间构成的长方形神殿建筑结构。从神殿区域内发掘出的考古发现来看,与贝特谢安第七层神殿出土的物品相比,米吉多 2048 号神殿出土的物品简直是凤毛麟角,小巫见大巫。尽管如此,在分析米吉多相对有限的考古发现之后,我们仍然可以窥见和贝特谢安如出一辙的宗教崇拜形式——埃及与迦南宗教表达和崇拜行为的互动与融合。

贝特谢安第七层神殿和米吉多 2048 号神殿都出土了各类敞口服务器皿,可能是用于盛放供品和祭品的容器,也可能是用作神殿内部宗教仪式实践的典礼器具。杯和托碟以及圣餐杯分别出现在这两座神殿中,虽物品形态不同,但它们都用于仪式性目的,例如用来燃烧或加热熏香,或者用来蒸发精神活性物质,以加强前来崇拜者的仪式感受和宗教体验。作为至圣所的平台是另一个同时出现在这两座神殿中的宗教设施。虽然贝特谢安第七层神殿的平台位于祭坛室,占地面积较大,并且通往祭坛室的楼梯台阶也有可能被作为平台的延伸;而米吉多 2048 号神殿的平台仅有一层,也没有被单独的房间或区域与神殿其他空间分隔开来;但是,从两座神殿平台周围的出土物品种类和数量(集中大量出现的珠子和设计护身符等)来看,它们都扮演着神殿祭坛、圣坛的角色,用于献上和放置祭品、供奉品和奉献品;此外,两座神殿的平台,都在神殿内部最靠近后墙、最远离神殿入口、最不具有可及性/可达性的"至圣"空间。贝特谢安第七层神殿和米吉多 2048 号神殿都发掘出埃及物品或与埃及相关

---

① A. Orsingher, *Vessels in Tophet Sanctuaries: the Archaic Evidence and the Levantine Connection*; A. Maila Afeiche, *Cult and Ritual on the Levantine Coast and Its Impact on the Eastern Mediterranean Realm*, Proceedings of the International Symposium, Beirut, 2012. Beyrouth, 2015, p.569.

的物品,例如,前者出土的哈索尔魔杖;后者出土的埃及小塑像。两座神殿的考古数据以及其他若干类似发现,在此不赘述。

尽管凭借现有的考古数据,我们无法确证这两座神殿所供奉的神祇,但通过对各类出土物品类型、出土地点和数量的分析,我们还是能够在很大程度上还原当时该地区包括敬拜仪式和祭祀仪式等方面的宗教生活实践。

借助贝特谢安第七层神殿和米吉多2048号神殿在神殿建筑结构和神殿区域出土物品方面的分析,我们清晰地观察到,在青铜时代晚期的迦南地区存在明显的宗教互动和宗教融合,具体说来,即在宗教崇拜场所和行为实践方面,同时出现了埃及和迦南的宗教表达元素。这种体现在宗教方面的文化交流和同化,势必影响着此时形成的古代以色列人及其宗教。孕育于如此多元性的宗教生活土壤,新生的早期古代以色列宗教又是何模样? 接下来,本研究将继续借助考古发现,并辅以经文线索,尝试勾勒出兴起后的早期古代以色列宗教面貌。

第五章　古代以色列宗教
之兴起与演进

第一节　古代以色列宗教之兴起：
对迦南传统的延续与变革

一、早期古代以色列宗教：对迦南传统的延续

从考古学的角度来看，整体上缺乏能够揭示早期古代以色列宗教的物质
文化遗存："关于铁器时代早期迦南高地人民的宗教实践几乎没有证据。这个
时期几乎没有城市中心，也没有现存的建立起来的神殿建筑遗存，尽管当时的
人们可能使用了户外临时的崇拜场所。"①这极大地阻碍了我们对兴起之初的
古代以色列人宗教崇拜情况的了解。公元前十二世纪至公元前十一世纪迦南
中央高地定居点有关宗教信仰和实践的考古学数据的缺失，被考古学家德弗
总结为"负面证据"②，原因在于，一方面，先前的青铜时代晚期迦南文明所特
有的众多神殿及其引人注目的宗教物品，在这一时期完全不存在；另一方面，
这一时期也没有任何神话和宗教崇拜仪式相关文献的痕迹；更不用说有能够

---

①　Jonathan M. Golden, *Ancient Canaan and Israel: New Perspectives* (Santa Barbara,
California: ABC-CLIO, 2004), p.187.

②　William G. Dever, *Ethnicity and the Archaeological Record: The Case of Early Israel*;
Douglas R. Edwards, C. Thomas McCollough eds., *The Archaeology of Difference: Gender,
Ethnicity, Class and The "Other" in Antiquity, Studies in Honor of Eric M. Meyers* (Boston:
American Schools of Oriental Research, 2007), p.56.

创作这类文献的有组织的祭司阶层和宗教祭仪人员了。但是，借助寥寥无几的有关早期古代以色列宗教的考古学证据，利用现有的信息我们至少能够观察到：古代以色列最早的崇拜形式存在对其之前时期的迦南传统的延续。

　　铁器时代早期，迦南中央高地可能作为宗教场所的遗址之一是以巴路山（Mount Ebal）①，位于示剑（Shechem）②附近山区的高处，相对较为偏远。以巴路山遗址以一个长方形的石质平台为特征，大约接近 3 米高，平台前面有一道斜坡，平台西南侧有两面围墙。这里出土了 100 多个包含各种物品的设施。③ 该遗址基本上没有民居住宅建筑，建筑中的考古发现也与通常在民居住宅环境中的发现不同：这里存在大量的动物骨骼遗存，其中许多被烧焦。除了陶器之外，以巴路山遗址的年代可以通过 1 个印章和 2 个埃及圣甲虫确定为公元前十三世纪末。④ 这些考古发现、该遗址独特的结构设计和壮丽的地理位置，使挖掘者将以巴路山解释为一个露天神殿。⑤ 然而，有学者对这种解释表示否定，⑥并持相反意见，认为以巴路山遗址代表的是一个农舍或孤立的堡垒，而非宗教崇拜场所。所以，遗憾的是，充满争议的以巴路山遗址，无法成为早期古代以色列宗教实践的确定代表。

　　铁器时代早期，迦南中央高地另一个可能被用来举行宗教活动的遗址是示罗（Shiloh）⑦。它曾经是一个青铜时代晚期的神殿，并可能继续作为铁器时代早期半游牧民族的宗教崇拜中心。⑧ 该遗址在这个时期的大部分证据被后来时期的活动所干扰，但一系列出土物品，包括具有宗教图案的陶器、动物骨骼以及与神殿相关的储藏设施，指示出公元前十二世纪和十一

---

　　① 　本书第六章第一节亦有提及。

　　② 　"示剑"也被译作"舍根"。

　　③ 　Jonathan M. Golden, *Ancient Canaan and Israel: New Perspectives*, p. 187; Amihai Mazar, *Archaeology of the Land of the Bible: 10,000 –586 B. C. E.*, pp. 290, 348 – 350.

　　④ 　Baruch Brandl, "Two Scarabs and a Trapezoidal Seal from Mount Ebal", *Tel Aviv*, 1986 – 1987, 13 – 14:166 – 172.

　　⑤ 　Jonathan M. Golden, *Ancient Canaan and Israel: New Perspectives*, p. 188; Amihai Mazar, *Archaeology of the Land of the Bible: 10,000 –586 B. C. E.*, pp. 290, 348 – 350.

　　⑥ 　William G. Dever, "The Chronology of Syria-Palestine in the Second Millennium B. C. E. : A Review of Current Issues", *Bulletin of the American Schools of Oriental Research*, 1992, 288: 1 – 25.

　　⑦ 　本书第六章第一节亦有提及。

　　⑧ 　Jonathan M. Golden, *Ancient Canaan and Israel: New Perspectives*, p. 188; Amihai Mazar, *Archaeology of the Land of the Bible: 10,000 –586 B. C. E.*, pp. 290, 348.

世纪的宗教活动。① 既然人们于铁器时代早期在示罗举行的宗教活动，实际上仍在继续使用青铜时代晚期建立的神殿，那么，可以合理地假设，对宗教场所的持续使用，或许并不排除对之前时期其他方面宗教实践的延续。毕竟，如果人们在铁器时代早期的示罗所崇拜的神祇与青铜时代晚期相比发生了变化，那么，后来的人们为什么要在其他神祇的神殿敬拜他们信仰的新神明？退一步讲，即便铁器时代早期在示罗举行宗教活动的信徒改变了敬拜对象，也无法否认这些敬拜者在宗教崇拜场所方面对青铜时代晚期迦南传统的延续。

最后一个，也是最明确、无争议的铁器时代早期迦南中央高地被认为是早期以色列宗教崇拜场所的遗址，被称为"公牛遗址"②，位于中央高地北部撒马利亚(Samaria)山区。③ 考古发掘揭示了一个直径约 20 米的由大石块围成的环状结构，在石环东侧，发现了一块可能是"立石(standing stone)④"的大石头，侧躺在一个小的铺砌区域内，旁边还有一个小型陶制崇拜座或香炉。⑤ 该遗址以一个在那里发现的青铜公牛小雕像(图 5-1)命名。小雕像是一个大约不到 13 乘 18 厘米的青铜制驼峰公牛，原本眼睛应该嵌有石头和/或玻璃。⑥ 就公牛图案的再现而言，该遗址展示了与更早时期的迦南传统的某种连续性，例如对风暴之神巴力的崇拜。⑦ 事实上，公牛遗址对青铜时代迦南传统的延续如此明确，以至于芬克尔斯坦因直接提出，该遗址最初建立于青铜时代中期，后来在公元前十二世纪重建了围墙和立石。⑧ 质疑以巴路山遗址曾

---

① Israel Finkelstein, "A Group of Metal Objects from Shiloh", *Israel Musuem Journal*, 1985:17-26.

② 本书第六章第一节亦有提及。

③ Adam Zertal, *"To the Land of the Perizzites and the Giants": On the Israelite Settlement in the Hill Country of Manasseh*; Nadav Na'aman, Israel Finkelstein, eds., *From Nomadism to Monarchy* (Jerusalem: Israel Exploration Society, 1994), pp.37-70.

④ 希伯来语为"massebah"。

⑤ Jonathan M. Golden, *Ancient Canaan and Israel: New Perspectives*, p.188; Amihai Mazar, *Archaeology of the Land of the Bible: 10,000-586 B.C.E.*, pp.290,350-351.

⑥ Amihai Mazar, "The 'Bull Site': An Iron Age I Open Cult Place", *Bulletin of the American Schools of Oriental Research*, 1982,247, pp.27-42.

⑦ Elizabeth Bloch-Smith, Beth Alpert-Nakhai, "A Landscape Comes to Life: The Iron I Period", *Near Eastern Archaeology*, 1999,62:62-92,101-127.

⑧ Israel Finkelstein, "Bible Archaeology or Archaeology of Palestine in the Iron Age? A Rejoinder", *Levant*, 1998,30:167-174.

是露天神殿的考古学家德弗,也支持公牛遗址是铁器时代早期迦南山区的户外开放式宗教崇拜场所,他指出,这里发掘出的青铜公牛小雕像,与青铜时代夏琐遗址出土的公牛小雕像几乎完全相同,①德弗进一步表示,应将该雕像置于古代迦南众神体系中的主要男性神祇"公牛埃尔"(Bull El)②的图像意义中加以理解,其明显是对古代迦南埃尔神的延续。③　因此,公牛遗址强有力地证明了:铁器时代早期迦南中央高地的宗教崇拜起源于其之前的青铜时代晚期迦南宗教传统,换句话说,兴起之初的早期古代以色列宗教在很大程度上是对青铜时代晚期迦南宗教传统的继承。

　　值得注意的是,古代迦南的埃尔④崇拜延续到了古代以色列的宗教崇拜中,甚至一直延续到古代以色列后期的社会文化中。埃尔这个名称以及典型的埃尔别名在《希伯来圣经》早期文献中非常常见。⑤古代迦南的神祇被后来出现的古代以色列人所崇拜,这恐怕是证明早期古代以色列宗教是对迦南传统的延续这一论断最确凿无疑、最具说服力的证据。首先,很多人宣称,由于被称作"以色列"(Israel)的部落联盟的名称中就包含了埃尔神(El)的名字,这可谓直截了当地表明了早期以色列人或许是埃尔的崇拜者,或者,至少可以表明早期以色列人的祖先很可能是埃尔的崇拜者。⑥我们知道,后来的以色列宗教信奉的神名为"雅威"(Yahweh),⑦而这一神的称谓常常被与早期以色列

①　William G. Dever, *Ethnicity and the Archaeological Record: The Case of Early Israel*; Douglas R. Edwards, C. Thomas McCollough, eds., *The Archaeology of Difference: Gender, Ethnicity, Class and The "Other" in Antiquity. Studies in Honor of Eric M. Meyers* (Boston: American Schools of Oriental Research, 2007), p.56.

②　"公牛埃尔"也被译作"公牛伊勒"。

③　William G. Dever, "Ceramics, Ethnicity, and the Question of Israel's Origins", *The Biblical Archaeologist*, Vol.58, No.4, Pots & People, 1995:207.

④　"埃尔"也被译作"伊勒"。

⑤　William G. Dever, *Ethnicity and the Archaeological Record: The Case of Early Israel*; Douglas R. Edwards, C. Thomas McCollough, eds., *The Archaeology of Difference: Gender, Ethnicity, Class and The "Other" in Antiquity, Studies in Honor of Eric M. Meyers*, p.56.

⑥　Frank Moore Cross, *Canaanite Myth and Hebrew Epic: Essays in the History of the Religion of Israel* (Cambridge: Harvard University Press, 1997), p.49; Mark S. Smith, *The Origins of Biblical Monotheism: Israel's Polytheistic Background and the Ugaritic Texts* (Oxford University Press on Demand. 2001), pp.142-143.

⑦　"雅威"也被译作"耶和华"或"雅赫维"等。"YHWH"在中文和合本中被译作"耶和华",因此,本书凡引自中文和合本(《圣经·中英对照》,上海:中国基督教三自爱国运动委员会,2007年)的引文均沿袭原文译本"耶和华",但本人写作时译作"雅威"。

人信奉的"埃尔"这个神名或其复数形式（Elohim）相互指代，《希伯来圣经》中亦常将这两个神名互换使用。[1] 尽管我们并不明确古代以色列人具体是在何时把雅威和埃尔是视作同一位神，但是，我们能够明确地推断，在古代以色列兴起之初，埃尔在早期古代以色列宗教中占据着比后来更加突出的地位。因为，如果雅威是古代以色列人最初就信仰的神，其部落的名称中顺理成章应该出现雅威这个神的名字，而不是出现迦南神祇埃尔的名字。毕竟，自称为"以色列"的部落联盟选择将埃尔，而非雅威，作为其名称的一部分。结合上述考古发现，我们稳妥地得出结论：早期古代以色列宗教实践至少部分地来自迦南背景，在一定程度上是对迦南传统的延续。

二、 早期古代以色列宗教：对迦南传统的变革

如上所述，关于铁器时代早期迦南山区新兴的古代以色列人的宗教崇拜情况，考古学方面能够提供的信息非常有限。但正是考古学数据的缺乏，让我们能够据此推测，当时新形成的古代以色列人已经开始明确将自己与迦南人区分开来，形成了一个有别于传统迦南社群的、独特的群体。这是因为，在考古学家公认的可能是早期古代以色列定居点中，缺乏能够指明一群人的宗教崇拜形式的物质文化遗存，包括神殿建筑、祭坛、神龛和各类宗教雕像。[2] 而这类宗教建筑和物品在古代以色列人兴起之前的青铜时代晚期的迦南非常普遍地存在。也就是说，传统的迦南宗教崇拜实践所需的一系列建筑、设施和物品，在早期古代以色列社群中基本完全缺席，而这一缺席恰恰从一个侧面确证了：古代以色列最早的崇拜形式存在对其之前时期的迦南传统的变革。

早期古代以色列宗教对迦南传统的变革，最显著也是最根本的体现即"朝着一种新的、独特的、被称为'雅威崇拜'（Yahwism）的宗教融合体系的方向发展"[3]。然而，尽管古代以色列人对雅威的崇拜很可能始于古代以色列民族形

---

① 参见本书第五章第二节之"二、多神崇拜背景下的单神崇拜挣扎的经文依据"，"（四）不同神名的相同指代：暗示多位神祇的存在"。

② Richard S. Hess, *Israelite Religions: An Archaeological and Biblical Survey* (Grand Rapids, Michigan: Baker Academic; Nottingham, England: Apollos, 2007), p.235.

③ William G. Dever, *Ethnicity and the Archaeological Record: The Case of Early Israel*; Douglas R. Edwards, C. Thomas McCollough, eds., *The Archaeology of Difference: Gender, Ethnicity, Class and The "Other" in Antiquity, Studies in Honor of Eric M. Meyers* (Boston: American Schools of Oriental Research, 2007), p.56.

成之初（公元前 1200 年左右），而且这一崇拜也很可能在将不同部落联合形成部落联盟方面起到了重要作用，但是，考古学对早期古代以色列的雅威崇拜所提供的信息却寥若星辰。

考古学家发现的可能是早期古代以色列宗教崇拜地点的遗址，要么充满争议，无法被确定是宗教活动场所，要么无法被确定是否是崇拜雅威的圣地，甚至无法被确定到底在崇拜哪位神祇。例如，上文提到的以巴路山遗址，就在是否是宗教崇拜场所的问题方面存在争议，因此无法被用来了解早期古代以色列宗教的状况。又如，上文所述的示罗遗址，尽管已被确证为一座神殿，但至于这座神殿究竟是献给雅威还是其他神祇的，我们无从得知。[①] 再如，上文介绍的公牛遗址，虽然是毫无争议的宗教崇拜地点，但这里出土的最具代表性的宗教物件——青铜公牛小雕像，却被学界公认解释为代表古代迦南埃尔神。[②] 因而，即便我们假设公牛遗址同时也是崇拜雅威的场所，也不得不接受该遗址很可能至少供奉两个神祇（埃尔和雅威）。

早期以色列人接受雅威为他们的民族神大概率是一个渐进而非突然的过程。[③] 仅有的考古学数据所展现的早期古代以色列宗教是多元的，并包括多个神祇。泽维特（Ziony Zevit）审查了铁器时代早期古代以色列的各种宗教场所，发现有许多地点同时崇拜两个或三个神祇，但他也发现了几个仅供奉单一神祇的宗教场所。[④] 这表明，虽然在古代以色列宗教发展的后期，雅威成为了古代以色列民族的主神，但在这个宗教兴起的早期阶段，雅威恐怕不得不与当时早期以色列人所崇拜的其他神祇竞争至上的地位，这些神祇包括源自迦南的埃尔和巴力等。换句话说，早期古代以色列，即铁器时代早期刚刚兴起的古

---

① Eveline J. van der Steen, "The Central East Jordan Valley in the Late Bronze and Early Iron Ages", *Bulletin of the American Schools of Oriental Research*, 1996, 302:58.

② William G. Dever, *Ethnicity and the Archaeological Record: The Case of Early Israel*; Douglas R. Edwards, C. Thomas McCollough, eds., *The Archaeology of Difference: Gender, Ethnicity, Class and The "Other" in Antiquity, Studies in Honor of Eric M. Meyers* (Boston: American Schools of Oriental Research, 2007), p.56; William G. Dever, "Ceramics, Ethnicity, and the Question of Israel's Origins", *The Biblical Archaeologist*, Vol.58, No.4, Pots & People, 1995:207.

③ Maxwell J. Miller, John H. Hayes, *A History of Ancient Israel and Judah* (Philadelphia: Westminister Press, 1986), p.112.

④ Rivka Gonen, Amnon Ben-Tor, *The Late Bronze Age*; Amnon Ben-Tor eds., Raga'el Grinberg trans., *The Archaeology of Ancient Israel* (New Haven and London: Yale University Press, 1992), pp.222 - 223, 227 - 229.

代以色列,并没有显示出像后来以色列在耶路撒冷圣殿那样的宗教集中化迹象,[1]也没有像《希伯来圣经》所展现的那样只崇拜雅威。[2]

可以用来证明早期以色列人中的绝大多数从一开始就是雅威追随者的证据之一,即铁器时代早期迦南地区的个人姓名。在古代近东地区,个人姓名中包含神名元素是非常普遍的现象。例如,亚述人的主神是阿舒尔(Ashur),数位亚述国王的个人姓名中都包含了阿舒尔的名字:阿舒尔巴尼帕(Ashurbanipal);阿舒尔纳西尔帕(Ashurnasirpal)。《希伯来圣经》中也记载了类似的例子,如以赛亚(Isaiah)名中包含雅威(Yahweh)神名的元素;以西结(Ezekiel)名中包含埃尔(El)[3]神名的元素。当个人姓名中存在神名元素时,可以合理推断,拥有此名的人也是该神的信徒和崇拜者。[4] 因此,个人姓名的信息,是我们了解古代社会宗教信仰和实践的一扇窗口。

提盖(Jeffrey H. Tigay)分析了铁器时代铭文中所知的所有古代以色列人的个人姓名,并发现在各种包含神名元素的姓名中,超过 90% 的个人姓名都包含了雅威神的名字的元素。[5] 这种在一个语言或文化群体的个人姓名中,一位神的神明元素占据压倒性绝大多数的情况是非常罕见的,与古代近东其他地区收集和分析的数据结果相异。[6] 在古代以色列邻近的文化中,虽然民族主神或国家神的神名元素在个人姓名中的出现通常更为常见,但也存在一些其他神祇的名字元素被使用的情况。[7] 例如,公元前十五世纪至公元前十四世纪的亚述,仅有 17% 的个人姓名中使用了主神阿舒尔的名字。[8] 对于铁

---

[1] Jo Ann Hackett, *"There Was No King in Israel": The Era of the Judges*; Michael David Coogan, *The Oxford History of the Biblical World*, p.145.

[2] Maxwell J. Miller, John H. Hayes, *A History of Ancient Israel and Judah*, p.110.

[3] 此时的埃尔神已在以色列宗教的后期发展中被等同于雅威。

[4] Jeffrey H. Tigay, *Israelite Religion: The Onomastic and Epographic Evidence*; Patrick D. Miller, Frank Moore Cross, *Ancient Israel Religion: Essays in Honor of Frank Moore* Cross (Philadelphia: Fortress Press, 1987), pp.159–160.

[5] Jeffrey H. Tigay, *Israelite Religion: The Onomastic and Epographic Evidence*; Patrick D. Miller, Frank Moore Cross, *Ancient Israel Religion: Essays in Honor of Frank Moore Cross*, pp.162–163.

[6] Richard S. Hess, *Israelite Religions: An Archaeological and Biblical Survey*, p.78.

[7] Ibid., pp.271–272.

[8] Jeffrey H. Tigay, *Israelite Religion: The Onomastic and Epographic Evidence*; Patrick D. Miller, Frank Moore Cross, *Ancient Israel Religion: Essays in Honor of Frank Moore Cross*, p.170.

器时代的以色列来说,包含雅威神名元素的个人姓名的比例如此之高,几乎可以判断:除了雅威之外,其他的神祇都微不足道。需要格外注意,提盖的分析只证明了雅威是古代以色列最受欢迎的神,并不意味着雅威是古代以色列唯一的神。① 但借助提盖对个人姓名的研究,我们至少可以推断出,在迦南中央高地出现的早期古代以色列人很可能已经是雅威崇拜者。② 结合上述对考古数据的分析与个人姓名研究所提供的信息,我们同样稳妥地得出结论:早期古代以色列宗教中存在对雅威的信仰,虽然此时的雅威尚未成为古代以色列人唯一的神③,但雅威神的引进已然是对迦南传统的巨大变革。

我们看到,早期古代以色列宗教,一方面显示出迦南宗教的痕迹;另一方面,又显露出与迦南宗教截然不同的元素。根据本书第一章和第二章的论述,如果早期古代以色列民族是一个由迦南人和非迦南人组成的松散部落联盟,那么,这个新群体的宗教所呈现的面貌便也不足为奇,甚至可以预料。在早期以色列联盟形成的初始阶段,在宗教上达成某种协议,以使各个部落更紧密地团结起来,并帮助这群本地人和外来者共同平稳过渡到具有凝聚力和向心力的新兴社群。可以说,早期古代以色列人在宗教信仰和实践方面,实现了迦南元素和非迦南元素之间的妥协。早期古代以色列宗教,一方面,是对先前迦南传统的延续;另一方面,又是对先前迦南传统的变革。

第二节　古代以色列宗教之演进: 多神崇拜背景下的单神崇拜挣扎

通过前文的论述,我们清晰地观察到,兴起之初的古代以色列宗教对其兴起之地的迦南宗教传统进行了变革,引进了一位新的神祇——雅威。然而,和

---

① Mark S. Smith, *The Early History of God: Yahweh and the Other Deities in Ancient Israel* (Grand Rapids, Michigan; Cambridge, U.K.: William B. Eerdmans Publishing Company, 2002), p.4.

② Jeffrey H. Tigay, *Israelite Religion: The Onomastic and Epographic Evidence*, Patrick D. Miller, Frank Moore Cross, *Ancient Israel Religion: Essays in Honor of Frank Moore Cross*, p.180.

③ 大部分学者都主张一神论起源的日期要晚得多(公元前 700 年至公元前 600 年,甚至更晚,可能是在巴比伦流放之后)。参见:Mark S. Smith, *The Origins of Biblical Monotheism: Israel's Polytheistic Background and the Ugaritic Texts* (Oxford University Press on Demand, 2001), p.153.

古代近东其他宗教一样，在他们早期的存在历史中，古代以色列人承认并崇拜其他神祇。古代以色列身处古代近东，也就位于一个高度多神教的世界中。我们几乎不可能孤立地理解古代以色列的社会、经济和宗教生活，而不将其置于当时的大背景之下。我们必须清楚地认识到，古代近东传统不可避免地从多方面在不同程度上影响了古代以色列宗教的形成和发展。在这种情况下，古代以色列宗教存在多神崇拜的影子和包含多神论的元素也便不足为奇，甚至可谓情理之中。

古代近东地区，包括美索不达米亚、埃及和迦南等地，都有着多神论传统。① 在这些古代文明的文化和宗教传统中，神具有神圣的多样性，圣经学者将其称为"神的议会"（Divine Council），"神的集会"（Assembly of gods）或"万神殿"（Pantheon）。② 例如，美索不达米亚拥有一个由五十位神祇组成的议会，由主神 Anu 领导。据记载，在美索不达米亚，有超过两千一百位男神与女神受到崇拜。③ 如美索不达米亚一样，古代埃及的宗教特色也是拥有一整套众神系统，他们在主神——太阳神 Amon-Re 的主宰下运作。甚至，已故的法老也被认为是神圣的，并被尊为神明。而古代埃及崇拜体系的主要发展表现之一即是宗教融合的过程，在这样的融合之下，不同的众神被合并成一个单一的神明。正如神 Re 和神 Amon 被合并在一起，从而形成了众神之尊 Amon-Re。④

在多神崇拜大行其道的社会背景中，古代以色列宗教引进的雅威仍然成为了古代以色列人中最受欢迎的神，这已经使其成为一种与古代近东其他族群的宗教都不同的独特信仰。尽管一神崇拜⑤在古代以色列宗教发展的后期才出现，但在古代以色列宗教的早期发展阶段，古代以色列人在诸神之中对雅威最具压倒性的偏爱，已经给后来的一神教发展埋下了种子。但是，即便如

---

① Gwendolyn Leick, *A Dictionary of Ancient Near Eastern Mythology*, London: Routledge, 1991.

② John H. Walton, *Ancient Near Eastern Thought and the Old Testament: Introducing the Conceptual World of the Hebrew Bible* (Grand Rapids: Baker Academic, 2006), pp.87, 103 - 104.

③ Jean Bottero, *Religion in Ancient Mesopotamia* (Chicago: University of Chicago Press, 2001), p.45.

④ Richard H. Wilkinson, *The Complete Gods and Goddesses of Ancient Egypt* (London: Thames and Hudson, 2003), p.30, 32, 89.

⑤ 大部分学者都主张一神论起源的日期要晚得多（公元前 700 年至公元前 600 年，甚至更晚，可能是在巴比伦流放之后）。参见：Mark S. Smith, *The Origins of Biblical Monotheism: Israel's Polytheistic Background and the Ugaritic Texts*, p.153.

此,初具雏形的早期古代以色列宗教,最多也只是在多神崇拜背景下向单神崇拜推进的努力。此时的古代以色列人,在宗教实践上的挣扎恐怕能够勉强触及单神崇拜的标准,但却也未最终成型,离单一主神崇拜仍有大段距离,与很后期才面世的一神崇拜就更是相隔甚远。

需要特别注意的是,多神崇拜向一神崇拜的演进,必然不是一个单纯的线性发展逻辑。宗教的兴起与演进,受其所处的时代背景、地理环境、政治、经济和文化等诸多社会境况影响,当然也与信仰和实践这种宗教的主体情况相关。因此,我们不能简单地认为,古代以色列宗教是从多神崇拜开始,逐步经历了单神崇拜、单一主神崇拜,直至发展到一神崇拜这个所谓的终点。相反,古代以色列宗教的演进,毋庸置疑是一个复杂甚至反复的过程,其不同阶段很有可能混杂着多种形式的宗教信仰和行为。

一、 概念界定：多神崇拜、单神崇拜、单一主神崇拜、一神崇拜

多神论、多神教或多神崇拜(polytheism),是指崇拜多个神祇的一种宗教信仰和实践模式。这些神祇通常被组织成一个众神体系,具有其独特的宗教教派与仪式。多神信仰体系中的神,可能是创造神,也可能是超然的绝对原则,还可能代表自然力量,甚至可能是祖先传承。[1] 值得注意的是,多神论者或多神崇拜者(polytheist)并不总是平等地崇拜所有的神祇,他们可以是专门崇拜某个特定神祇的单神崇拜者,也可以是在不同时间崇拜不同神祇的轮替崇拜者。在一神教出现、形成和发展之前,多神教是一种典型的宗教形式,从史前时代,到古埃及宗教和古代美索不达米亚宗教,再到古希腊宗教和古罗马宗教,以及道教和神道教,都属于多神信仰。

单神论、单神教或单神崇拜(henotheism),是一种承认存在众多神祇的宗教信仰和实践模式。[2] 虽然其信仰者只崇拜其中一个神,但他们同时承认其他神灵的存在或地位,并接受其他人崇拜不同的神祇,也认可其他人崇拜不同的神

---

[1] Francis Schmidt, *The Inconceivable Polytheism: Studies in Religious Historiography* (New York: Gordon and Breach Science Publishers, 1987), p.10.

[2] Robert Mackintosh, *Monolatry and Henotheism*; *Encyclopedia of Religion and Ethics*, Vol. VIII, 2016, p.810.

祇同样是有效的。① 单神论者或单神崇拜者(henotheist)可以根据自己的选择在某个时候崇拜众神体系中的一位神,同时接受其他神和关于神的概念。可以说,单神论是介于基本无限制的多神论和完全排他性的一神论之间的中间立场。

单一主神论、单一主神教或单一主神崇拜(monolatrism/monolatry),是一种持续崇拜单一至高神的宗教信仰和实践模式。② 尽管这些信仰者不否认其他神明的存在,但他们只信奉唯一的一位主神。单一主神论者或单一主神崇拜者(monolatrist)坚持他们崇拜的神是超越所有其他神明的、至高无上的众神之首,任何其他神明都要臣服于这位主神。③ 不同于单神论认可其他神灵的存在和地位;单一主神论仅仅不否认其他神明的存在,但并不承认其他神明的能力与地位,更不可能将其他神明与其所崇拜的至高神相提并论,认为只有其主神才值得被信奉和崇拜。

一神论、一神教或一神崇拜(monotheism),是认为只有一个神明存在的宗教信仰和实践模式。④ 这个全知全能的存在被普遍称为上帝。作为唯一的神,它自身可能是一个独特的存在;也可能有多个神或神性形式的存在,但每个存在都被认定为同一上帝的延伸。犹太教、基督教和伊斯兰教是典型的一神教。一神论思想的元素甚至可以被追溯到青铜时代晚期的古埃及,新王国时期第十八王朝的统治者阿赫那吞⑤法老创立的崇拜太阳神阿吞(Aten)⑥的宗教(Atenism/Aten religion)⑦。

二、 多神崇拜背景下的单神崇拜挣扎的经文依据

在理解古代历史,包括古代的民族和宗教时,对《希伯来圣经》的使用是

---

① Robert Karl Gnuse, *No Other Gods: Emergent Monotheism in Israel* (Bloomsbury Academic, 1997), pp.132 - 133.

② Robert Mackintosh, *Monolatry and Henotheism*; *Encyclopedia of Religion and Ethics*, Vol. VIII, 2016, p.810.

③ Frank E. Eakin Jr., *The Religion and Culture of Israel* (Boston: Allyn and Bacon, 1971), p.70.

④ William Wainwright, *Monotheism*; *Standford Encyclopedia of Philosophy*, Metaphysics Research Lab, Stanford University, 2018.

⑤ "阿赫那吞"也被译作"阿肯那顿",即法老阿蒙霍特普四世,大约于公元前1352年至公元前1336年在位统治新王国时期的埃及。

⑥ "阿吞"也被译作"阿顿"。

⑦ 阿赫那吞/阿肯那顿宗教(Atenism/Aten religion)以太阳神阿吞(Aten)为崇拜中心,阿吞本是古埃及传统的太阳神,但后来被法老阿赫那吞宣称为所有神祇的上帝。

非常复杂且需要格外审慎的。现有形式的《希伯来圣经》，经历了被分段书写、编辑、复制并编纂成书等多个阶段。在某种程度上，即便圣经记载中确实包含历史真相，我们也必须筛选文本中所有这些不同层次的内容。"我们还必须记住，就像一个考古遗址一样，圣经有自己的"地层"，这些地层包括口头传统、文献来源、编辑过程和文士传承等多个层面，我们在使用它时，需要考虑这些因素。"①

使用《希伯来圣经》来研究历史的一个潜在障碍是其信息来源的问题，因为它并非作为一个具有单一故事情节的文献而被编写。圣经文本的某些部分比其他部分更古老，也有足够的证据表明存在着不同的圣经文本作者。② 对圣经文本不同来源的区分即文献假说/底本学说（Documentary Hypothesis），亦即来源批评（Source Criticism）。③ "来源批评追寻圣经的底层来源，按历史顺序排列它们，并尝试确定不同的来源如何被编辑、合并从而形成更大的文本单元。文献假说认定《摩西五经》④有四个主要的文学来源（J，E，P，D），这些来源可以追溯到公元前一千年的前半期，并由一系列公元前一千年中期的编辑者编织在一起。"⑤尽管圣经文本存在矛盾的来源，不同的作者/编辑也试图从各自的角度讲述古代以色列的故事，但这并不影响圣经文本能够在一定程度上记录和保存真实历史事件。作为来源批评"延伸和深化"⑥的形式批评（Form Criticism）为我们使用圣经文本研究历史提供了支持。

形式批评将圣经文本拆解成若干较小的书写单元，通过逐一分析与综合整理，发现文类单元形成之初的社会背景。⑦ 利用类型分析和形式考证方法，形式批评的研究提出"《摩西五经》中最早文本的原始资料能追溯到远古时代，

---

① Larry G. Herr, "Archaeological Sources for the History of Palestine: The Iron Age II Period: Emerging Nations", *The Biblical Archaeologist*, Vol. 60, No. 3, 1997:116.

② William G. Dever, *Did God Have a Wife? Archaeology and Folk Religion in Ancient Israel* (Grand Rapids, Michigan; Cambridge, U. K.: William B. Eerdmans Publishing Company, 2005), p. 64.

③ Richard E. Friedman, *Who Wrote the Bible?*, Englewood Cliffs: Prentice Hall, 1987.

④ 《摩西五经》即《希伯来圣经》的前五卷，包括：《创世记》(Genesis)、《出埃及记》(Exodus)、《利未记》(Leviticus)、《民数记》(Numbers)和《申命记》(Deuteronomy)。

⑤ Carol A. Redmount, *Bitter Lives: Israel in and out of Egypt*; Michael David Coogan, *The Oxford History of the Biblical World* (New York: Oxford University Press, 1998), p. 61.

⑥ 梁工：《圣经形式批评综论》，《世界宗教研究》2011 年第 4 期，第 88 页。

⑦ 同上，第 89，91 页。

那时故事尚在民间口传"。① 圣经成文前以口传形式长期被传诵,这些形成书面文字之前的口传原型都有其真实的生活背景,"它们的较大语境是王国建立之前以色列各支派联盟的宗教崇拜活动"②。因此,由后来形成的书面形式追溯其更远古的口传形式,不无可能从中窥见当时人们的宗教生活面貌,并据此尝试还原古代社会的宗教崇拜模式。③

此外,对考古学家和历史学家来说,《希伯来圣经》还是有几则有用之处。④ 首先,在圣经叙述中出现了一些具体的清单,其中许多清单似乎来自真实的历史文献,并直接被植入到圣经文本中。⑤ 再者,圣经中描述的一些事件,可以通过其他文本(非圣经文本/经外文献)⑥来源的记述加以概括性证实,而且这些文本对于诸多事件的年代问题起到了纠正作用。⑦

虽然我们无法简单地把《希伯来圣经》作为一份历史文献处理,但它却可以作为一份保留了历史事件记忆的文本而被利用,这些事件发生在被记录下来之前的多年时间里。⑧ 芬克尔斯坦因和西尔伯曼指出:"即使圣经叙述是在相对较晚的时间编纂,比如统一王国时期,但它们至少保留了一个真实的古代历史事实的主要轮廓。"⑨于是,即便圣经对古代以色列民族和宗教的叙述并不真实,但也不排除这些叙事具有一定的历史基础:"有一些引人入胜的线索表明,古代以色列的真实记忆在这些(圣经)故事中存留下来。"⑩毕竟,一个故

---

① 梁工:《圣经形式批评综论》,《世界宗教研究》2011 年第 4 期,第 89 页。

② 同上。

③ 同上,第 89,94—95 页。

④ Jonathan M. Golden, *Ancient Canaan and Israel: New Perspectives*, p.43.

⑤ Ibid.

⑥ 考古学家对古代迦南和以色列的了解很大程度上来自在古代近东其他地方发现的文本来源——非圣经文本/经外文献。这些文本包括来自古代近东的成千上万份幸存文献,其来源涵盖苏美尔、巴比伦、亚述、乌加里特和埃及等地。例如,埃及的阿玛尔纳以其庞大数量的皇家通信档案而闻名,其中相当大一部分直接涉及南黎凡特地区人们的生活。

⑦ Jonathan M. Golden, *Ancient Canaan and Israel: New Perspectives*, p.43.

⑧ Mark S. Smith, *The Early History of God: Yahweh and the Other Deities in Ancient Israel* (Grand Rapids, Michigan; Cambridge, U.K.: William B. Eerdmans Publishing Company, 2002), p.14.

⑨ Israel Finkelstein, Neil Asher Silberman, *The Bible Unearthed: Archaeology's New Vision of Ancient Israel and the Origins of Its Sacred Texts* (New York: Touchstone, 2002), p.34.

⑩ Wayne T. Pitard, *Before Israel: Syria-Palestine in the Bronze Age*; Michael D. Coogan, *The Oxford History of the Biblical World*, p.28.

事可以通过使用文学手法或如童话、传说般的角色和动机来进行虚构创作,但却很难编造,也没有理由去编造一个从未存在的社会背景。而且,由于修改旧文本是困难且难以完美的,修改后的版本总是会留下痕迹,通过对这些文本材料的批判性分析,我们可以设法挽救一些更古老的历史背景方面的元素。①

因此,尽管《希伯来圣经》尤其是《摩西五经》的文本撰写时间远远晚于其所反映的时代,也经历了不同文士的编辑,但这并不影响如下事实:圣经文本的报道和记录是建基于真实历史事件之上的。所以,《希伯来圣经》在一定程度上确实为我们提供了一些历史数据,仍可作为搜集历史信息的重要来源。

需要特别指出的是,这种被"认知"的现实相当重要,是我们作为历史观察者了解历史的窗口。有学者认为,在定义雅威信仰②,也就是古代以色列人新引进的信仰时,以色列从其周围的文化和宗教传统中吸取了诸多方面的内容。③ 换句话说,《希伯来圣经》的记载恐怕并非原创,而是借鉴甚至改编自当时已存在的其他文本。然而,"相似之处并不一定等同于文学上的依赖关系。相反,它可能传达的是思想观念的共享,世界观的相似性。"④但无论是文本上直接借鉴翻版改编,还是生活中潜移默化的影响与浸润,《希伯来圣经》都展现出古代以色列崇拜观念的多元性。接下来,我们从《希伯来圣经》的文本出发,考察古代以色列人在多神崇拜背景下的单神崇拜挣扎。

(一)"神们"的复数表达:明示多位神祇的存在

《创世记》第 6 章开篇就为古代以色列宗教的多神论调提供了有力的证据。"当人在世上多起来,又生儿女的时候,神的儿子们看见人的女子美貌,就随意挑选,娶来为妻。"⑤其中,"神的儿子们"(sons of God)这一短语在希伯来语原文均为复数,也就是"神们的儿子们"(sons of Gods),因为,希伯来语名词"神们"(Elohim)形态上是复数,这就意味着该词可以被理解为"众神",进而直白地表明,古代以色列宗教并非只有一位神,而是有多位神。然而,希伯来

---

① Mario Liverani, *Israel's History and the History of Israel* (London: Equinox Publishing, 2005), p.59.

② "雅威"也被译作"耶和华"或"雅赫维"等。

③ Mark S. Smith, *The Early History of God: Yahweh and the Other Deities in Ancient Israel*, p.9.

④ Bruce Vawter, "Canaanite Background of Genesis 49", *Catholic Biblical Quarterly*, 1955, 17:2.

⑤ 《创世记》6:1—2。

语名词"神们"语义上也可以指单数的"神",并且,提到雅威时,通常被理解为单数的"神"。①《希伯来圣经》中用这一表达指称古代以色列的神,既使用单数 Elyon,又使用复数 Elohim,而那些带有复数内涵的经文尤其值得我们注意和思考。

甚至,《诗篇》第八十二篇,不但提到"诸神"这样的字眼,而且还描绘了古代以色列神明自身言语中提到多于一个的神。"神(Elohim)站在有权力者的会中,在诸神中行审判"("God presides in the great assembly; he gives judgment among the 'gods'")②,"我曾说:'你们是神(Elohim),都是至高者的儿子。'"("I said: 'You are 'gods'; you are all sons of the Most High.'")③显而易见,这里的经文明确表示,有不止一个的神。然而,另外让人困惑不解的一点在于,我们看到,在《诗篇》82:1 的经文中,Elohim 是单数名词,代指"神",因为它作为句子主语,后面搭配的动词是单数形式;而在《诗篇》82:6 的经文中,Elohim 是复数名词,意指"众神",因为它作为宾语,前面搭配的动词是复数形式。

其实,无论我们把希伯来语名词 Elohim 视为单数,还是复数,逻辑上都站得住脚。如果 Elohim 代表单数的"神",它大概率指的是众神之首,即古代以色列至高无上的民族神④;如果 Elohim 代表复数的"众神",恰恰展现出古代以色列宗教中粉饰不去的多神论遗留痕迹,也就是说,在古代以色列宗教观念之中,不止一位神,而有多位神。⑤ 这样一来,古代以色列人就像他们的诸多古代近东邻居一样,信奉着一个众神存在的"神的议会"、"神的集会"或"万神殿"。

虽然古代以色列宗教在几个世纪里经历了变革,但在《希伯来圣经》中,类似上述经文这样明文或暗示多神论残余的情况并不罕见。例如,《创世记》1:

---

① Christopher A. Rollston, "The Rise of Monotheism in Ancient Israel: Biblical and Epigtaphic Evidence", *Stone-Campbell Journal*, 2003, 6:102.

② 《诗篇》82:1。

③ 《诗篇》82:6。

④ Christopher A. Rollston, "The Rise of Monotheism in Ancient Israel: Biblical and Epigtaphic Evidence", *Stone-Campbell Journal*, 2003, 6:102.

⑤ Helmer Ringgren, *Elohim*; G. Johannes Botterweck, Helmer Ringgren, Heinz-Josef Fabry, trans. Douglas W. Stott, *Theological Dictionary of the Old Testament*, Volume 14, Grand Rapids, Michigan; Cambridge, U.K.: William B. Eerdmans Publishing Company, 2004, pp. 267 - 284.

27 用复数人称代词指代神："神说：'我们要照着我们的形象，按着我们的样式造人'"（"Then God said：'Let us make man in our image，in our likeness'"）①；《创世记》3:22 同样使用了复数人称代词指称神："耶和华神说：'那人已经与我们相似，能知道善恶。'"（"And the LORD God said，'The man has now become like one of us，knowing good and evil.'"）②。

（二）警告只应崇拜雅威：透露多位神祇的存在

《创世记》第 15 章中，在列出亚伯兰的后裔和土地等赏赐之后，"耶和华对亚伯兰说：'你要的确知道，你的后裔必寄居别人的地，又服侍那地的人，那地的人要苦待他们四百年。并且他们所要服侍的那国，我要惩罚，后来他们必带着许多财物从那里出来。但你要享大寿数，平平安安地归到你列祖那里，被人埋葬。到了第四代，他们必回到此地，因为亚摩利人的罪孽还没有满盈。'"③这里所说的"亚摩利人的罪孽"是什么？几个世纪以来，学者一直在探讨这个问题，但并没有得出确凿的结论。然而，我们仍然可以尝试推论亚摩利人的罪孽。在《希伯来圣经》中，亚摩利人和迦南人常被或多或少交互使用，但迦南人所指更为广泛概括，亚摩利人则代表居住在迦南地区的特定组成部分："迦南生长子西顿（Sidon），又生赫（Hittites），和耶布斯人（Jebusites）、亚摩利人（Amorites）、革迦撒人（Girgashites）……"④。亚摩利人的大罪大概率是崇拜埃尔之外的其他神明⑤，因此，亚摩利人罪孽的"满盈"就是埃尔的彻底流放和消灭。

根据《约书亚记》的记载，约书亚对首领临别赠言⑥之后，将以色列的众支派聚集在示剑，并对众民说："现在你们要敬畏耶和华，诚心实意地侍奉他，将你们列祖在大河那边和在埃及所侍奉的神除掉，去侍奉耶和华。若是你们以侍奉耶和华为不好，今日就可以选择所要侍奉的：是你们列祖在大河那边所侍奉的神呢？是你们所住这地的亚摩利人的神呢？至于我和我家，我们必定侍

---

① 《创世记》1:26。
② 《创世记》3:22。
③ 《创世记》15:13—16。
④ 《创世记》10:15—16。
⑤ 亚摩利人的大罪甚至有可能是用崛起的巴力崇拜取代了埃尔崇拜，使属于埃尔的领土转至巴力手中。
⑥ 《约书亚记》第 23 章。

奉耶和华。"①在约书亚的言语中,他特别反对以色列祖先在大河以外和埃及崇拜的神明,而这些崇拜恰恰代表了以色列人的过去历史。紧接着,约书亚把矛头指向亚摩利人,警告以色列不要崇拜亚摩利人的神明,而应只崇拜雅威。

至此,我们清楚地看到,根据《希伯来圣经》的记述,古代以色列人的先祖,不但崇拜大河(幼发拉底河)以外的神灵,而且崇拜埃及的神祇,同时也崇拜迦南的神明,例如亚摩利人的神。正因如此,在雅威所立的圣约当中,才特意有针对性地指出这些地区的神明,警告古代以色列人不可崇拜他们。也就是说,古代以色列人崇拜着多种来源的多位神明,他们的宗教背景具有毋庸置疑的多神论色彩,而他们后来对雅威的强调并将雅威抽离出其他众神,正是对先前传统的革新,是向单神崇拜的转变伊始。

(三) 诫命的明令禁止:明确揭示崇拜其他神祇的现象存在

当我们阅读"十诫",特别是前两条诫命,能够捕捉到雅威/埃尔的愤怒与嫉妒的暗示,这一暗示甚至略有些平铺直叙。"除了我以外,你不可有别的神。不可为自己雕刻偶像;也不可做什么形象仿佛上天、下地和地底下、水中的百物。不可跪拜那些像;也不可侍奉它,因为我耶和华你的神,是忌邪(jealous)的神。恨我的,我必追讨他的罪,自父及子,直到三四代。"②《申命记》中的记述也表达了类似的情感。那么,十诫中的这两条诫命揭示了古代以色列宗教信仰的哪些方面?

首先,十诫明确承认了其他神祇的存在。也就是说,十诫的诫命支持了单神崇拜的观念和行为——尽管存在众神,但古代以色列人只能崇拜雅威。显然,随着《希伯来圣经》文本的发展,浮现一种否定其他神祇存在的趋势:雅威是唯一的真神,任何其他"神"都是虚假的、非法的。但是,十诫的这三节经文③正面承认确实存在其他神祇。十诫中的第一条诫命:"除了我以外,你不可有别的神。"("You shall have no other gods before/besides me.")④在这里,雅威明令禁止任何其他神被提升到高于他自身的地位。这样一来,对古代以色列人来说,尽管承认其他神的存在,但只有雅威能被崇拜,因此是一种典型的单神崇拜倾向。当然,真正的一神论宗教观念尚远没有到来,似乎直到流放

① 《约书亚记》24:14—15。
② 《出埃及记》20:3—5。
③ 《出埃及记》20:3—5。
④ 《出埃及记》20:3。

归来后才在古代以色列出现。①

　　其次，十诫明确揭示了崇拜其他神祇的现象存在，并点明了诫命背后的动机。也就是说，雅威不愿与任何其他神明分享他的荣耀。十诫中的第二条诫命："不可跪拜那些像；也不可侍奉它，因为我耶和华你的神，是忌邪的神。"（"You shall not bow down to them or worship them; for I, the Lord your God, am a jealous God."）②在这里，雅威不允许他的子民崇拜其他神灵，因为他是一个"嫉妒"（jealous）的神。那么，为什么雅威会感到其他神灵的威胁呢？即便粗略阅读《撒母耳记》《列王纪》和诸卷先知书，我们也能很快注意到古代以色列人是如何背离雅威，转向追随巴力的。古代以色列人放弃了对雅威的崇拜，并宣称另一个神的主宰。

（四）不同神名的相同指代：暗示多位神祇的存在

　　在巴兰（Balaam）的神谕中，巴兰使用了几个不同的名字来指代古代以色列的神。他把神称为"埃尔（El）"（《民数记》23：8③、23：19④23：22、⑤）"全能者（Shaddai）"（《民数记》24：4⑥、24：16⑦）和"至高者（Elyon）"（《民数记》24：

---

　　①　Meindert Dijkstra, "El, the God of Israel-Israel, the People of YHWH": On the Origins of Ancient Israelite Yahwism; Bob Becking, Meindert Dijkstra, Marjo C. A. Korpel, Karel J. H. Vriezen, Only One God?: Monotheism in Ancient Israel and the Veneration of the Goddess Ashera, p.81.

　　②　《出埃及记》20：5。

　　③　《民数记》23：8 经文中的"神"：希伯来语原文分别称作"埃尔"和"雅威"；英文分别译作"God"和"the LORD"；中文分别译作"神"和"耶和华"（也译为"雅威"）。"神没有咒诅的，我焉能咒诅？耶和华没有怒骂的，我焉能怒骂？"（"How can I curse those whom God has not cursed? How can I denounce those whom the LORD has not denounced?"）参见：《民数记》23：8。

　　④　《民数记》23：19 经文中的"神"：希伯来语原文称作"埃尔"；英文译作"God"；中文译作"神"。"神非人，必不至说谎；也非人子，必不至后悔。他说话岂不照着行呢？他发言岂不要成就呢？"（"God is not a man, that he should lie, nor a son of man, that he should change his mind. Does he speak and then not act? Does he promise and not fulfill?"）参见：《民数记》23：19。

　　⑤　《民数记》23：22 经文中的"神"：希伯来语原文称作"埃尔"；英文译作"God"；中文译作"神"。"神领他们出埃及，他们似乎有野牛之力。"（"God brought them out of Egypt; they have the strength of a wild ox."）参见：《民数记》23：22。

　　⑥　《民数记》24：4 经文中的"神"：希伯来语原文分别称作"埃尔"和"全能者（Shaddai）"；英文分别译作"God"和"the Almighty"；中文分别译作"神"和"全能者"。"得听神的言语，得见全能者的异象，眼目睁开而仆倒的人说"（"the oracle of one who hears the words of God, who sees a vision from the Almighty, who falls prostrate, and whose eyes are opened"）参见：《民数记》24：4。

　　⑦　《民数记》24：16 经文中的"神"：希伯来语原文分别称作"埃尔"、"至高者（Elyon）"和"全能者（Shaddai）"；英文分别译作"God"、"the Most High"和"the Almighty"；中文分别译作"神"、"至高者"和"全能者"。"得听神的言语，明白至高者的意旨，看见全能者的异象，眼目睁开而仆倒的人说"（"the oracle of one who hears the words of God, who has knowledge from the Most High, （转下页）

16①）。与《创世记》的经文不同，《民数记》的这几个案例中，"全能者"和"至高者"都是单独出现的，而没有和"埃尔"搭配使用。有学者评估后表示，这是因为"全能者"和"至高者"是"埃尔"的同义词。②

在《民数记》23：8 中，埃尔和雅威都出现了。"神没有咒诅的，我焉能咒诅？耶和华没有怒骂的，我焉能怒骂？"（"How can I curse those whom God has not cursed? How can I denounce those whom the LORD has not denounced?"）③这节经文的希伯来语原文将"神"分别称作"埃尔"和"雅威"，英文分别译作"God"和"the LORD"，中文分别译作"神"和"耶和华"（也译为"雅威"）。由于这节经文是希伯来语诗歌，因此展示出平行并列的结构。更重要的是，埃尔和雅威平行并列。这两个名称分别出现在每节经文的相同位置；这两个名称所在的短语和句子也都遵循相同的模式：一个疑问句，一个非完成时态的第一人称动词，一个否定形式的完成时态的第三人称动词，再加上神的名称。这里，神的两个名称并列的存在暗示着埃尔和雅威不仅仅代表着同一神明，而且，雅威是埃尔的代称或别名。④

《民数记》24：16 进一步加强了这个论点。"得听神的言语，明白至高者的意旨，看见全能者的异象"（"the oracle of one who hears the words of God, who has knowledge from the Most High, who see a vision from the Almighty"）⑤这节经文的希伯来语原文将"神"分别称作"埃尔"、"至高者（Elyon）"和"全能者（Shaddai）"，英文分别译作"God"、"the Most High"和"the Almighty"，中文分别译作"神"、"至高者"和"全能者"。在这节经文中，至高者和全能者也处于类似的平行并列关系。

综合考察《民数记》这几节经文的词句输出，有学者表示，古代以色列的神

（接上页）who sees a vision from the Almighty, who falls prostrate, and whose eyes are opened"）参见：《民数记》24：16。

①　同上。

②　Meindert Dijkstra, *Yahwe-El Or El Yahweh* ; Dort Ziehen Schiffe Dahin . . . Frankfurt am Main: Peter Land, 1996, p.47.

③　《民数记》23：8。

④　Meindert Dijkstra, *Yahwe-El Or El Yahweh* ; Dort Ziehen Schiffe Dahin . . . Frankfurt am Main: Peter Land, 1996, p.47.

⑤　《民数记》24：16。

被称作"埃尔-雅威"或"雅威-埃尔"。① 同时,埃尔的别名至高者,再次暗示了多个神明的存在。之所以能够被称为至高神,就说明在其之下有级别更低的神。结合前文所述的考古发现,我们甚至可以合理地推测,早期的古代以色列人也同他们的近东邻居一样,拥有众神殿。在古代以色列的崇拜体系当中,雅威是高居所有神明之上的至高神。按照出埃及叙事的表达,他是带领古代以色列人出埃及的神明,高于任何其他神明。因此,巴兰必须谨遵其意旨,一字一句谨慎传达雅威的言语,②一举一动严格遵循雅威的命令。③ 同样的,每个信奉不同守护神的民族也都将面对雅威的审判,所有的民族和神明也都必须臣服于他。④

第三节　结论

我们清楚地看到,上述《希伯来圣经》所提供的这些经文,明示抑或暗示了多为神祇的存在。早期古代以色列宗教,在兴起之初,一方面蕴含着对迦南多神传统的延续,另一方面也包含着对迦南宗教传统的变革;即便是后期持续演进的古代以色列宗教,至多也只是在多神崇拜背景中向单神崇拜做出的挣扎与努力,远非典型的单一主神崇拜,更非后来犹太教所奉行的一神崇拜。

一种普遍观察到的现象是,《希伯来圣经》文本的文士们曾多次试图清除文本中的多神崇拜残余,以使圣经文本与迦南传统分离。⑤ 因此,《摩西五经》的文本被赋予了强烈的一神论倾向。《申命记》明确宣告雅威是以色列唯一的神("以色列啊! 你要听:耶和华我们神是独一的主。"⑥),并细致教导以色列人摒弃外邦之神:"耶和华你神将你要去赶出的国民从你面前剪除,你得了他们的地居住,那时就要谨慎,不可在他们除灭之后,随从他们的恶俗,陷入网

---

① Meindert Dijkstra, *Yahwe-El Or El Yahweh*; Dort Ziehen Schiffe Dahin … Frankfurt am Main: Peter Land, 1996, pp. 47 – 48.

② "他(巴兰)回答说:'耶和华传给我的话,我能不谨慎传说吗?'"参见:《民数记》23:12。

③ "巴兰回答巴勒说:'我岂不是告诉你说:凡耶和华所说的,我必须遵行吗?'"参见:《民数记》23:26。

④ 《民数记》24:17—24。

⑤ Christopher A. Rollston, "The Rise of Monotheism in Ancient Israel: Biblical and Epigtaphic Evidence", *Stone-Campbell Journal*, 2003, 6:105.

⑥ 《申命记》6:4。

罗,也不可访问他们的神,说:'这些国民怎样侍奉他们的神,我也要照样行。'你不可向耶和华你的神这样行。"①

然而,无论如何粉饰,《摩西五经》中亦不乏字里行间反映出多神论背景的语句。例如,对埃尔②的崇拜本身似乎就是多神论的。"埃尔"的代称"至高者"(Elyon)暗示了众神的存在,因为 Elyon 是"至高神"③。该代称也可能意味着该神与其他所有民族的神相比是最伟大的。正如有学者指出,埃尔的代称描绘了"圣经的一神论这一核心信息与其语言传达方式之间的惊人矛盾"④。我们完全可以大胆猜测,尽管《希伯来圣经》文本的文士们为了秉承神学宗旨的正确性,极力清除文本中的多神论残余,对经文的书写与修改进行了目的明确且细致入微的尝试,但仍未能避免文本体现出当时的多神崇拜背景,也没能完全消除当时古代以色列人勉强触及单神崇拜的宗教观念与行为。借用马克·史密斯的表达:"整本圣经根本没有教导只有一个神的存在。"⑤

有学者明确指出,在经历了巴比伦流亡之后,以色列才形成了独一神论。⑥ 古代以色列人为了避免融合信仰奋斗了数个世纪。但直到他们经历了流亡放逐后,全面的一神论才得以实现。在流放巴比伦之前,古代以色列人崇

---

① 《申命记》12:29—31。

② "埃尔"也被译作"伊勒"。大部分学术研究得出的论断是,雅威是《希伯来圣经》编辑者们额外加入族长叙事(Patriarchal narratives)的内容,宣称彼时雅威崇拜者在族长叙事中重新插入雅威,以表明古代以色列从最一开始就是一种崇拜雅威的宗教。Cross 认为,雅威最初是埃尔的别称,参见:Frank M. Cross, "Yahweh and the God of the Patriarchs", *Harvard Theological Review*, 1962,55:256。Djikstra 认为,雅威是埃尔早期闪族形式的以色列诠释,族长崇拜之神的名字是雅威-埃尔,参见:Meindert Dijkstra, *Yahwe-El Or El Yahweh* ; Dort Ziehen Schiffe Dahin … Frankfurt am Main: Peter Land, 1996,p.43。Day 认为,雅威信仰者将埃尔崇拜融入了对雅威的崇拜之中,参见:John Day, "Yahweh and the Gods and Goddesses of Canaan", *Journal for the Study of the Old Testment Supplement*, 2000,265:17。

③ 例如,《创世记》14:19—20 的希伯来语经文中出现了"El Elyon",被称为"至高神"("God Most High")。参见:《创世记》14:19—20。

④ Dmitri M. Slivniak, "Our God(s) is One: Biblical LHYM and the Indeterminacy of Meaning", *Scandinavian Journal of the Old Testament*, 2005,19:4.

⑤ Mark S. Smith, *The Origins of Biblical Monotheism: Israel's Polytheistic Background and the Ugaritic Texts*, p.150.

⑥ Meindert Dijkstra, *"El, the God of Israel-Israel, the People of YHWH": On the Origins of Ancient Israelite Yahwism* ; Bob Becking, Meindert Dijkstra, Marjo C. A. Korpel, Karel J. H. Vriezen, *Only One God? Monotheism in Ancient Israel and the Veneration of the Goddess Ashera*, New York: Sheffield Academic Press, 2001, p.81.

拜雅威，但也崇拜巴力①等其他神灵。"以利亚对众民说：'作耶和华先知的只剩下我一个人；巴力的先知却有四百五十个人。'"②"他们将所得的牛犊预备好了。从早晨到午间，求告巴力的名说：'巴力啊，求你应允我们！'"③古代以色列人违反了在西奈山上与雅威所建立的约④，崇拜了除雅威之外的其他神灵。随着国家的恢复，以色列人认罪⑤，他们发誓要完全遵守雅威所有的诫命和律例，包括禁止崇拜其他神灵的规定。通过全心全意信仰雅威并谨守他立的约，以色列人就不会冒违背雅威的风险，因此，也不会再次被流放。至此，以色列成为了独一神的崇拜者和信仰者。换句话说，巴比伦流放之前，单一主神崇拜甚至一神崇拜或许在古代以色列受到鼓励，但根本未严格实行；巴比伦流放之后，一神论在古代以色列牢牢扎根，这个族群从此不再崇拜其他神明。

巴比伦流放之前，以色列的信仰是一种融合崇拜。雅威是以色列的主神，或者至少，雅威是以色列民族中最受欢迎的神祇，这一点得到了前文所述证据的支持：铁器时代绝大多数以色列人的个人姓名都采用了雅威的神名元素。然而，正如铁器时代早期以色列人定居点所在地的考古遗址所揭示的那样，在当时的以色列，其他神祇仍被尊崇，公牛遗址出土的代表迦南埃尔神的青铜公牛小雕像就是这一结论的有力论证。既然古代以色列人崇拜雅威之外的其他神祇，那么他们就不可能是单一主神论者，更与一神论者沾不上边。至多或许有极少数人的确类似单神甚至单一主神崇拜者⑥，但早期古代以色列的大多数人，信仰和实践的是一种融合型的宗教，这种宗教融合了对迦南传统的延续与变革。

宽泛意义上讲，早期的古代以色列人，尤其是祖先和族长们，可能是模糊意义上的单神崇拜者，而非典型的单一主神崇拜者，更谈不上是严格的一神崇拜者。在他们的单神崇拜系统中，雅威/埃尔是最高的神，应当被凌驾于其他所有神祇之上。古代以色列的祖先和族长们承认其他神祇的存在，但并不将任何其他神明与雅威/埃尔同日而语。正如上文所述，早期的古代以色列宗

① "巴力"也被译作"巴尔"。
② 《列王纪上》18：22。
③ 《列王纪上》18：26。
④ 《出埃及记》20：3—6。
⑤ 《尼希米记》第9—10章。
⑥ "但我在以色列人中为自己留下七千人，是未曾向巴力屈膝的，未曾与巴力亲嘴的。"《列王纪上》19：18。

教,一方面是对迦南传统的延续,因而不可避免地容纳了雅威之外的其他神祇;另一方面又是对迦南传统的变革,他们似乎极力想要把新引进的雅威置于至上的地位。在这种情况下,我们能够观察到早期古代以色列人在宗教信仰和实践方面的挣扎,他们彷徨于迦南多神传统和以色列新兴宗教之间,徘徊于其他神祇和神明雅威之间。

通过上文的分析与论述,我们将早期古代以色列宗教的显著特征总结如下。正如古代近东地区的其他宗教一样,新兴的古代以色列人在其早期存在的历史中,承认甚至崇拜其他神。这样一来,早期古代以色列人的宗教体系当中,与他们的邻居一样,恐怕都存在着一个众神体系。只不过,在早期古代以色列人那里,他们新引进的雅威神成为了最受欢迎的神祇,并具有最具压倒性的地位。在这种情况下,早期古代以色列宗教①中最多也只是偏爱崇拜一个神(雅威)而不否认其他神的存在。甚至,更有可能的情况是,虽然引进了雅威,但是这个新兴宗教恐怕并未能避免同时供奉多个神明。毕竟,初具雏形的早期古代以色列宗教,几乎不可避免地兼容混合着对迦南传统的延续与变革。于是,我们看到,新兴的古代以色列人可能已经开始尝试向单神崇拜的转变与发展②,但在当时多神崇拜大行其道的背景之下,这绝非易事,因此我们把古代以色列宗教的演进称为"多神崇拜背景下的单神崇拜挣扎"。

接下来,本研究将尝试探讨古代以色列民族和宗教的诸多推动因素,亦即探究古代以色列民族和宗教形成的各方面推动力。

---

① "早期古代以色列宗教"的宗教现状一直持续到王国时期,甚至直至流放时期。

② 至于古代以色列人究竟何时将雅威作为他们的至高神和民族神,进而实现古代以色列人与雅威的紧密相连,并与其建立契约关系,这并非本书研究课题,因此在这里我们并未展开探讨。当然,这是一个非常有趣、非常重要、非常繁杂也非常庞大的研究主题。此外,前文也已简略提及,单一主神论和一神论的宗教观念与崇拜实践,最早也只是在古代以色列宗教的发展后期才出现。

第六章　古代以色列民族和
宗教的形成推动力探究

　　民族生成过程，即民族的起源，必定是错综复杂的，因此很难追溯。我们几乎不可能简单地断言一个民族是否存在，明确其成员是否意识到他们共有的身份，明晰其物质文化是否是排他性的还是与其他群体相互共享的。我们能做的，也是需要做的，即历史地了解各方面导致民族群体出现的因素和过程，并确定它们在时间和空间中的坐标及其特征。"过于仓促的认定与过于仓促的否认同样不可接受。"①

　　此外，尽管无论是依据现存的考古学数据，还是依托《希伯来圣经》这样的文献记载，我们都无法斩钉截铁地得出有关古代以色列宗教的绝对定义，也做不到对古代以色列宗教细致入微的描绘，更不足以实现对古代以色列宗教面面俱到的勾勒。但是，借助现有考古发现和文献资料，对这样一个古老的民族及其宗教，我们也足以略见一斑。

　　在青铜时代晚期的迦南地区，古代以色列民族逐渐兴起，这个新兴族群所信仰和实践的宗教也随之而来。通过前文对贝特谢安第七层神殿遗址和米吉多 2048 号神殿遗址出土的考古发现的分类整理和深入分析，我们清晰地观察到，在古代以色列民族兴起的青铜时代晚期，迦南地区存在着普遍且典型的宗教崇拜融合现象。古代以色列宗教，正是兴起于宗教崇拜融合现象广泛存在的多神信仰背景之中。借助《希伯来圣经》的叙事和记述，我们也清楚地感知到，古代以色列民族在其宗教观念和行为上的纠结与挣扎。那么，这个尚未成

---

　　① Mario Liverani, *Israel's History and the History of Israel* (London: Equinox Publishing, 2005), p. 58.

熟的古老新群体和他们尚待发展的古老新宗教,缘何会在这个历史时期和这片地理空间初具雏形?

第一节　自然生态环境的铸造

古代民族和宗教的发展与自然生态环境之间存在着极大的相关性。从费尔巴哈(Ludwig Andreas Feuerbach)到弗雷泽(James George Frazer),有很多学者引用自然现象作为宗教符号、仪式和神话的灵感。[①] 正是在一个群体所居住的地理和气候等生态环境中,我们可以找到塑造这个民族生活方式的物理限制;也是在一个群体所居住的特定自然生存条件中,我们可以追溯到他们宗教观念和行为的来源。

一、 早期古代以色列:农业边缘地区

正如前文所述,古代以色列民族最早的定居点坐落于迦南中央高地(中央山地)。而古代迦南[②]这片并称不上广袤的地理区域,却孕育着丰富的生态多样性,中央高地(中央山地),与迦南其他区域有着诸多的自然环境差异。为了能够更好地理解古代以色列民族及其宗教的兴起,我们首先需要更全面地了解包括其兴起之地在内的迦南地区地势地貌(图 6-1)。

古代迦南的沿海平原(the coastal plain),狭长地坐落于地中海东岸,包括海岸及向内陆延伸的沙丘,自西向东平均跨越大约二十公里,南北延伸大致三百公里,南起北纬 31 度(Tel el-Ajjul),北至北纬 33 度(Tyre)。[③] 沿海平原仅南部是相对开阔的低谷,被肥沃的冲积土所覆盖;沿海平原的其他部分则是沙质平原。尤其是地中海沿岸的北部,被坚硬的石灰质砂岩所覆盖,这些钙质砂岩形成了山脊与小型的内陆沼泽。海法(Haifa)[④]港口所在的地中海沿岸区域甚至几乎没有平原,山脊直接毗邻大海。沿海平原横贯着诸多常年干旱的低谷,还有季节性干旱的河床。古代迦南地区的海岸线在雅法(Jaffa)、多尔

[①]　Ake Hultkrantz, "An Ecological Approach to Religion", *Ethnos*, 1966, 31, no. 1-4:132-133.

[②]　古代迦南地区的地理位置参见本书第一章。

[③]　Jonathan M. Golden, *Ancient Canaan and Israel: New Perspectives*, p.18.

[④]　以色列北部沿海城市。

(Dor)和阿特里特(Atlit)等处形成了天然的小海湾。

沿海平原东部的山麓小丘就是我们俗称的高原地区(the Shephelah),该区域是介于沿海平原与朱迪亚山区之间的一片狭长条状的丘陵地带,因此也是一片过渡地带。靠近沿海平原的一端海拔不足一百米,向东临近朱迪亚山区的一端海拔逐渐升高至四百多米。[①] 高原地区南部的冲积沉淀物主要由砾石组成;横切高原地区的山谷则拥有肥沃的灰色或浅灰白色的地中海黑色石灰土。

中央高地(the central highland)也就是我们通常所说的中央山地(the central hill country),是从耶路撒冷(Jerusalem)南端向北延伸至加利利的一系列山脉。这片土地正是最早的被认为是古代以色列民族定居点所出现的区域。几个重要的山谷,例如,我们选取的案例分析遗址贝特谢安和耶斯列山谷,横跨中央高地,上千年来作为东西方向的通道,连接着迦南内陆地区与沿海地区。

中央高地的东部,是骤起的陡峭的朱迪亚山区(the Judean Mountains),海拔高达一千米左右。[②] 毗邻中央高地东侧的一片半干旱区域是朱迪亚沙漠(the Judean Desert)。著名的加利利(the Galilee)位于约旦河谷北部,占据着加利利湖(the Sea of Galilee/Lake Kinneret/Lake Tiberius)周边的区域。包括朱迪亚山区和加利利的高地区域,基岩是石灰岩,表层覆盖着富含硅和铁的红土。[③] 整个加利利湖周围一圈被加利利谷(the Kineeret Valley)所围绕。其中,呼拉谷(the Huleh Valley)是一片充满沼泽的小湖区,在今日的以色列也是旅游胜地。加利利包括上加利利(the Upper Galilee)和下加利利(the Lower Galilee)。在地势地貌方面,前者多是陡峭的山峰与深邃的河道,后者则多是平缓的小山丘与宽阔的河谷。相对潮湿的区域则一般由崩积土覆盖。[④]

古代迦南地区的最北部就是众所周知的一片山区戈兰高地(the Golan Heights)。这片区域深受火山影响,坚硬的玄武岩构成的基岩上覆盖着地中海棕色土壤。由于不同地点天气情况的区别,露出地面的玄武岩的尺寸及其质地各不相同。古时,玄武岩不仅被用于建造房屋和其他建筑结构,也作为材料被用于制造工具和艺术品。北部较为平缓的区域和平原地区则多现大片被

---

① Jonathan M. Golden, *Ancient Canaan and Israel: New Perspectives*, p.18.
② Ibid., p.19.
③ Ibid.
④ Ibid.

称为哈姆拉土的肥沃的深红色壤土。①

约旦河谷(the Jordan Valley),亦即约旦大裂谷(the Jordan Rift Valley),是更广阔的东非大裂谷的一部分,这一带相对平缓的平原,南达红海,北至加利利,东部毗邻朱迪亚山区,西部紧挨外约旦山区(Transjordanian Mountains)。在靠近加利利南端的地区,约旦河谷向西面拓宽。约旦河谷的中心区域同时也是其地势最低处,坐落着地球表面最低点——死海(the Dead Sea)。这一地表凹陷以其盐矿著名,并以其矿泉出产的诸多其他自然资源而闻名世界。

内盖夫沙漠(the Negev Desert)的地质地貌自北向南差异巨大。该沙漠北部(the Northern Negev)是宽广的平原与谷地,拥有包含淤泥和黏土的厚重黄土沉积;沙漠南部(the Southern Negev)是崎岖而陡峭的地形,没有可利用的耕地,但却富含矿物质资源,例如铜矿。②

不难看出,在古代迦南的所有区域当中,古代以色列民族兴起于可谓最贫瘠的一片土地——迦南中央高地(中央山地)。区别于迦南其他区域,这片土地既没有可被用作耕地的肥沃土壤,也没有可被开发为矿产的矿物质资源。另外,尽管中央高地(中央山地)东部的朱迪亚山区降水相对丰富,但除此之外的迦南绝大部分地区处于雨量非常少的半干旱气候。古代时期,橡树、开心果树和角豆树③覆盖了迦南高地。④ 迦南的野生动物包括山羊、绵羊、牛、马科动物和刺猬,而且这些物种主要分布在北部地区。⑤

这样的地理和气候条件限制给迦南中央高地(中央山地)带来了两个具体的生态问题,即可利用耕地的缺乏和水源供应的匮乏。据此,我们判断,古代以色列民族兴起所在地妥妥地属于农业边缘地区。而这片农业边缘地区的地势地貌、降水等气候因素、植被覆盖和动物物种等自然生态构成,都深刻影响

---

① Jonathan M. Golden, *Ancient Canaan and Israel: New Perspectives*, p.19.

② Ibid., pp.19 - 20.

③ 角豆树生长于地中海贫瘠干旱的土壤中,具有较强抗旱、抗盐碱性。

④ Liphschitz, Nili, Ram Gopha, and Simcha Lev-Yadun, Pierre de Miroschedji, *Man's Impact on the Vegetational Landscape of Israel in the Early Bronze Age II-III*; Ruth Amiran, Ram Gophna, *L'urbanisation de la Palestine a l'age du Bronze Ancien*, Bilan et perspectives des recherches actuelles, Actes du colloque d'Emmaus (Oxford: British Archaeological Reports, 1989), pp. 263 - 268.

⑤ Jonathan M. Golden, *Ancient Canaan and Israel: New Perspectives*, p.22.

着来到并居住在这片土地的人们的生存和生活,塑造着该地区定居者的文化
与历史,甚至是成就其文化与历史重要性的关键因素之一。

自然生态环境影响了迁徙至迦南山区的新移民利用土地的方式。为了适
应山区生活,古代以色列民族,作为一个刚刚形成的族群,不得不采取和及时
调整应对策略。他们新定居的迦南中央高地称不上沃土,是一片荒芜的农业
边缘地区。在没有肥沃耕地的山地条件下,无法依赖农业,这就迫使定居于此
的大部分居民只能以放牧为主导,以从事畜牧业为生。加之正如上文所述,迁
徙到迦南山区的新移民群体中,恐怕本来就包含游牧民族。于是,我们看到,
古代以色列人的早期历史被圣经学者描述如下:"根据他们自己的传统,以色
列人最初作为游牧的绵羊和山羊牧民进入叙利亚-巴勒斯坦,生活在由血缘关
系和对他们的神的共同效忠所团结起来的自治家庭群体中。他们后来定居在
农业社区和具有防御工事的城市,主要位于巴勒斯坦的中央山区和约旦河谷,
远离由非利士人和迦南城市控制的贸易路线。"①

二、　早期古代以色列民族:移动型社会

如上文所述,农业边缘地区的自然生态环境,为以放牧为主导的社会经济
构建提供了可能。以从事放牧、畜牧为生,是早期的古代以色列人面对迦南山
区恶劣农业条件的不得已出路,也是他们面对山地特定气候、地理条件所做出
的务实选择。无论是放牧,还是游牧,抑或是半游牧,"通常被理解为以定期
(例如季节性)迁徙管理家畜为主导和基础的一种社会经济策略"②。不难想
象,在农业边缘的生存条件下,无法从事农业活动,而为了应对管理家畜的需
求,正在形成阶段的古代以色列人大概率拥有一种移动性较强的生活方式,甚
至发展出一种以移动放牧为主导的移动型社会。

尽管除了自然生态环境,可能还有其他因素会影响移动型社会的建构,但
是,人们选择发展移动性而非定居性的社会组织模式,促成这一选择的起因与
动机之一,或许也是决定性因素之一,必然是自然生态环境的束缚与驯化。
"无论其他重要的动机对他们的社会和经济实践产生何种影响,牧民都会密切

---

① Glenn Stanfield Holland, *Gods in the Desert: Religions of the Ancient Near East* (Lanhan, Maryland: Rowman & Littlefield Publishers, 2009), p.195.

② Michael D. Frachetti, *Pastoralist Landscapes and Social Interaction in Bronze Age Eurasia* (Berkeley: University of California Press, 2009), p.15.

监测季节性降雨、牧场和水资源等环境条件,并调整他们的移动、定居和社交时间安排,以适应环境条件变化的节奏。"①也就是说,社会和经济实践是对自然生态环境的规训响应,对移动的游牧生活方式的选择,是一种应对自然生态环境的战略回应。

经过上文论述,我们得出了如下结论:古代以色列人在成为历史上被认可的定居民族之前,生活在以移动畜牧为特征的社会中。而后来时期才成书的《希伯来圣经》,也为探寻早期古代以色列民族的移动式生活提供了线索,因其叙事中包含了诸多清晰展现游牧生活意象的比喻。有学者详述:"例如,死亡是被割断的帐篷绳索,或者是被拔出的桩子,或者是被带走的帐篷本身。荒凉则以断裂的绳索和倒塌的帐篷来表示,而安全却是有紧绷的绳索和坚固的桩子的帐篷。一个人数不断增加的国家就像是一座不断扩展的帐篷。最后,圣经中有无数对牧人生活的暗指,上帝或他的弥赛亚经常被描绘为好牧人。"②宗教经典中对移动的牧民生活所进行的习惯用语式的表达,透露出采取这种表达的作者和接受这种表达的受众,对游牧社会的生活方式有相关经历和体验;或者至少,其作者和受众对移动的游牧生活有一定的了解和熟悉度,并能够借助和依赖这一了解和熟悉度,实现对经文叙事表达的传达、理解和把握。

并且,语言表达具有文化相对性,为了理解特定的语言表达方式,人们必须熟悉语言所在的社会背景,并参考和结合这一社会背景理解语言表达方式的所指为何。《希伯来圣经》中频繁出现的与游牧生活有关的意象描绘和象征主义,恐怕并非仅仅是诗意创造或异想天开的发明。此外,语言表达方式在揭示历史方面具有毋庸置疑的引导作用:"语言比习俗更为保守,希伯来语保留了几个早已远去的(半游牧)生活方式的痕迹。例如,在征服之后的几代人中,房屋被称为'帐篷',不仅仅在诗歌中(频繁出现),而且在日常言谈中也是如此。解散的士兵回到'各自的帐篷',同样,为了表达'清晨离开',经常使用一个动词,意思是'装载牲畜负重',游牧民族使用这个词来表示'黎明时分撤营'。"③

据此,虽然我们并不能得出古代以色列民族必然全部都是牧民的结论,但

---

① Michael D. Frachetti, *Pastoralist Landscapes and Social Interaction in Bronze Age Eurasia*, p.73.

② Roland de Vaux, *Ancient Israel*, Vol.1, New York: McGraw-Hill Co., 1965, p.13.

③ Ibid.

由于成书经文的叙述建基于一系列口传传统基础之上①,那么,我们至少可以合理地假设,代代相传延续下来的记忆传承,即便难免失真,但也未尝不能从一定程度上展现传承源头的样貌。进而我们可以谨慎地推测,古代以色列民族,在其兴起的早期阶段,其生活场景并不会离游牧形式太远;古代以色列社会,在其早期历史进程中,以某种移动的放牧生活方式存在,因此我们得出推论:早期古代以色列民族拥有移动型的社会组织模式。

三、 早期古代以色列宗教:缺乏神殿建筑

如果社会和经济实践是对自然生态环境的务实响应,那么,社会领域其他方面的发展,也同样可能受到特定自然生态背景的影响。一个合理的假设即,我们无法否认,社会中的文化和宗教毋庸置疑也会受到其所处自然生态环境的塑造。人类学家赫尔特克兰茨(Ake Hultkrantz)在他的文章《一种生态学的宗教方法》中解释道,他"通过自己的实地研究确信自然(环境)条件对宗教发展的基本重要性"。② 据此,我们推断,古代以色列宗教,就像古代以色列民族的起源与发展一样,是对特定自然生态环境条件的务实回应。引用人类学家弗拉凯蒂(Michael D. Frachetti)的表述,这一回应"并不是环境决定论,而是环境实用主义"。③

值得指出的另一个更加谨慎的推论是,既然生存于农业边缘地区的现实境况使古代以色列民族发展出逐水草而居的游牧生活和移动型社会,那么,由自然生态环境所造就的生活方式以及形成的社会组织模式,必然也在诸多方面影响和塑造着古代以色列人的宗教信仰和行为模式。接下来,我们将看到,正是受制于迦南山区的自然生态环境,古代以色列人的宗教生活实践缺乏典型的宗教崇拜场所,具体说来,即缺乏神殿建筑。

神殿(temple)④,简单地讲,即专门用于崇拜神明的人造建筑物。具体说

① David M. Carr, *The Formation of the Hebrew Bible: A New Reconstruction* (New York: Oxford University Press, 2011), pp. 34 – 35.

② Ake Hultkrantz, "An Ecological Approach to Religion", *Ethnos*, 1966, 31, no. 1 – 4:133.

③ Michael D. Frachetti, *Pastoralist Landscapes and Social Interaction in Bronze Age Eurasia*, p. 22.

④ 在不同的宗教传统中,"temple"的建筑风格和功能等都有所区别,因此也被译为不同的名称,例如:"寺庙"、"寺院"、"教堂"、"礼拜堂"、"神庙"、"神殿"、"圣殿"和"会堂"等。本书提到古代以色列人的"temple"时,译作"神殿",为的是和后来的犹太教"圣殿"和"会堂"加以区分;提到古代埃及人的"temple"时,译作"神庙",一方面沿用习惯表达,另一方面也与古代以色列人的"神殿"加以区分。

来，神殿可以被定义为"一个包括神殿建筑和紧邻其周围区域的综合体"①，正如上文所述的贝特谢安神殿。这个综合体是神明的居所，"每日的崇拜和祭祀仪式在此举行"②。其中的神殿建筑可能是开放式的，也可能是闭合式的，"主要特点是一个大型的中央房间，设有祭坛，用于祭祀，可能在该神殿中所崇拜的主神之外，还包括其他神祇的神龛"③。

神庙（temple）④是古代埃及各阶层的重要宗教场所，古埃及人前往那里祈祷，献上供品，寻求驻留在神庙中的神灵的指引。神庙从史前晚期⑤埃及的小型神龛逐渐发展成为新王国时期⑥及之后的大型石质建筑。这些神庙是古埃及最宏伟、最持久的建筑。随着新王国时期强大权力和巨额财富的积累，埃及将越来越多的资源投入到神庙建设中，使得神庙愈发庞大和精美。⑦ 更高级的祭司成为永久职位，他们掌控着埃及财富的很大一部分。一代又一代的埃及法老们继续向神庙贡献更多的资源，尤其是古埃及历史上最多产的建筑建造者拉美西斯二世⑧，其神庙遍布上下埃及（Upper and Lower Egypt）⑨，以及埃及控制的利比亚沙漠绿洲，甚至埃及在西奈半岛的哨所，例如提默纳。在统治努比亚（Nubia）时期，埃及统治者还在那里修建了神庙。⑩ 大多数埃及城镇都拥有一座神庙。⑪ 也就是说，在古代埃及，建造神庙并不是偶尔出现或以适度的方式进行的，而是一个普遍存在的社会现象。

反之，我们看到，古代以色列人缺乏建造神殿或神庙的文化习俗。考古学

---

① Glenn Stanfield Holland, *Gods in the Desert: Religions of the Ancient Near East* (Lanhan, Maryland: Rowman and Littlefield Publishers, 2009), p.78.

② Ibid., p.171.

③ Ibid., p.258.

④ 本书提到古代以色列人的"temple"时，译作"神殿"，为的是和后来的犹太教"圣殿"和"会堂"加以区分；提到古代埃及人的"temple"时，译作"神庙"，一方面沿用习惯表达，另一方面也与古代以色列人的"神殿"加以区分。

⑤ 大约公元前四千年末期。

⑥ 大约公元前 1550 年至公元前 1070 年。

⑦ Richard H. Wilkinson, *The Complete Temples of Ancient Egypt* (New York: Thames and Hudson, 2000), pp.24-25.

⑧ Ibid., pp.24-25.法老拉美西斯二世（Ramesses II）大约于公元前 1279 年至公元前 1213 年在位。

⑨ 上埃及（Upper Egypt）指埃及南部地区；下埃及（Lower Egypt）指埃及最北部地区，包括尼罗河三角洲（Nile Delta）。

⑩ Richard H. Wilkinson, *The Complete Temples of Ancient Egypt*, pp.233-234.

⑪ Ibid., p.16.

家在描述古代以色列人的宗教情况时明确表示:"有关士师时期①以色列宗教实践的考古证据非常贫乏。"②甚至,即使是众所周知的所罗门圣殿,也仅出现在"古代文学来源中,主要是《圣经》中的各种段落"③。一言以蔽之,就考古记录所涉及的遗址而言,古代以色列神殿建筑的证据十分有限,甚至与古代以色列宗教文化有微弱联系的建筑遗址也是少之又少。

在示罗④,神龛帐幕可能立在中心的遗址已经被侵蚀和被拜占庭建筑活动彻底摧毁了。该遗址可能为居住在附近的游牧民族部落服务,因为在这片山丘上没有发现实际的定居点。⑤ 在《希伯来圣经》中,据说在示罗有一个圣所或神龛。⑥ 需要格外指出的是,这个遗址在青铜时代晚期就存在宗教场所的证据,表明示罗在铁器时代之前就已经是一个神圣之地,或许正是这一传统导致了古代以色列人在士师时期(铁器时代早期)将其选为他们的宗教中心。这进一步为本文的中心论点之一,即出现在铁器时代早期的古代以色列宗教是青铜时代晚期宗教传统的延续,提供了考古证据。

在示剑⑦以北的以巴路山⑧上,有一个模棱两可并具有争议的发现。根据《希伯来圣经》的记载,这座山是约书亚建造祭坛的地方。⑨ 对整座山进行了仔细勘测后,只发现了一个铁器时代的遗址。该遗址挖掘出土的物质文化遗存与中央山区其他铁器时代早期的定居点发现类似。然而,一个直径为 2 米的圆形设施被建造在遗址中央,设施最高点上发现了动物骨骼,这些骨骼包括在宗教仪式中被认为是洁净的年轻雄性动物的骨骼,因此,挖掘者认为,这个设施可能被用于祭祀等宗教目的,并进一步得出结论,认为这就是以巴路山上

---

①　士师时期是以色列历史叙述的说法,大约相当于铁器时代早期(The Early Iron Age/the Iron Age I)的两百年时间,亦即公元前 1200 年至公元前 1000 年。

②　Amihai Mazar, *Archaeology of the Land of the Bible: 10,000 − 586 B.C.E.*, pp.290, 348.

③　G. R. H. Wright, *Ancient Building in South Syria and Palestine* (Leiden, The Netherlands: E. J. Brill, 1985), p.254.

④　本书第五章第一节亦有提及。

⑤　Amihai Mazar, *Archaeology of the Land of the Bible: 10,000 − 586 B.C.E.*, pp.290, 348.

⑥　《士师记》21:12;《撒母耳记》1:3。

⑦　"示剑"也被译作"舍根"。

⑧　本书第五章第一节亦有提及。

⑨　《申命记》11:29;《申命记》27:4—8;《约书亚记》8:30—32。

早期的以色列祭坛。① 这一解释引起了学术上的争议,并被批评为是考古学特征和圣经传统之间的天真对号入座,而圣经传统在时间上其实是更晚期形成的。也有学者认为,"圣经传统确实是在更晚期的申命文学框架中传给我们的,但很可能这些文学保留了能够被追溯到定居时期的古老传统。以巴路山的圣洁性的圣经记载可能是这种古老传统之一。"②

在撒马利亚北部山丘的一座高峰上,位于古代以色列定居区的核心地带,发现了一个开放式的崇拜场所③,可能是已知的少数几个《希伯来圣经》中所提到的,建在"各高岗上,各青翠树下"的"筑坛"④。在这座山峰的山顶上,铺设了一圈大型石块,直径约 20 米;石块围成的圆圈中央空缺处可能留给了一棵神圣的树。在这个圆圈的东侧,发现了一块大石头,立在其狭长的一侧。由于这块石头位于铺设区前面,石头上面还放置着一些祭品,因此,它似乎是用来当作"立石"⑤的祭坛。⑥

上述三处考古发现,构成了铁器时代早期古代以色列宗教遗址的全部证据。很明显,在建造神殿方面,古代以色列人绝对称不上是多产的。考古记录直白地展现了古代以色列神殿的稀有性。甚至,考古发现过程中仅有的被推断为神龛或祭坛的宗教场所,仍要面临学术界的多方质疑。毕竟,考古挖掘过程中,有一个半开玩笑、带着几分无可奈何却又在一定程度上反映真实情况的不成文规定,即:凡是搞不清楚其功能的物品遗存,都被归为宗教物品;凡是弄不明白其作用的建筑遗存,都被归为宗教建筑。

值得注意也非常有趣的是,迦南中央高地(也就是古代以色列民族和宗教兴起的地区)的宗教有一个耐人寻味且充满争议的特征,即"巴玛"(bamah)⑦

---

① Amihai Mazar, *Archaeology of the Land of the Bible: 10,000 - 586 B. C. E.* , pp. 290, 348 - 350.

② Ibid. , pp. 290, 350.

③ 本书第五章第一节亦有提及。

④ 《列王纪上》14:23。

⑤ "立石"在《希伯来圣经》中也多次出现。例如,在《创世记》28:22 中,雅各许愿说:"我所立为柱子的石头也必作神的殿"("this stone that I have set up as a pillar will be God's house")其他提到"立石"的经文还有:《创世记》28:18;31:13;31:45;35:14;35:20;《出埃及记》24:4;《申命记》16:22;《何西阿书》3:4。

⑥ Amihai Mazar, *Archaeology of the Land of the Bible: 10,000 - 586 B. C. E.* , pp. 290, 350 - 351.

⑦ "巴玛"是希伯来语,复数形式是"巴莫特(bamot)"。

的存在。① 这个词可以理解为"平台",通常被翻译为"高台",在宗教场景中也可以被理解为"筑坛"、"圣坛"或"祭坛"。这个词在《希伯来圣经》中出现了一百多次,但在巴玛/巴莫特到底是什么以及它/它们是如何被使用的问题上,学者们存在分歧。② 最常见的理论是,它们是用于户外祭祀场所的宗教崇拜仪式平台。③

为什么古代以色列宗教没有像古埃及一样发展出本土的神殿建筑文化,但却以巴玛的存在为特征? 在笔者看来,解释这个问题的关键在于古代以色列宗教形成时期的自然生态环境。具体说来,即古代以色列人前来定居的迦南山区是农业边缘地区,这里的自然生态环境因素限制了农业作物生产力,从而阻碍了该地区农业系统的发展。于是,和一同迁徙至此的游牧民族一起,这群新定居于迦南山区的移民,不得不从事畜牧业,过着逐水草而居的需要定期移动的生活。我们可以合理地推断出,铁器时代早期形成的古代以色列是一个移动型社会。正如同时期古代埃及发达的神庙建筑传统,一定与埃及的定居型社会发展息息相关;古代以色列缺乏神殿建筑,也必然与其移动型的社会现状密不可分。在迦南定居之后,神殿才出现在以色列的生活中。④《希伯来圣经》的族长叙事也体现出最早的古代以色列社会是移动型的,"神殿对于族长们来说,仍然超出了他们的认知范围,同样如此的还有祭司神职,因为在半游牧社会中,神殿和祭司通常没有地位。"⑤更加明确的表达即,"这就是《创世记》故事和族长的社会背景中缺乏神殿的直接原因:因为族长的社会仍然生活在游牧或半游牧的条件下。"⑥

需要特别指出的是,露天场所缺乏宏伟的建筑遗址,并不意味着当时没有大量人群进行宗教崇拜活动。⑦ 如上文所述,铁器时代早期的迦南山区可能

---

① Jonathan M. Golden, *Ancient Canaan and Israel: New Perspectives*, p.187.

② Beth A. Nakhai, "What's a Bamah? How Sacred Space Functioned in Ancient Israel", *Biblical Archaeology Review*, 1994, 20:18 - 19.

③ Jonathan M. Golden, *Ancient Canaan and Israel: New Perspectives*, p.187.

④ Menahem Haran, *Temples and Temple-Service in Ancient Israel: An Inquiry into the Character of Cult Phenomena and the Historical Setting of the Priestly School* (Oxford: Clarendon Press, 1978), pp.17 - 18.

⑤ Menahem Haran, *Temples and Temple-Service in Ancient Israel: An Inquiry into the Character of Cult Phenomena and the Historical Setting of the Priestly School*, p.17.

⑥ Ibid., p.7.

⑦ Jonathan M. Golden, *Ancient Canaan and Israel: New Perspectives*, p.188.

有一个庞大的游牧、半游牧人口群体,像公牛遗址这样的户外小型神龛周围的广阔开放空间可以容纳众多敬拜祭拜者,为大规模宗教崇拜集会创造了条件。甚至,铁器时代晚期出现的集中崇拜地点神殿建筑的建造,也并不排除人们继续进行户外露天宗教崇拜的可能性,这种宗教实践或许从未完全停止。①

根据前文论述,我们看到,古代以色列形成所在山区的农业边缘生态环境铸造了移动型社会;在这样的社会背景中,发展户外(或非神殿内)的崇拜模式是自然而然的,而这恰恰体现在古代以色列兴起阶段神殿建筑的缺乏。在移动型社会中,可轻便移动的神明居所②和能够被普遍接近的神灵,无疑是最实用并充满吸引力的理想神明居所与理想神灵。至此,自然生态环境对人们生活方式的打造、对社会组织模式的构造、对宗教场所和崇拜实践的塑造,显露无遗。

第二节　地缘政治形势的塑造

地缘政治学(Geopolitics)是指研究地球地理,包括人类和自然,对政治和国际关系的影响的学科。在国际关系层面上,地缘政治学是一种通过地理变量来研究外交政策,进而理解、解释和预测国际政治行为的方法。这些变量包括区域研究、气候、地形、人口统计、自然资源和被评估地区的应用科学。③ 地缘政治学关注与地理空间相关的政治权利,特别是水域领土和陆地领土与外交历史之间的关系。根据相关研究人员的定义,地缘政治学这个术语目前被用来描述一系列广泛的概念,通常被普遍用作"国际政治关系的同义词"④。

我们借用"地缘政治"这个说法,来梳理青铜时代晚期在古代以色列民族和宗教出现之前及其出现之时,迦南地区出现的国际政治形式及其新变化。而对迦南地区产生最直接、最深远影响的,即古埃及帝国在迦南地区的势力蔓

---

① Jonathan M. Golden, *Ancient Canaan and Israel: New Perspectives*, p.188.

② 如前文提到的"巴玛",逐水草而居的迁徙者在新迁居之地,较为容易地就能新筑"高台",作为实施宗教崇拜活动的"筑坛"、"圣坛"或"祭坛"。与固定地点的、建造周期长、建造过程困难且成本高昂的神殿建筑相比,这类"巴玛"可谓移动轻便的神明居所。

③ Richard Devetak, Jim George, Sarah Percy, *An Introduction to International Relations* (Cambridge, United Kingdom: Cambridge University Press, 2017), p.816.

④ Christopher Lloyd Gogwilt, *The Fiction of Geopolitics: Afterimages of Culture, from Wilkie Collins to Alfred Hitchcock* (Cambridge: Stanford University Press, 2000), pp.35–36.

延状况。原因在于,青铜时代的迦南地区,受到古埃及帝国全面且深入的挟制。在埃及政治霸权的掌控下,迦南地区的社会和文化生活都深刻受到了这个强权帝国的影响甚至干涉,在宗教方面的体现,即该时期的迦南出现了普遍且典型的宗教融合现象①;而伴随着埃及政治霸权的衰落与逐渐撤离,给该时期的迦南地区从客观上提供了一段突然出现的政治、文化和宗教真空,这又反过来催化了古代以色列民族的形成,塑造了这个新兴族群的文化和宗教生活。

一、埃及霸权的强势：塑造埃及和迦南的宗教融合

古代迦南地区,也被称为"圣经之地"(the land of the Bible)②,这片狭窄的土地自古以来既是冲突的舞台,又是冲突的对象。迦南是联系古代世界的一个地理纽带,其坐落于地中海东岸,贯通北部及东北方向的叙利亚与美索不达米亚和西南方向的埃及,因此吸引了众多古代近东大国的关注,例如亚述和埃及。同样,海上和陆地贸易往来也使迦南成为一个拥有丰富商品的贸易门户和财富热点。

古代迦南地区的青铜时代晚期,是"繁荣与困苦、屈服与反抗并存的时期。在各种技术、商业和艺术事业方面达到了高峰,与此同时,古代生活的其他方面也经历了衰落。"③两个显著的特点标志着青铜时代晚期的迦南地区:古埃及帝国的统治,这一现实不仅从年代确认和历史基础上为迦南提供了时间框架,还为该地区该时期提供了政治文化框架;④以及迦南在东地中海和古代近东世界体系网络中的经济和文化参与。⑤

古代埃及长久以来都被迦南地区甚至更广阔的黎凡特地区所吸引。历史

---

① 青铜时代晚期迦南地区的宗教融合现象具体描述与分析详见本书第三章和第四章。

② Nava Panitz-Cohen, *The Southern Levant (Cisjordan) during the Late Bronze Age*; Margreet L. Steiner, Ann E. Killebrew, eds., *The Oxford Handbook of the Archaeology of the Levant: c.8000 - 332 B.C.E.*, p.541.

③ Nava Panitz-Cohen, *The Southern Levant (Cisjordan) during the Late Bronze Age*; Margreet L. Steiner, Ann E. Killebrew, eds., *The Oxford Handbook of the Archaeology of the Levant: c.8000 - 332 B.C.E.*, p.541.

④ Shlomo Bunimovitz, Thomas Evan Levy, *On the Edge of Empires-Late Bronze Age (1500 - 1200 B.C.E.)*; Thomas Evan Levy, eds. *The Archaeology of Society in The Holy Land* (London, 1995), p.321.

⑤ Nava Panitz-Cohen, *The Southern Levant (Cisjordan) during the Late Bronze Age*; Margreet L. Steiner, Ann E. Killebrew, eds. *The Oxford Handbook of the Archaeology of the Levant: c.8000 - 332 B.C.E.*, p.541.

上,埃及在黎凡特地区一直颇为活跃,特别是在外交和贸易领域。"正是出于贸易的利益,尼罗河上的巨人成为第一个将触角伸向迦南的大国。"①古代埃及寻求控制这片具有重要战略意义的领土,以获取对其他帝国的挟制权,控制通往黎巴嫩和叙利亚地区的必经之路,并剥削迦南地区的经济资源,通过贸易甚至掠夺而获利。② 毫不夸张地说,埃及愿意以任何必要的手段夺取迦南。从公元前十六世纪中叶(公元前 1550 年)开始的四百年中,也就是整个青铜时代晚期(公元前 1550 年至公元前 1200 年),迦南地区的历史在相当大的程度上与埃及在亚洲的活动有关。③ 迦南的城邦以及当地其他人口群体在该时期绝大部分时间都处于埃及政治霸权的支配和剥削之下。④ 正如玛扎尔的结论:"青铜时代晚期的迦南处在埃及的统治阴影之下。"⑤因此,迦南地区的历史在很大程度上与埃及密切相关并受其支配。

　　青铜时代晚期的初始阶段始于法老阿赫摩斯一世(Ahmose I)⑥统一古埃及。他创立的古埃及第十八王朝,标志着埃及帝国对迦南实施控制的开始(公元前 1550 年)。⑦ 然而,在第十八王朝的早期阶段,持续约八十年,埃及只进行

---

　　①　Warner Keller, trans. William Neil, B. H. Rasmussen, *The Bible as History* (New York: Barnes and Noble Publishing, 1995), p.73.

　　②　Amihai Mazar, *Archaeology of the Land of the Bible: 10,000 - 586 B. C. E.*, pp.290, 236.

　　③　因此,迦南地区青铜时代晚期的内部划分不仅受到当地各方面条件与发展过程的影响,也与古埃及新王国时期第十八王朝和第十九王朝的活动与政策密切相关。然而,关于这一时期的开始和结束存在争议,青铜时代晚期的具体年代细分也存在不同的划分方法。需要特别指出的是,争议的存在是历史过渡时期年代划分的典型特征。本研究使用的划分是基于奥尔布赖特的建议,其划分方法反映了与古埃及历史相关的主要历史发展:青铜时代晚期的第一阶段(the Late Bronze Age IA),即公元前 1550 年至公元前 1470 年,与古埃及第十八王朝早期重合;青铜时代晚期的第二阶段(the Late Bronze Age IB),即公元前 1470 年至公元前 1400 年,是古埃及第十八王朝中期;青铜时代晚期的第三阶段(the Late Bronze Age IIA),即公元前 1400 年至公元前 1300 年,对应古埃及的第十八王朝后期;青铜时代晚期的第四阶段(the Late Bronze Age IIB),即公元前 1300 年至公元前 1200 年,也就是青铜时代晚期的最后一个阶段,与古埃及第十九王朝重合。参见: Amihai Mazar, *Archaeology of the Land of the Bible: 10,000 - 586 B. C. E.*, p.238.

　　④　Amihai Mazar, *Archaeology of the Land of the Bible: 10,000 - 586 B. C. E.*, pp.290, 232.

　　⑤　Ibid., p.232.

　　⑥　阿赫摩斯一世大约于公元前 1550 年至公元前 1525 年统治新王国时期的埃及。

　　⑦　Rivka Gonen, Amnon Ben-Tor, *The Late Bronze Age*; Amnon Ben-Tor, eds., Raga'el Grinberg, trans., *The Archaeology of Ancient Israel* (New Haven and London: Yale University Press, 1992), p.211.

了零星的入侵迦南的行动。① 是第十八王朝伟大的征服者，法老图特摩西斯三世②开始进行一系列的战役。埃及军队在米吉多之战③击败了迦南统治者联盟，并通过这次军事行动成功巩固和扩大了埃及的占领区域，使其无可争议地加强了对整个迦南地区的直接掌控。④ 法老图特摩西斯三世还在迦南建立了一个行政系统，此后，迦南成为一个由小型城邦或行政中心组成的政治组织网络，而这些城邦和行政中心在青铜时代晚期都受制于埃及的主宰。这一行政系统持续存在直至青铜时代晚期结束。⑤ 通过法老图特摩西斯三世的征服，埃及在整个迦南地区强制实施其控制，实现了对迦南的全面统治。⑥

---

① Amihai Mazar, *Archaeology of the Land of the Bible: 10,000 - 586 B. C. E.*, p.232.

② 法老图特摩西斯三世大约于公元前1479年至公元前1425年在位统治新王国时期的埃及。从考古学的角度来看，法老图特摩西斯三世登基后，青铜时代晚期的完整物质文化模式在考古记录中明确出现。参见：Nava Panitz-Cohen, *The Southern Levant (Cisjordan) during the Late Bronze Age*；Margreet L. Steiner, Ann E. Killebrew, eds., *The Oxford Handbook of the Archaeology of the Levant: c. 8000 - 332 B. C. E.*, p.542.

③ 米吉多之战大约发生于公元前1479年。米吉多之战是法老图特摩西斯三世在迦南进行的最具决定性的战役，这场战役在卡纳克（Karnak）的阿蒙（Amun）神庙墙上的浮雕上被描绘出来。该描述是古埃及战役报告中最为详细的，包括了埃及军队击败119个迦南城市的列表。参见：Rivka Gonen, Amnon Ben-Tor, *The Late Bronze Age*；Amnon Ben-Tor, eds., Raga'el Grinberg, trans., *The Archaeology of Ancient Israel*, p.212.

④ Donald B. Redford, *Egypt, Canaan, and Israel in Ancient Times* (Princeton, New Jersey: Princeton University Press, 1992), p.157.

⑤ Rivka Gonen, Amnon Ben-Tor, *The Late Bronze Age*；Amnon Ben-Tor, eds., Raga'el Grinberg, trans., *The Archaeology of Ancient Israel*, p.212.

⑥ 在法老图特摩西斯三世及其继任者法老阿蒙霍特普二世（Amenhotep II）的统治期间，埃及继续在叙利亚北部进行军事行动，特别是针对米坦尼（Mitanni）王国，这使得埃及能够确保对迦南的直接控制。参见：Amihai Mazar, *Archaeology of the Land of the Bible: 10,000 - 586 B. C. E.*, p.232. 接下来的阶段涵盖了第十八王朝后期，包括法老阿蒙霍特普三世和阿玛尔纳时期的统治。主要事件可以概括为米坦尼王国实力的衰落，赫梯王国作为一个重要势力崛起并成为埃及的对手。在迦南以北发生这些戏剧性变化的时代，迦南对埃及保持忠诚。参见：Rivka Gonen, Amnon Ben-Tor, *The Late Bronze Age*；Amnon Ben-Tor, eds., Raga'el Grinberg, trans., *The Archaeology of Ancient Israel*, p.213. 我们对法老阿蒙霍特普四世（也就是著名的阿赫那吞）统治时期的迦南地区状况的了解，得益于在埃及阿玛尔纳遗址发现的皇室文件。这些文件被称为阿玛尔纳信件/文书，包括360多封信件，以阿卡德语楔形文字（当时的国际语言）书写在黏土泥板上。大部分信件来自或发给迦南城邦的统治者，其中许多信件中，迦南城邦的王子们表达了对埃及的忠诚。还有一些信件是与其他帝国的外交信函。阿玛尔纳信件还提到了哈比鲁人（详见本书第一章第二节），这是一群没有永久定居点的人，他们不时袭击迦南城邦领土，根据自己的利益转换效忠对象。参见：Rivka Gonen, Amnon Ben-Tor, *The Late Bronze Age*；Amnon Ben-Tor, eds., Raga'el Grinberg, trans., *The Archaeology of Ancient Israel*, pp.213 - 214. 这些信件等考古发现为我们提供了关于该时期政治、社会和文化情况的广泛信息与洞察力。参见：Amihai Mazar, *Archaeology of the* （转下页）

第十九王朝统治期间,埃及在迦南的存在得到了考古记录的充分证明①,这表现在设立于战略要地的总督驻地和要塞驻防、献给埃及神明的神殿、埃及和埃及式物品、铭文和人形棺材等葬礼习俗的增加。② 回顾本书第三章和第四章对贝特谢安和米吉多的案例研究③,我们可以明显地看到这两个重要古代迦南城市的神殿,均出土了众多埃及小雕像、小塑像、装饰有埃及女神哈索尔的物件、圣甲虫、埃及风格的各式器皿和采用了迦南-埃及融合风格的各类珠宝饰品等。甚至,连神殿建筑本身,尤其是贝特谢安第七层神殿,都展现出埃及建筑风格,并与埃及考古遗址(例如阿玛尔纳和德尔麦迪纳的神庙)平面布局相仿。贝特谢安和米吉多遗址中发现的埃及物品或模仿埃及文化的物品,从很大程度上表明了这两座古城对埃及的忠诚。需要特别指出,虽然这些与埃及相关的物质文化发现并不一定证明了埃及在青铜时代晚期的贝特谢安和米吉多存在,但它们至少印证了埃及在该地区的社会、文化影响力。并且,这一影响力如此之深远,跨文化的联系深入体现到了这两座古城人们生活的方方面面。具体到宗教生活,正是体现在该时期迦南地区普遍且典型存在的宗教融合现象——埃及和迦南的宗教融合。根据上述考古数据的分析研究④,可以合理地推断,这一融合,既是宗教观念的融合,也

(接上页)*Land of the Bible*: 10,000 - 586 *B. C. E.*, pp.233 - 234.阿玛尔纳时期结束后,第十九王朝崛起,面对赫梯帝国不断增长的实力,埃及重新尝试稳定其在迦南的基地,并在迦南地区保持更加严密的控制。这个阶段始于法老塞提一世(Seti I)的军事战役,并由法老拉美西斯二世主导,旨在镇压迦南的叛乱,并对抗赫梯帝国势力,稳定埃及帝国北部边界。参见:Rivka Gonen, Amnon Ben-Tor, *The Late Bronze Age*; Amnon Ben-Tor, eds., Raga'el Grinberg, trans., *The Archaeology of Ancient Israel*, p.214.

　① 埃及在迦南当地手工艺生产中的参与也非常明显,尤其是在陶器制造方面。参见:Nava Panitz-Cohen, *The Southern Levant (Cisjordan) during the Late Bronze Age*; Margreet L. Steiner, Ann E. Killebrew, eds., *The Oxford Handbook of the Archaeology of the Levant: c. 8000 - 332 B. C. E.*, p.548.丰富多样的当地和进口陶器是迦南文化在这一时期发展的重要指标。参见:Amihai Mazar, *Archaeology of the Land of the Bible: 10,000 - 586 B. C. E.*, p.257; Nava Panitz-Cohen, *The Southern Levant (Cisjordan) during the Late Bronze Age*; Margreet L. Steiner, Ann E. Killebrew, eds., *The Oxford Handbook of the Archaeology of the Levant: c. 8000 - 332 B. C. E.*, p.549.

　② Nava Panitz-Cohen, *The Southern Levant (Cisjordan) during the Late Bronze Age*; Margreet L. Steiner, Ann E. Killebrew, eds., *The Oxford Handbook of the Archaeology of the Levant: c.8000 - 332 B. C. E.*, p.548.

　③ 详见本书第三章和第四章。

　④ 详见本书第三章和第四章。

是宗教行为的融合。

至此,我们看到,作为青铜时代晚期的一个主要强权中心,埃及在迦南地区扮演着极具影响力的角色。然而,作为毫无争议的迦南霸主,埃及对迦南地区所实施统治的确切性质和影响却是存在争议的。关于这个问题,学界提出了不同的互动范式。一些学者提出了"直接统治"模型①,认为埃及在迦南有强大的物理存在亦即实体驻守,以驻扎在迦南主要战略地点的要塞驻防和行政中心的形式存在。② 其他学者则提倡"精英效仿"模型③,声称迦南当地的精英和他们的社区适应、采用并改造了埃及文化元素的某些特征,为提供权力的意象,并以此将伟大的埃及文明的一些威望转移给迦南的地方统治者。④ 精英效仿的机制涉及到并表现为当地精英团体引进或模仿外来物质文化。⑤

无论是采纳"直接统治"模型,还是采用"精英效仿"模型,都殊途同归,论证的终点都指向同一个结论:青铜时代晚期的迦南地区,埃及帝国霸权的强势存在和影响塑造了当地的宗教实践,具体说来,即当地普遍且典型的埃及和迦南的宗教融合。根据"直接统治"模型,假设埃及在迦南设置了强大而广泛的军事驻扎与行政中心,那么,埃及的军队与人员必然会与迦南当地的居民产生诸方面的接触、交流和互动,这必然会从多方面对迦南的社会、文化生活造成影响。作为古代社会、文化生活重要组成部分的迦南宗教实践,必然也会受到埃及宗教信仰观念和行为实践的浸染,进而逐步呈现出埃及和迦南的宗教融合。依据"精英效仿"模型,考古发掘中埃及和与埃及相关物品的出土,主要应理解为迦南当地精英为了模仿他们的埃及统治者而获取的物品。如果是这样的话,那么这些迦南统治者必定将埃及文化视为文明和权力的中心。因此,为了增强其自身的地位和权威,迦南当地统治者倾向于适应、采用并改造伟大的埃及文化(当然也包括宗教文化)的特点,从而促成了埃及和迦南的宗教融合。

---

① Mario Martin, Yaniv Agmon, *Egyptian-Type Pottery in the Late Bronze Age Southern Levant*, Vol. 29, Verlag d. Osterr. Akademie d. Wissenschaft, 2011.

② Ibid., p. 259.

③ Carolyn R. Higginbotham, *Egyptianization and Elite Emulation in Ramesside Palestine: Governance and Accommodation on the Imperial Periphery*, Vol. 2, Leiden: Brill, 2000.

④ Carolyn R. Higginbotham, *Egyptianization and Elite Emulation in Ramesside Palestine: Governance and Accommodation on the Imperial Periphery*, Vol. 2, p. 6.

⑤ Gil Stein, *The Archaeology of Colonial Encounters: Comparative Perspectives*, Santa Fe, Oxford, 2005.

二、 埃及霸权的衰落：催化新兴民族和宗教的产生

埃及对迦南的征服是为了保护通往黎巴嫩和叙利亚的主要路线，并获取对被占领地区的经济开发的利益。[1] 统治地位一经确立，埃及就开始在迦南地区设立傀儡官员维持帝国对该地区的管控。"埃及保留了前一时期的迦南独立城邦结构，但这些城邦如今成为他们的附庸国。"[2]

这些迦南附庸统治者效忠埃及[3]，"当埃及军队经过他们的领土进行军事行动时，他们必须为埃及部队提供食物和用品。"[4]法老一声令下，大量的迦南居民，无论男女老少，就被轻而易举地派往埃及。法老拉美西斯二世[5]时期，满载着迦南奴隶的船只被频繁地运输至埃及港口。[6] 迦南城邦需按时向埃及当局缴纳繁重的各类税款、各式贡品、各样物资、劳役人员和军需品。"木材、橄榄油、葡萄酒、小麦、牛、铜制品、奴隶和妾室从迦南被带到了埃及。"[7]不难想象，只要商品源源不断地流入埃及，埃及官员就能过上奢华的生活，他们对迦南城邦的内部事务和冲突也就漠不关心。埃及官员沉迷于纸醉金迷，舒适中懒散而不作为，除非自己的利益受到威胁。于是，应运而生的贪污腐化侵蚀了个别城邦。繁重的赋税与随之而来的腐败不可避免地使迦南附庸统治者愈发变本加厉地掠夺无助的村庄。时常，迦南本地统治者还会向埃及请求保护，但请求却也很少得到重视。

这一系列的情况都使迦南脆弱不堪，极易受到社会和政治动荡的影响。可以合理地推测，一方面，迦南受制于埃及统治，经年累月的霸权压迫让迦南地区的人民早已对埃及霸主恨之入骨，暴动与混乱危在旦夕；另一方面，不难想象，受惠于埃及霸主的迦南附属国，以争宠为目的竞争较量也在所难免；还

---

① Amihai Mazar, *Archaeology of the Land of the Bible: 10,000 – 586 B.C.E.*, p.236.

② Ibid., pp.290,236.

③ 这些迦南附庸国的王子们在埃及接受教育，因此熟悉埃及文化，并受训忠于埃及法老。参见：Amihai Mazar, *Archaeology of the Land of the Bible: 10,000 – 586 B.C.E.*, pp.290,236.

④ Amihai Mazar, *Archaeology of the Land of the Bible: 10,000 – 586 B.C.E.*, pp.290, 237.

⑤ 法老拉美西斯二世大约于公元前 1279 年至公元前 1213 年在位统治新王国时期的埃及。

⑥ Donald B. Redford, *Egypt, Canaan, and Israel in Ancient Times* (Princeton, New Jersey: Princeton University Press, 1992), p.52.

⑦ Amihai Mazar, *Archaeology of the Land of the Bible: 10,000 – 586 B.C.E.*, pp.290, 236.

有一方面,个别城邦的危机不断加剧,埃及未能对其困境做出回应,这不免引发敌对情绪,甚至导致战争爆发,进而导致当地政治体系和贸易网络的崩塌。在青铜时代晚期大崩溃①的整体大环境之下,随着埃及在其本土反复经历的政治动荡②,埃及在迦南地区的政治霸权也遭受削弱。正是在这种背景之下,古代以色列成为一个可以被确认的群体。

　　埃及及其迦南傀儡统治的衰微,使当地政治缺乏稳定,也使当地安全状况恶化,这一切都动摇了迦南地区的政治和经济秩序基础,使迦南城邦和乡村的生活结构前所未有地遭到破坏。整个迦南地区的诸多人口迫不得已开始在巨大的社会动荡和暴力中为求生存而迁徙。考古挖掘发现的部分该时期被摧毁或烧毁的遗址,印证了当时被遗弃的城市中心和大小村庄。③ 在法老拉美西斯二世的继任者法老梅伦普塔④的统治期间,埃及彻底进入了败落阶段,导致埃及帝国在七十年后从迦南撤退。"正是埃及的撤军为非利士人的扩张和以色列民族的成长提供了机会。"⑤为了在动荡时期生存下来,迦南本地的居民,或许和同样受到青铜时代晚期大崩溃影响的来自四面八方的移民一并,被迫撤退到迦南山区。一个新的群体逐渐崛起,古代以色列族群逐渐形成。古代迦南,特别是迦南山区,成为了新生的古代以色列民族的摇篮。

　　与此同时,埃及在迦南地区统治的衰落,无疑在该地区甚至其周边地区创造了一个政治和宗教的真空。战乱与迁徙带来的城邦崩塌,人口减少,进一步使迦南文化也开始衰败。通过前文的分析论述,青铜时代晚期的迦南宗教,展现出宗教大杂烩的状态,具体来讲,在埃及势力集中存在的区域,展现出明显的迦南与埃及宗教的融合。而伴随着埃及强权的削弱和撤出,以及埃及统治的迦南城邦的瓦解,促成了迦南文化(准确地说,是迦南和埃及的融合文化)向早期以色列文化的转变,也进一步为古代以色列的宗教形成创造了条件。迁徙到迦南山区的人们,发现自己在传统方式与一系列巨变之中徘徊,新兴的社

---

　　① 详见本书第六章第三节。

　　② Amihai Mazar, *Archaeology of the Land of the Bible: 10,000 - 586 B. C. E.*, pp.290,234 - 235.

　　③ Amihai Mazar, *Archaeology of the Land of the Bible: 10,000 - 586 B. C. E.*, pp.290, 288 - 290.

　　④ 法老梅伦普塔大约于公元前 1213 年至公元前 1203 年在位统治新王国时期的埃及。

　　⑤ Jonathan N. Tubb, *Peoples of the Past: Canaanites* (London: University of Oklahoma Press, 1998), p.94.

会和宗教条件于是为新兴宗教观念和行为的出现与形成奠定了基础。在公元前 1200 年左右的迦南山区,在这些初来乍到的新移民中,发生了一次戏剧性的社会变革和宗教变革:"没有暴力入侵的迹象,甚至没有明确定义的民族渗透。相反,这似乎是一次生活方式的革命。"①

第三节　时代生存境遇的锻造

如前所述,古代以色列人在青铜时代晚期就已开始出现②,在青铜时代晚期之后的铁器时代早期,迦南中央高地涌现了众多被认为是古代以色列人的定居点③。而青铜时代晚期向铁器时代早期的过渡并非一夜之间从天而降。我们不禁思考,在这个过渡时期,古代以色列民族出现之地发生了什么? 又是哪些因素把古代以色列民族推上了历史舞台? 为了回答这个问题,我们首先需要了解生活在这段历史时期和这片土地上的人们所经历的生存境遇,其中最具压倒性的事件莫过于发生在青铜时代晚期的势不可挡的社会整体大崩溃。

一、 青铜时代晚期大崩溃

青铜时代晚期大崩溃(Late Bronze Age collapse)是发生在公元前 1200 年至公元前 1150 年之间的广泛的社会崩溃,所涉及地区的政治、经济、社会和文化都经历一场巨大的危机。这次崩溃影响了包括北非、东南欧洲的东地中海大片区域和近东地区,特别是埃及、东利比亚、巴尔干半岛、爱琴海、安纳托利亚和高加索地区。这次崩溃突然且暴力,对青铜时代晚期的诸多文明造成了浩大的破坏,也给地区强权带来了严重的衰退。④ 有学者描述这次崩溃:"可以说是古代历史上最严重的灾难,甚至比西罗马帝国的崩溃还更具灾

---

① Israel Finkelstein, Neil Asher Silberman, *The Bible Unearthed: Archaeology's New Vision of Ancient Israel and the Origins of Its Sacred Texts*, p.107.

② 详见本书第一章和第二章。

③ 详见本书第二章。

④ Jesse Millek, *Destruction and Its Impact on Ancient Societies at the End of the Bronze Age* (Columbus, Georgia: Lockwood Press, 2023), pp.1-3.

难性。"①

在短时间内,我们目睹了最重要的文化中心遭遇了戏剧化的巨变。大批城市遭到破坏甚至毁灭性打击,人口被迫迁徙。安纳托利亚的赫梯帝国(Hittite)于公元前 1200 年左右崩塌;与此同时,一股毁灭浪潮席卷了迈锡尼(Mycenaean)文明和爱琴海地区,导致许多重要城市被遗弃。这些事件最终拉开了希腊黑暗时期(Greek Dark Ages)的序幕。来自安纳托利亚和希腊的人们向东迁移,抵达塞浦路斯和黎凡特地区的新民族被称为"海上民族"(Sea Peoples)。美索不达米亚的中亚述帝国(the Middle Assyrian Empire)和新王国时期的埃及(New Kingdom of Egypt)得以幸存,但在经济、军事等方面遭受重创,势力削弱并走向衰落。为数不多的例外,如塞浦路斯,被毁于公元前十三世纪末(公元前 1200 年)的城市又被新的爱琴海民族重新定居,该岛部分沿海城市随后进入繁荣期。随着亚述和埃及的军事力量衰退,一些民族,如腓尼基人(Phoenicians)则享受了更多的自治和权力。②

迦南地区也陷入混乱,并经历了复杂的文化变迁,不同的区域出现了各异的变化,许多重要的迦南城市在公元前十三世纪下半叶至公元前十三世纪末被一定程度地摧毁,包括我们上文讨论的贝特谢安③和米吉多④⑤,还有大城市例如夏琐⑥,以及其他城市例如拉吉⑦等。但这些城市的命运是不同的:在一些城市,例如夏琐和亚弗,毁灭后出现了一段时间的空置或者一种完全崭新的文化模式;而另一些城市,例如贝特谢安和米吉多,则在公元前十二世纪上半叶以相同的方式得以被重建。⑧ 这一系列重大事件导致受影响的大部分地区

---

① Robert Drews, *The End of the Bronze Age: Changes in Warfare and the Catastrophe ca. 1200 B. C.* (Princeton, New Jersey: Princeton University Press, 1993), p.3.

② Amihai Mazar, *Archaeology of the Land of the Bible: 10,000 - 586 B. C. E.*, pp. 287 - 294.

③ 第 VII 地层(Stratum VII)。

④ 第 VIIB 地层(Stratum VIIB)。

⑤ Israel Finkelstein, *City-states to states: Polity dynamics in the 10th-9th centuries BCE*; William G. Dever, Seymour Gitin, eds. *Symbiosis, Symbolism and the Power of the Past: Ancient Israel and Its Neighbors from the Late Bronze Age through Roman Palestine* (Winona Lake: Eisenbrauns, 2003), p.76.

⑥ "夏琐"也被译作"哈佐尔"。

⑦ "拉吉"也被译作"莱基"。第 VII 地层(Stratum VII)和壕神殿 III(the Fosse Temple III)。

⑧ Amihai Mazar, *Archaeology of the Land of the Bible: 10,000 - 586 B. C. E.*, pp. 289 - 290.

的文化水平严重下降，并终止了东西方的国际贸易①，表现之一即进口的迈锡尼陶器和塞浦路斯陶器在公元前 1200 年左右的黎凡特地区消失。②

　　导致青铜时代晚期大崩溃的关键冲击来自一波迁徙潮，而这波迁徙潮的到来，最为根本的原因是迫于当时气候变化所带来的生存境况改变。③ 在撒哈拉沙漠和阿拉伯沙漠，持续加剧的干旱在那时正将广阔的热带草原转变为今天的沙漠。这一干旱沙漠化的过程分别在公元前 3000 年左右、公元前 2000 年左右和公元前 1200 年左右屡次达到顶峰。④ 古气候数据得到了历史数据的证实：在公元前十三世纪末至公元前十二世纪初，一些利比亚部落聚集在尼罗河流域，从法老梅伦普塔⑤时代开始，入侵并抵达三角洲地区，古埃及法老们自豪地宣称他们在史诗般的战斗中阻止了这些入侵，文本记录了由于饥荒而被迫寻找牧场和水源的利比亚部落的名字。⑥

　　地中海北岸也迎来了一系列异常干旱的年份。在安纳托利亚，树轮年代学（dendrochronology）揭示了在公元前十二世纪末期出现了持续四到五年的

---

　　① 东西方之间的国际贸易是青铜时代晚期的主要特征之一。尽管许 0 多理论都表示公元前 1200 年后南黎凡特地区的国际贸易关系已经破裂，但也有学者认为，青铜时代晚期结束后，南黎凡特地区与其他地区的贸易仍在继续。参见：Jesse Millek, *The Impact of Destruction on Trade at the End of the Late Bronze Age in the Southern Levant*；Felix Hagemeyer, *Jerusalem and the Coastal Plain in the Iron Age and Persian Periods*, New Studies on Jerusalem's Relations with the Southern Coastal Plain of Israel/Palestine (c. 1200 – 300 B. C. E.), Research on Israel and Aram in Biblical Times IV, Tubingen: Mohr Siebeck, 2022, pp. 39 – 60.

　　② Amihai Mazar, *Archaeology of the Land of the Bible: 10,000 –586 B. C. E.*, p. 287. 有学者表明，虽然通常认为迈锡尼陶器和塞浦路斯陶器的贸易在公元前 1200 年左右终止，但事实上，塞浦路斯陶器的贸易主要在公元前 1300 年就已经终结，而迈锡尼陶器的贸易则在公元前 1250 年终结，因此，公元前 1200 年的青铜时代晚期大崩溃不可能影响到国际贸易的这两种模式，因为它们已经在青铜时代晚期结束之前就终止了。此外，该学者还证明了，南黎凡特地区与埃及的贸易在公元前 1200 年后继续存在。参见：Jesse Millek, *The Impact of Destruction on Trade at the End of the Late Bronze Age in the Southern Levant*；Felix Hagemeyer, *Jerusalem and the Coastal Plain in the Iron Age and Persian Periods*, New Studies on Jerusalem's Relations with the Southern Coastal Plain of Israel/Palestine (c. 1200 – 300 B. C. E.), Research on Israel and Aram in Biblical Times IV, Tubingen: Mohr Siebeck, 2022, pp. 39 – 60.

　　③ "于一个世纪前，出于谨慎，历史学不愿轻易接受气候因素作为历史变革的决定性因素，因为这些因素超出了人类的控制，因而被视为一种机械的和人为的扭转乾坤之力。"参见：Mario Liverani, *Israel's History and the History of Israel* (London: Equinox Publishing, 2005), p. 34.

　　④ Mario Liverani, Israel's History and the History of Israel, p. 34.

　　⑤ 法老梅伦普塔大约于公元前 1213 年至公元前 1203 年在位统治新王国时期的埃及。

　　⑥ Mario Liverani, *Israel's History and the History of Israel*, p. 34.

极少降雨时期①。长期极端的干旱带来持续严重的饥荒。历史文献也确证了古气候数据：赫梯和乌加里特的文本提到了饥荒和从叙利亚进口谷物到安纳托利亚。② 法老梅伦普塔③声称，为了维持赫梯地区的生存，他派发了埃及的小麦。④ 饥荒灾难下，食不果腹的农民不得不举家流亡；饥荒又进一步导致各地区和国家社会、经济和政治动荡，动荡地区的居民唯有选择逃亡；饥饿的游牧部落也未能幸免于难，被迫寻找勉强可供使用的牧场和水源。

产生灾难性后果的气候变化确凿发生于青铜时代晚期，这一结论得到了学界相关研究的科学支撑。综合研究表明，东地中海地区青铜时代晚期至铁器时代早期的转变，与当时间冰期亦即全新世（Holocene）快速气候变化（RCC：Rapid Climate Change）之一相吻合，这一事件在大约 50 个全球分布的气候代理记录中有所记载。在公元前 1500 年至公元前 500 年之间的快速气候变化以全球范围内的冰川前进为特征（包括斯堪的纳维亚、中亚、北美和南半球），与公元前 4000 年至公元前 3000 年、公元前 2200 年至公元前 1800 年、公元 800 年至公元 1000 年和公元 1400 年至公元 1850 年之间的其他快速气候变化相似。因此，显而易见，青铜时代晚期之末的快速气候变化并不是独特的、孤立存在的特例现象，而是全新世期间全球气候恶化的重复模式的一部分。⑤

在夏季，黎凡特海域（东地中海的东部区域）的气候条件主要受到北非亚热带高压气压系统北移的影响，导致广泛的干旱。⑥ 在冬季，北非亚热带条件向南位移，而极地即大陆气候条件则从北向南扩展，寒冷干燥空气团推向地中海盆地，极地和大陆气流突发引起了海面强烈的蒸发和与之相关的降温。⑦ 全球范围内，公元前 1500 年到公元前 500 年的快速气候变化显示出鲜

---

① Mario Liverani, *Israel's History and the History of Israel*, p. 34.

② Ibid.

③ 法老梅伦普塔大约于公元前 1213 年至公元前 1203 年在位统治新王国时期的埃及。

④ Mario Liverani, *Israel's History and the History of Israel*, p. 34.

⑤ Eelco J. Rohling, Angela Hayes, Paul A. Mayewski, and Michal Kucera, *Holocene Climate Variability in the Eastern Mediterranean, and the End of the Bronze Age*; Christoph Bachhuber, R. Gareth Roberts, eds., *Forces of Transformation: the End of the Bronze Age in the Mediterranean*, Proceedings of an International Symposium Held at St. John's College, University of Oxford 25 – 6th March 2006, Oxford: Oxbow Books, 2009, p. 2.

⑥ Ibid., p. 4.

⑦ Ibid.

明的"寒极和干燥热带"①组合配置,而这一特征在东地中海地区也十分明显。② 此外,在古代以色列所在地区的洞穴的稳定同位素数据表明,从公元前2500年到公元前500年存在普遍的干旱趋势,特别是青铜时代晚期之末至铁器时代早期之初出现了异常干旱的高峰。① 在这个干旱高峰期间,古代以色列所在地的估计年降雨量可能仅达到现代值的约60%。②

明显加剧的广泛严寒和持续干旱,势必影响着耕种土地的农业生产能力以及随之而来的粮食供给能力。极度的干旱使得发生干旱的环境最终无法进行大规模粮食生产,进而对所在地区的社会结构产生深刻且持久的影响。

此外,该时期"地震风暴"③也作为催化剂迫使越来越多的人逃离家乡。大大小小的地震一场接着一场袭来,高频率出现的地震灾害使本来已经苦苦挣扎的地区和国家雪上加霜。持续的社会、经济和政治危机,使大批量人口大规模迁徙,无论是和平迁居,还是武力入侵,气候变化和自然灾害引起的人口动荡和城邦崩塌既是青铜时代晚期大崩溃所导致的结果,又反过来愈发加剧着青铜时代晚期大崩溃所招致的一系列社会动荡。

我们看到,划分青铜时代晚期和铁器时代早期④的公元前1200年这个时间节点,正是青铜时代晚期大崩溃的起始点。而从公元前1200年持续至公元前1150年的青铜时代晚期大崩溃期间,半个世纪内我们目睹了一系列、诸方面的巨变。具体到迦南地区,迦南重要的城市遭到摧毁,其他未被摧毁的城市也遭遇危机;埃及⑤霸权遭受削弱,海上民族入侵并定居迦南沿海地区;迦南中央高地在青铜时代晚期定居活动并不活跃,但在青铜时代晚期的末尾并过

---

① Eelco J. Rohling, Angela Hayes, Paul A. Mayewski, and Michal Kucera, *Holocene Climate Variability in the Eastern Mediterranean, and the End of the Bronze Age*; Christoph Bachhuber, R. Gareth Roberts, eds., *Forces of Transformation: the End of the Bronze Age in the Mediterranean*, Proceedings of an International Symposium Held at St. John's College, University of Oxford 25 - 6th March 2006, Oxford: Oxbow Books, 2009, p.5.

② Ibid.

① Ibid.

② Ibid.

③ Jesse Millek, *Destruction and Its Impact on Ancient Societies at the End of the Bronze Age* (Columbus, Georgia: Lockwood Press, 2023), p.5.

④ Amihai Mazar, *Archaeology of the Land of the Bible: 10,000 - 586 B.C.E.*, pp.290, 295.

⑤ 埃及(Egypt)指新王国时期的古代埃及,大约公元前1550年至公元前1070年。

渡到铁器时代早期之时,出现了前所未有的定居浪潮。① 这些新兴定居点被学术界普遍认为属于古代以色列人。根据梅伦普塔石碑的记载,古代以色列人也是在此时首次登上历史舞台。②

二、　集体性创伤的冲击

古代以色列宗教形成的时期,即青铜时代晚期至铁器时代早期,恰恰落入席卷而来的青铜时代晚期大崩溃期间。这次崩溃的发生有多方面的解释,包括气候变化,例如干旱;自然灾害,例如火山爆发和地震;传染病的传播,例如腺鼠疫;海上民族等团体的入侵;铁冶金的普及与铁器制造的增加而带来的经济混乱;军事武器和军事策略的发展;以及政治、经济和社会体系的各种失败。③ 这些导致崩溃的原因甚至是相互兼容的,当时波及范围的现实情况可能是多种因素的共同作用。毫不夸张地说,任何一项引起青铜时代晚期大崩溃的原因单独就足以给遭受灾难的人们带来颠覆性的冲击甚至致命性的打击;而且,由于大崩溃所带来的危机涉及范围广,影响程度深,在各个地区都引起了一系列政治、经济、社会和文化灾难。鉴于此,笔者认为,经历这一系列灾变的受难者个体无疑遭受了突如其来且持续震慑的创伤;而青铜时代晚期大崩溃之于其所波及的群体和社会,也无疑是一场彻头彻尾的集体性创伤。

创伤(trauma)④是一种无力的折磨;创伤事件淹没了人们对生活的常规适应,淹没了赋予人们控制感、联系和意义的常规保护机制,并通常涉及威胁生命或身体完整性,或与暴力和死亡密切相关的个人经历,将人类置于无助和恐惧的极端境地,并引发灾难性的反应。⑤ 每个人对创伤经历的反应各不相同。"危险、灾难、失落和震惊的即时影响是多维的。情绪、行为和认知的变化得到了充分的记录,应对威胁的神经生理变化也得到了广泛的研究。对创伤经历的多种反应都可以看作是应对策略,试图平衡环境的要求和个体可利用

---

① Dafna Langgut, Israel Finkelstein, Thomas Litt, *"Climate and the Late Bronze Collapse: New Evidence from the Southern Levant"*, Tel Aviv, 2013, 40, no. 2: 150.

② 梅伦普塔石碑(the Merneptah Stele)是《希伯来圣经》之外首次提到"以色列(Israel)"的考古文献记载,参见本书第二章第一节。

③ Jesse Millek, *Destruction and Its Impact on Ancient Societies at the End of the Bronze Age*, Columbus, Georgia: Lockwood Press, 2023.

④ 此处讨论的是心理创伤(psychological trauma)。

⑤ Judith Herman, *Trauma and Recovery* (New York: Basic Books, 1992), p. 33.

的资源。"①创伤受害者的一个典型负面反应即创伤后应激障碍(PTSD：post-traumatic stress disorder)②。虽然创伤事件在大多数情况下会给受害者带来有损其心理健康的伤害，但是，创伤的消极影响之外，"有时创伤也可能对受害者产生积极的心理效应，有助于他们的心理发展"。③

受害者经历创伤后出现的积极变化被泰德斯奇(Richard G. Tedeschi)和卡尔霍恩(Lawrence G. Calhoun)定义为创伤后成长(PTG：post-traumatic growth)④。这个更具社会建构性的对创伤的解读，认为创伤后成长是在与重大生活危机搏斗后产生的积极变化。⑤ 泰德斯奇和卡尔霍恩开发了创伤后成长问卷(PTGI：Post-traumatic Growth Inventory)，这是一个包含 21 个项目的量表，用于衡量创伤后成长。在将这 21 个项目分门别类后，共有 5 个因素被用于描述创伤后成长中发生的定性变化，分别是：与他人的关系、新的可能性、个人力量、精神变化和对生活的感恩。⑥

我们可以合理地假设，经历了青铜时代晚期大崩溃所带来的创伤后，逃离到迦南中央高地的受害者，恐怕不可能清一色仅仅呈现出创伤带来的负面影响。在这些成功逃难迁居山区的幸存者中，除了单纯求生的欲望和冲破逆境的渴望，必然也会有成员向死而生，坚信自己能够克服困境，以积极的态度面对苦楚，甚至形成更加坚定不移的宗教信念。在笔者看来，这些实现创伤后成长的个体，或许在其社群生活的诸方面，当然也包括精神和信仰层面，扮演着

---

① Ruth Pat-Horenczyk & Danny Brom, *"The Multiple Faces of Post-traumatic Growth"*, *Applied Psychology: An International Review*, 2007, 56(3):380.

② 2013 年，美国精神病学会的《精神障碍诊断与统计手册》第五版(DSM-5)发布了修订后的创伤后应激障碍(PTSD)诊断标准。参见：American Psychiatric Association, *Diagnostic and Statistical Manuel of Mental Disorders*, 5th ed., Washington, D. C.: American Psychiatric Publishing, 2013.

③ Li Xi, "Post-traumatic Growth, Belief in a Just World, and Psalm 137:9", *Biblical Theology Bulletin*, Volume 51, No. 3, 2021:176.

④ Richard G. Tedeschi & Lawrence G. Calhoun, *Trauma and Transformation: Growing in the Aftermath of Suffering*, Thousand Oaks, CA: Sage Publications, 1995.

⑤ Li Xi, "Post-traumatic Growth, Belief in a Just World, and Psalm 137:9", *Biblical Theology Bulletin*, Volume 51, No. 3, 2021:177.

⑥ Richard G. Tedeschi & Lawrence G. Calhoun, "The Posttraumatic Growth Inventory: Measuring the Positive Legacy of Trauma", *Journal of Traumatic Stress*, 1996, 9(3):459; Li Xi, "Post-traumatic Growth, Belief in a Just World, and Psalm 137:9", *Biblical Theology Bulletin*, Volume 51, No. 3, 2021:178.

领路人的角色。作为在迦南山区开辟新兴定居点的开拓者和建设者,这些个体在新建家园的同时,"重建或恢复着受创伤个体对世界意义的假设"①。毕竟,危机时期常常也是激发创造力的时机,这是缘于,一方面,此时不仅能够找到创新的自由,而且还经常能够找到具有共鸣的受众和更被普遍接受的情感动机;②另一方面,逃离故土移居新地者,天然地被解脱出曾经存在的政治义务和宗教责任,他们拥有充分的"结构和象征空间"③来进行激进的精神层面的颠覆,来实现彻底的信仰层面的重构。

经历了青铜时代晚期大崩溃之后,流离失所颠沛至迦南山区的人们,或许来源之地各不相同,但他们却同样遭遇了不可控的毁灭和危及生存的威胁。笔者认为,这些逃亡的幸存者共同经历了集体性创伤。

集体性创伤(collective trauma)④指的是⑤:影响整个社会的创伤事件所产生的心理反应,它不仅仅反映了一个历史事实,也不仅仅是关于一群人所经历的创伤事件的回忆。它表明这场悲剧在群体的集体记忆中得到了体现,而且就像所有形式的记忆一样,它包括的不仅是创伤事件的复制再现,还包括对创伤事件的持续建构,以试图理解它。⑥ 为了澄清"集体性"一词,集体性创伤又被聚焦于两个不同的层面:身份群体层面⑦和社会层面⑧。根据这两个区

---

① Li Xi, "Post-traumatic Growth, Belief in a Just World, and Psalm 137: 9", *Biblical Theology Bulletin*, Volume 51, No. 3, 2021: 179.

② Seth Abrutyn, "Pollution-purification Rituals, Cultural Memory and the Evolution of Religion: How Collective Trauma Shaped Ancient Israel", *American Journal of Cultural Sociology*, 2015, Vol. 3, 1: 140.

③ Seth Abrutyn, "Pollution-purification Rituals, Cultural Memory and the Evolution of Religion: How Collective Trauma Shaped Ancient Israel", *American Journal of Cultural Sociology*, 2015, Vol. 3, 1: 141.

④ 美国社会学家 Kai Erikson 是第一个在其著作《Everything in Its Path》中记录集体性创伤的人,该书记录了 1972 年一场灾难性洪水的后果。参见: Kai T. Erikson, *Everthing in Its Path: Destruction of Community in the Buffalo Creek Flood*, New York: Simon & Schuster, 1978.

⑤ 以色列赫兹利亚跨学科中心的 Gilad Hirschberger 对该术语进行了定义。

⑥ Gilad Hirschberger, "Collective Trauma and the Social Construction of Meaning", *Frontiers in Psychology*, 2018, 9: 1441.

⑦ 身份群体层面,创伤可能发生在不同的身份群体中,如年龄、阶层、社会地位、宗教、种族群体。群体大小和群体凝聚力可能不同,不同身份标记可能重叠,具有交叉性,影响着群体内部和群体间的互动关系。

⑧ 社会层面,一个国家内部、次一级社会组织或跨国层面上受到创伤影响的社会,会影响到社会结构以及社会内部和社会间的互动。

分，只有在这两个层面上有明确影响时，创伤才能被定义为集体性创伤。例如，许多个体的创伤可能不被认为是集体性创伤，除非他们的创伤经历被用作公共话语中的关键身份标记、自我表达或定义的方式。一旦许多个体的创伤被框定并被用作集体身份标记①，我们就可以将其视作集体性创伤。② 集体对创伤的记忆与个体对创伤的记忆不同，因为集体记忆会持续存在于创伤事件直接幸存者的生命之外，并且可能被与创伤事件在时间和空间上相隔甚远的群体成员所记得。③

亚历山大（Jeffrey C. Alexander）认为创伤让一个集体"感到他们遭受了可怕的事件，这些事件在他们的群体意识上留下不可磨灭的印记，永远铭记在他们的记忆中，并以根本的和不可撤销的方式改变他们未来的身份"④。换句话说，创伤是由一个群体创造和协商出来的，而对创伤的构造，以一种主导叙事的角色改变了集体身份，并有可能加强社会团结甚至重新建立社会认同与社群身份。⑤ 经历了青铜时代晚期大崩溃所带来的大规模创伤，这些定居在迦南山区的社群共同承受了创伤所导致的苦楚，并共享着创伤所引发的情感，无论是消极的还是积极的情感。

而整个社会共同见证的创伤性事件所激起的集体情感，往往导致该社会文化的改变和受影响群体大规模的行动的转变。⑥ 青铜时代晚期大崩溃给当时经历灾难的人们带来了全方位、深层次的危机。一方面，不难想象，这场危机使得受到影响的各地区居民被迫迁徙，离开家园去往新的定居地，正如来到迦南中央高地的逐渐形成的古代以色列人。这些移民在建立新社区、形成新社群的过程中，自然而然地会创造出新的宗教观念与行为，甚至有可能，为了

---

① 现实中还可以区分不同的集体身份标记，例如：集体叙事，集体情感，集体心理模型、规范和价值观。并且，它们实际上都高度交织在一起。

② Ursula Konig, Cordula Reimann, "Closing a Gap in Conflict Transformation: Understanding Collective and Transgenerational Trauma", *Erisim tarihi*, 2018,15:2020.

③ Gilad Hirschberger, "Collective Trauma and the Social Construction of Meaning", *Frontiers in Psychology*, 2018,9:1441.

④ Jeffrey C. Alexander, *Toward a Theory of Cultural Trauma*; Jeffrey C. Alexander, R. Eyerman, B. Giesen, N. J. Smelser and P. Sztompka eds., *Cultural Trauma and Collective Identity* (Berkeley, C.A.: University of California Press, 2004), p.1.

⑤ Jeffrey C. Alexander, *Trauma: A Social Theory* (London: Polity, 2012), pp.13-19.

⑥ John A. Updegraff, Roxane Cohen Silver, E. Alison Holman, "Searching for and Finding Meaning in Collevtive Trauma: Results From a National Longitudinal Study of the 9/11 Terrorist Attacks", *J Pers Soc Psychol*, 2008,95(3):709-722.

把自身与他者辨别和区分开来,也为了强化新兴凝结和发展的族群,这些移民主动进行宗教变革、摸索宗教创新。但是,另一方面,却又很难想象,这样的危机会促使古代以色列人远离他们熟悉的、既有的宗教传统。当灾难性的损失降临,更合理的假设是,人们倾向于在悲痛过程中寻求常态、熟悉性和身份认同。因此,来到迦南山区的正在形成过程中的古代以色列人,更可能、更容易也更乐意接受他们所熟悉的、长期以来已经成为其宗教文化和社会认同不可或缺的传统宗教元素。

集体性创伤被证明在团体身份认同的形成中扮演了关键角色。① 当创伤影响了整个社群,并动摇了该群体世界观的有效性,震撼了该群体的核心时,那么这个社群必然迫切需要并采取行动来协商和构建创伤事件的意义。这种新建的意义重新勾勒出有效的世界观,再次制定出社会身份,巩固并增强了社会凝聚力。对既有社群来说,防止其解体;对新建社群来说,促进其联结。遭受青铜时代晚期大崩溃所带来的诸多创伤之后,同样都逃离至迦南山区的新兴群体,共同承担着创伤带来的后果,或许也一起尝试解释创伤降临的原因。这一系列的共同经历,毋庸置疑锻造了该群体的集体身份,强化了该群体的社群认同。

一个基本的宗教、哲学或价值体系,很大程度上可能为经历创伤者提供一种应对机制,引导创伤受害者以灵活的方式继续生活,无论是作为个人,还是作为一个有凝聚力的群体。逃离崩溃的迁徙者,有建立稳定社群身份的需求,边缘化和流离失所的人群情理之中以新的自我意识加强他们所在群体的稳定性。而在古代社会,澄清身份界定、划清身份边缘、塑造和强化身份认同的关键之一即人们的宗教观念与行为。还有什么比共同崇拜同一神明更能让一个新聚居在一起的移民群体实现身份认同? 再者,面对一系列社会混乱,辗转漂泊的流亡者,也有通过精神层面控制混乱的需求。在这种情况下,宗教诉求也就更加急迫,甚至饥不择食。流亡者想要抓住他们所熟悉的信仰层面的救命稻草,因而必然紧握其熟悉又信任的宗教观念;但他们也渴望新的出路,如果新的神明能够拯救他们免于再次陷入水深火热之中,接受变革的宗教信仰岂不是必然?

---

① John A. Updegraff, Roxane Cohen Silver, E. Alison Holman, "Searching for and Finding Meaning in Collevtive Trauma: Results From a National Longitudinal Study of the 9/11 Terrorist Attacks", *J Pers Soc Psychol*, 2008,95(3):709-722.

青铜时代晚期大崩溃这场影响广泛且深远的灾难,给当时的受难者带来了集体性创伤,而这一创伤毋庸置疑在催化宗教变革方面具有不容忽视的力量。于是,面对如此巨大的灾祸,在百般的不解与迷茫中,在万般的无奈与悲痛中,古代以色列群体逐步形成,他们既不乏变革又延续传统的宗教悄然浮现:一方面,同样处于正在形成过程中的古代以色列人拥抱了新神明雅威的拯救;另一方面,他们并未远离其所熟悉的宗教观念与行为,延续了青铜时代晚期迦南地区的宗教融合传统。

结　　语

　　每一个被崇拜的神都与崇拜该神的一群人及其所在的一片地域紧密相连,这是古代近东乃至放眼世界普遍存在的一个宗教现象。古代亚述人、非利士人、埃及人和以色列人,都有属于自己的众神殿与诸神。如马克·史密斯所言:"在(古代)世界秩序范围内有诸多民族/国家,每个民族/国家都有自己的守护神。"[①]古代近东每当有族群移居他处,伴随其迁出的,不仅是这一族群先前所在的文化与社会背景,而且还有他们先前的宗教观念及其曾经崇拜的神明。鉴于此,古代以色列宗教的兴起必然与古代以色列民族的形成息息相关。也就是说,如若知晓古代以色列民族的起源,自然就可以在很大程度上理解古代以色列宗教的由来。

　　梳理学术界有关古代以色列民族之起源的各类理论之后,本研究借助分解理论的新范式,对学术界现有理论加以整合,并得出结论:古代以色列人的形成,不能简单地被归结为单一方向的人口来源。无论是以和平渗透的方式到来,还是以军事征服的方式入侵,他们并非全部来自迦南之外;不管是本土游牧民族经历社会变迁之后移居山区,还是本地农民掀起社会革命之后迁居高地,他们也并非全部来源于迦南本土。迦南中央高地普遍出现的被认为是古代以色列人的定居点,由出于多种不同原因选择移民山区的,来自包括外地和本地的、多方向和多方面的人口迁徙构成。考古发现,包括最早记载"以色列"的梅伦普塔石碑,迦南山区人口激增的现象以及定居点遗址缺乏猪骨的现实,也进一步支持和印证了上述结论。

---

　　① Mark S. Smith, *The Origins of Biblical Monotheism: Israel's Polytheistic Background and the Ugaritic Texts*, p.49.

在理论分析和探讨之外,本研究尤其看重考古发现的价值与重要性。古代宗教信仰和崇拜行为的蛛丝马迹,不仅藏匿于其所在的宗教活动场所,而且也表现在当时所用的各类宗教祭仪物件当中。简单地讲,即崇拜物品能够揭示崇拜行为。而宗教场所的建筑遗留和宗教崇拜相关的物品遗存都是考古发现的组成部分。考古发掘工作所出土的遗存内容、遗存所在位置、遗存种类与性质都是清楚展现并阐明古代宗教行为与活动的依据。因此,宗教物质文化遗存可以在相当大的程度上还原古代社会当时的宗教崇拜状况,考古发现为我们探索古代宗教实践提供了观察的窗口与研究的证据。

本研究选取了最明显与宗教实践相关的建筑结构——神殿。具体来说,即青铜时代晚期坐落于迦南地区的贝特谢安第七层神殿和米吉多2048号神殿。贝特谢安第七层神殿的建筑平面图与古埃及两处遗址(阿玛尔纳和德尔麦迪纳)的神庙和礼拜场所建筑平面图非常相似。[①] 通过分别对贝特谢安第七层神殿遗址和米吉多2048号神殿遗址的考古数据描述,并在此基础上,对这两座神殿出土的各类考古发现加以分析整合,进而,从建筑结构布局、宗教物品类型和功能、祭仪物品分布与神殿建筑相对位置关系等方面,还原了青铜时代晚期迦南地区包括崇拜仪式和祭祀行为等的宗教实践,勾勒出当时当地的宗教生活原貌——迦南宗教表达与古埃及信仰和崇拜的互动融合。

贝特谢安第七层神殿和米吉多2048号神殿这两个深入的案例分析,从诸多方面呈现出这两个重要迦南城市在青铜时代晚期的崇拜观念和行为,展示出迦南人对埃及统治的反应模式,具体体现在宗教实践上,即迦南本地的宗教祭仪传统与外来的埃及宗教崇拜习俗的交汇互动,甚至交织融合。贝特谢安与米吉多的宗教融合现象,是迦南人应对埃及霸权文化、宗教输入的反映。毋庸置疑,在探讨文化交互往来时,殖民者和被殖民者、借出方和借鉴方这样的二元对立是一种过于简单化、理想化的解释。文化互动实际上必然始终是由给予者和接受者共同塑造的。埃及存在的强度、埃及影响的程度以及迦南地区人们接受埃及思想的意愿等诸多方面的差异,都分别影响着当时当地居住者的崇拜观念和行为。在这些差异的共同作用下,青铜时代晚期的迦南居民的宗教实践被不断地塑造,甚至经历迭代更新。

[①] Frances W. James, Patrick E. McGovern, *The Late Bronze Egyptian Garrison at Beth Shan: A Study of Levels VII and VIII*, Volume I, p.237.

　　本研究认为,任何一种文化与任何一种宗教都是其所处时代、所在地域和所属境况的产物,也都受到周围其他地区文化和宗教的影响。不同地区的交往关系使不同文化、宗教得以交汇、互动和融合,而这种宗教上的交织往来不仅是当时历史背景的产物,与此同时,也恰恰构成了当时所涉及地区宗教形成的推动力。因此,在探讨古代以色列宗教的兴起时,切不可忽略其与周围宗教实践的互动关系,也不可无视其对先前宗教传统的延续和变革,并且要将其置于更广阔、更多方面的背景之下进行考察分析。唯有综合考量研究对象所处的大环境与大背景,才不至于得出一厢情愿的研究结果。

　　带着这样的研究思路,本研究尝试还原古代以色列宗教的兴起与演进。结合青铜时代晚期迦南地区普遍且典型的宗教融合现象,并借助现有考古数据,初具雏形的古代以色列宗教面貌得以清晰呈现:铁器时代早期,兴起之初的古代以色列宗教,一方面,蕴含着对迦南传统的延续;另一方面,包含着对迦南传统的变革。这种变革的表现之一即新神祇——雅威的引进。而早期古代以色列宗教最重要也是最具颠覆性的变革,莫过于提升雅威的地位,使雅威成为古代以色列民族中最具压倒性的受欢迎的神。能够用以证明该变革的强有力证据之一,即这一时期古代以色列人的个人姓名中,绝大多数都包含雅威神名元素。

　　依托《希伯来圣经》的文本线索,本研究进一步捕捉到古代以色列宗教的挣扎演进:在多神崇拜作为宗教模式常态的时空下,古代以色列人似乎独树一帜地迈出了向单神崇拜推进的步伐。然而,此时的古代以色列宗教,尚未践行单一主神崇拜,更是与后来才发展出来的犹太教所奉行的一神崇拜相距甚远。在早期古代以色列人的宗教观念中,雅威是他们偏爱的神祇,但在雅威以外,仍然存有其他神明,甚至也有众神体系。因此,即便已经朝向单神崇拜模式发展,似乎又与当时大行其道的多神崇拜有所区别,早期古代以色列宗教仍是一种融合宗教。

　　尽管古代以色列民族和宗教的形成历史久远,我们并没有直接的途径获取详尽可靠的记录,但是,通过对相关理论的梳理整合,以及对考古数据的分析论证,我们在很大程度上实现了对古代以色列民族和宗教之兴起的还原。在此基础上,本研究深挖其因,深掘其源,对古代以色列民族和宗教形成的诸方面推动力加以探究。

　　自然生态环境,是铸造古代以色列民族和宗教的最基本的因素。古代以色列民族和宗教的摇篮是迦南中央高地,然而,耕地不足和降水匮乏等多方面地理、气候因素使这片山地成为农业边缘地区。缺乏沃土难以发展农业的自然生态环境,只能支撑迁居至此的人们从事畜牧业,再加上移民之中本就包含游牧民族,因此,新兴的古代以色列群体,务实地选择了一种移动性较强的生活方式,甚至发展出一种以放牧为主导的移动型社会。古代以色列人的宗教生活,同样受制于其所处的自然生态环境。于是,我们观察到一个颇为有趣但却也意料之中现象:早期古代以色列宗教缺乏神殿建筑,仅有用于户外祭祀场所的宗教崇拜仪式平台(筑坛/圣坛/祭坛)。而这一现象的出现,必然与自然生态环境铸造的游牧、半游牧生活方式以及移动型社会组织模式密切相关。

地缘政治形势,是塑造古代以色列民族和宗教的另一推动力。在强势强力的埃及霸权统治之下,迦南人应对埃及强权于宗教观念和行为上的体现,即双方宗教的互动和融合。无论是源于埃及"直接统治"所带来的广泛宗教文化压迫和浸染,还是出自迦南"精英效仿"所导致的主动靠近文明和权力中心的妥协行为,结果都促成了埃及与迦南的宗教融合。然而,在埃及霸权走向败落之时,面对突然出现的政治和宗教真空,古代以色列人的应对方式于宗教实践上的表现,即在延续先前宗教传统的同时,迈出了向单神崇拜推进的步伐。埃及霸权的衰落扮演了催化剂的角色,催化古代以色列民族和宗教的产生。

时代生存境遇,是锻造古代以色列民族和宗教的又一推动力。面临青铜时代晚期大崩溃的危机,从各地逃难至迦南山区的新移民,必然存在建立新家园、维护新社群的急迫需要。一方面,青铜时代晚期大崩溃所带来的一系列灾难,使受到集体性创伤的早期古代以色列人,不得不在不解与迷茫中,寻求常态和熟悉性,这当然也包括在宗教方面的摸索探寻。另一方面,伴随着埃及霸权的衰落,迦南地区出现了政治和宗教的真空,加之战乱与迁徙,新涌现的定居点想要在迦南中央高地站稳脚跟,也无疑亟需凝聚新兴族群,亟待实现身份认同。引进一个新神祇,作为这个新兴群体的保护神,于是可谓水到渠成。

当我们把古代以色列民族和宗教置于其所处时代、地域和现实境况等整体大背景之下,这个古老民族及其宗教的形成便也顺理成章。古代以色列宗教的兴起,是古代以色列民族身份塑造和认同的关键,是这个多方人口来源的新兴族群形成凝聚力的核心,也是古代以色列人在青铜时代晚期大崩溃所带来的一系列危机中生存下去的希望。

掌握古代以色列宗教各方面形成推动力的具体状况,不仅有助于加深我们对古代近东文化的了解，也对解答宗教研究中的一系列关键性问题有所助益，特别是对后期才发展出的一神信仰与犹太教的相关研究起到了补充和推进的作用。这正是本研究的初衷。尽管享有着科技与社会的进步，作为现代人类的我们依旧在很大程度上受到自然条件和社会环境的影响与制约。与古代社会不同的是，当今社会的变迁可谓日新月异，变化速度惊人。对古代以色列宗教的兴起背景加以了解，不但能让我们进一步认识古代人类在各方面外界条件影响下的思维转变模式，而且也能为我们应对当代社会各领域变化提供更加清晰的求知角度和更具启发性的认知方法。此外，对宗教之起源的探索，对信仰之意义的追寻，对崇拜之作用的理解，更是得以让我们越发明晰地洞察与反思自己的生活，并为我们开拓了另一条洞悉与发掘生命之真谛的道路。

附录一　图

By Onceinawhile-Own work, CC BY-SA 4.0, https://commons. wikimedia. org/w/index. php?curid＝116638321

图 2‑1　梅伦普塔石碑

A. E. Killebrew, *Biblical Peoples and Ethnicity: An Archaeological Study of Egyptians, Canaanites, Philistines, and Early Israel, 1300 － 1100 B. C. E.* Atlanta, 2005, p. 12.

图 2‑2　迦南人

A. E. Killebrew, *Biblical Peoples and Ethnicity: An Archaeological Study of Egyptians, Canaanites, Philistines, and Early Israel, 1300 － 1100 B. C. E.* Atlanta, 2005, p. 11.

图 2‑3　埃及书吏

A. E. Killebrew, *Biblical Peoples and Ethnicity: An Archaeological Study of Egyptians, Canaanites, Philistines, and Early Israel, 1300 － 1100 B. C. E.* Atlanta, 2005, p. 14.

图 2‑4　夏苏人

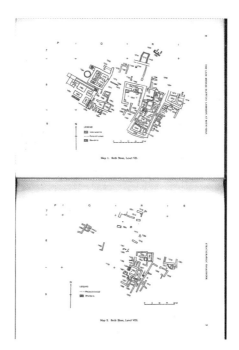

Frances W. James, Patrick E. McGovern, *The Late Bronze
Egyptian Garrison at Beth Shan: A Study of Level VII and
VIII*, Volume I, Philadelphia, 1993, p. 2.

图 3 - 1　贝特谢安考古遗址地层第七层和第八层平面图

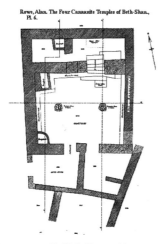

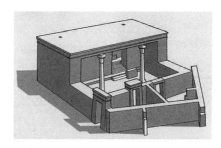

Alan Rowe, *The Four Canaanite Temples
of Beth-Shan*, Philadelphia, 1940,
Fig. 3.

图 3 - 2　贝特谢安第七层神殿平面图　　**图 3 - 3　贝特谢安第七层神殿
重建模型**

Alan Rowe, *The Topography and History of Beth-Shan: with Details of the Egyptian and Other Inscriptions Found on the Site*, Philadelphia, 1930, pl. 48.2.

图3-4　一个女性崇拜一位女神的立柱石碑　　图3-5　哈索尔魔杖或响板/拍板

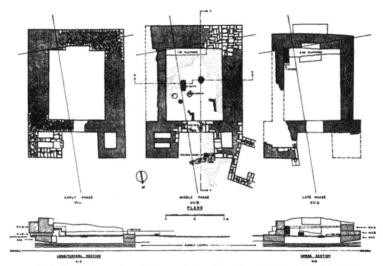

Gordon Loud, *Megiddo II: Seasons of 1935－1939*, Chicago: University of Chicago Oriental Institute Publications, 1948, Fig. 247.

图4-1　米吉多 2048 号神殿地层第八层、第七层 B 层和七层 A 层平面图

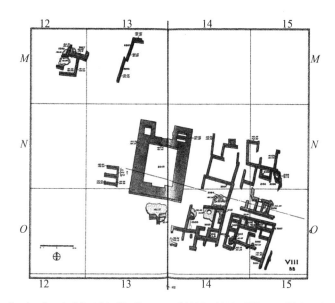

Gordon Loud, *Megiddo II: Seasons of 1935 - 1939*, Chicago: University of Chicago Oriental Institute Publications, 1948, Fig. 402.

图 4 - 2　米吉多考古遗址 BB 区地层第八层平面图

Gordon Loud, *Megiddo II: Seasons of 1935 - 1939*, Chicago: University of Chicago Oriental Institute Publications, 1948, Fig. 403.

图 4 - 3　米吉多考古遗址 BB 区地层第七层 B 层平面图

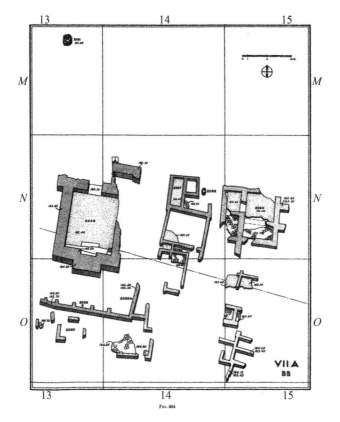

Gordon Loud, *Megiddo II: Seasons of 1935 – 1939*, Chicago: University of Chicago Oriental Institute Publications, 1948, Fig. 404.

图 4‐4　米吉多考古遗址 BB 区地层第七层 A 层平面图

The Israel Museum, Jerusalem, Israel. Bridgeman Images.

图 5‐1　青铜公牛小雕像

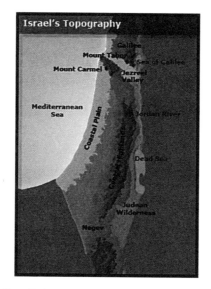

Penn State

图 6-1　迦南及以色列地势地貌

附录二　表^①

表 3 - 1　Locus 1068 - 祭坛室和楼梯考古发现

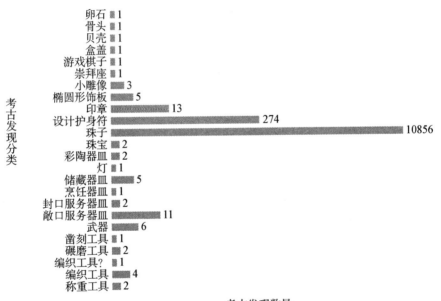

考古发现数量

---

　　① 本书附录中的所有"表"，都是作者收集和整理已出土并出版的相关地层考古数据后独立制作而成。

表 3−2 Locus 1068−楼梯考古发现

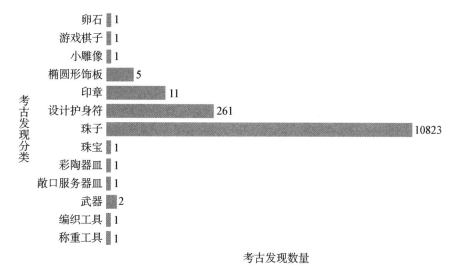

表 3−3 Locus 1068−祭坛室考古发现

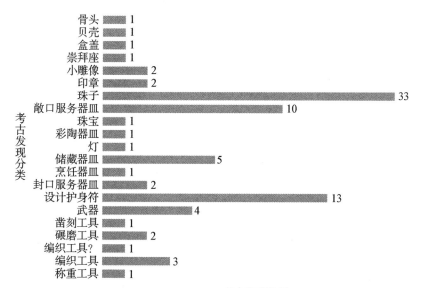

表 3 - 4　Locus 1072 - 内庭院考古发现

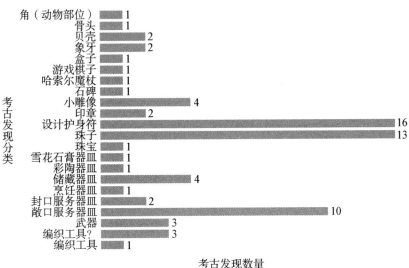

表 3 - 5　Locus 1085 - 东南角房间考古发现

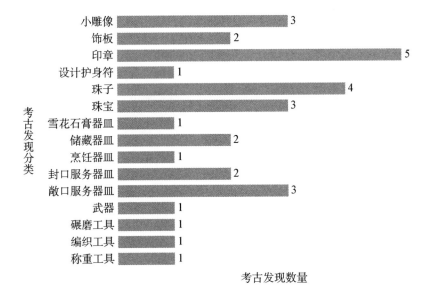

表 3-6 Locus 1086-入口大厅考古发现

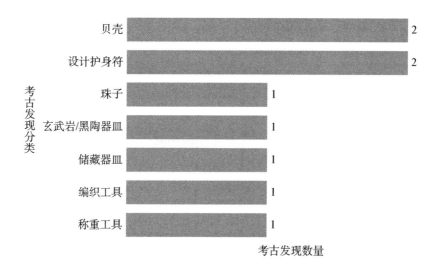

考古发现分类

考古发现数量

表 3-7 Loci 1104,1105-北侧外庭院考古发现

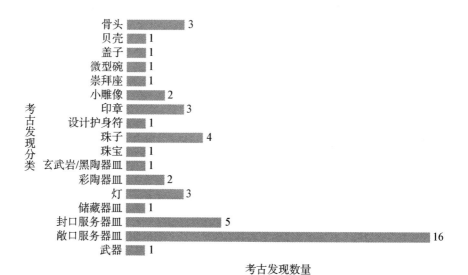

考古发现分类

考古发现数量

表 3‑8　Loci 1062,1103 –北侧外庭院考古发现

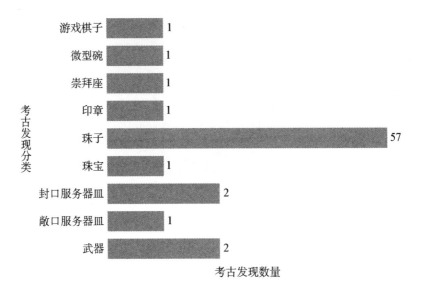

表 3‑9　Loci 1070，West 1072,1107,1371,1374,1376 –西侧外庭院考古发现

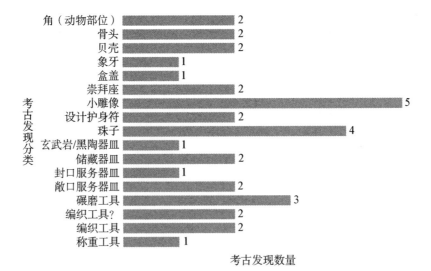

表 3 - 10　Locus 1089 - 南侧外庭院考古发现

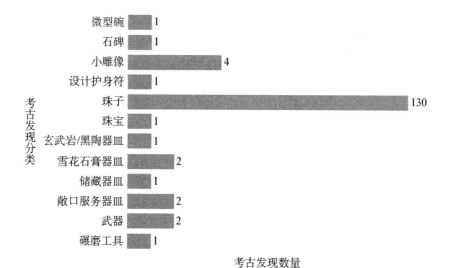

表 3 - 11　Locus 1362 - 南侧外庭院考古发现

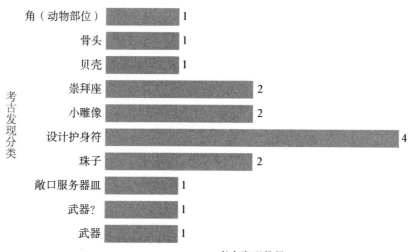

表 4－1　Locus 2048－2048 号神殿考古发现

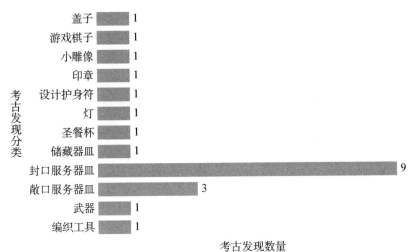

考古发现数量

表 4－2　Locus 2048－废墟高处考古发现

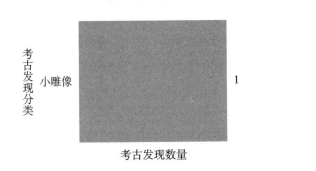

考古发现数量

表 4－3　Locus 2048－第七层 A 层平台下方考古发现

考古发现数量

表 4 - 4 Locus 2048 - 平台墙内贮藏物考古发现

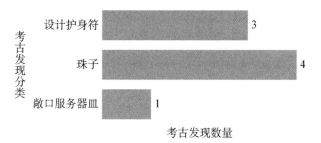

表 4 - 5 Locus 2048 - 平台墙内考古发现

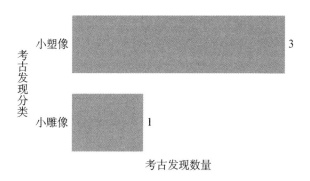

表 4 - 6 Locus 2048 - 第七层 A 层平台内考古发现

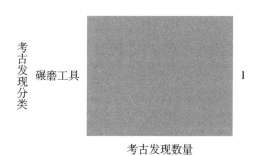

表 4－7　Locus 2048－墙壁内考古发现

考古发现分类　乐器　　　　　　　　1

考古发现数量

参考文献

［1］Abrutyn , Seth. "Pollution-purification Rituals, Cultural Memory and the Evolution of Religion: How Collective Trauma Shaped Ancient Israel." *American Journal of Cultural Sociology*. 2015, Vol. 3, 1:123 - 155.

［2］Ackerman, Susan. "Asherah, the west semitic goddess of spinning and weaving?." *Journal of Near Eastern Studies* 67, no. 1(2008):1 - 30.

［3］Albertz, Rainer. trans. J. Bowden. *A History of Israelite Religion in the Old Testament Period. Vol. 1: From the Beginnings to the End of the Monarchy*. Louisville: Westminster, John Knox, 1994.

［4］Albright, W. F. *From the Stone Age to Christianity: Monotheism and the Historical Process*. Wipf and Stock Publishers. 2003.

［5］Albright, William Foxwell. *Further Light on the History of Israel from Lachish and Megiddo*. Bulletin of the American Schools of Oriental Research, 1937, 68.

［6］Albright, William Foxwell. *The Israelite Conquest of Canaan in the Light of Archaeology*. Bulletin of the American Schools of Oriental Research, 1939, 74.

［7］Albright, William Foxwell. The Kyle Memorial Excavation at Bethel. Bulletin of the American Schools of Oriental Research, 1934, 56.

［8］Alexander, Jeffery C. *Toward a Theory of Cultural Trauma*//. Jeffrey C. Alexander, R. Eyerman, B. Giesen, N. J. Smelser and P. Sztompka eds. *Cultural Trauma and Collective Identity*. Berkeley, C. A.: University of California Press, 2004:1 - 30.

［9］Alexander, Jeffery C. *Trauma: A Social Theory*. London: Polity, 2012.

[10] Alt, A. *The God of the Fathers. Essays on Old Testament History and Religion*. Garden City: Doubleday, 1960.

[11] Alt, Albrecht, trans. Wilson R. A. *The Settlement of the Israelites in Palestine. Essays on Old Testament History and Religion*. Sheffield: Sheffield Academic Press, 1989.

[12] American Psychiatric Association. *Diagnostic and Statistical Manuel of Mental Disorders*. 5th ed. Washington, D. C.: American Psychiatric Publishing, 2013.

[13] Amit, Yairah, Ehud Ben Zvi, Israel Finkelstein, and Oded Lipschits. "Essays on Ancient Israel in Its Near Eastern Context." *Eisenbrauns*. ISBN 978 – 1(2006).

[14] Amzallag, Nissim. "Yahweh, the Canaanite God of Metallurgy?." *Journal for the Study of the Old Testament* 33, no. 4(2009):387 – 404.

[15] Armstrong, K. *A History of God: The 4000-Year Quest of Judaism, Christianity, and Islam*. New York: Alfred A. 1994.

[16] Artzy, Michal, Ragna Stidsing, and Yossi Salmon. "Market strategy — Cypriot Bichrome Wheel — made ware for export." *JRB Stewart. An Archaeological Legacy*, edited by AB Knapp, JM Webb and A. McCarthy (2013):175 – 83.

[17] Bachhuber, Christoph, and Gareth Roberts, eds. *Forces of Transformation*. Oxbow Books, 2022.

[18] Baker, David W., and Bill T. Arnold, eds. *The face of Old Testament studies: a survey of contemporary approaches*. Baker Academic, 2004.

[19] Balentine, Samuel E. *The Oxford encyclopedia of the Bible and theology*. Oxford University Press, 2015.

[20] Baly, D. *The Geography of Monotheism. Translating and Understanding the Old Testament: Essays in Honor of Herbert Gordon May*, 1970.

[21] Bang, S. H. *Ritual Threads: Cultic Evidence Related to Household Textile Production at Iron Age Tell Halif*. Ph. D. Dissertation of Graduate School of Baylor. 2015.

[22] Bar, Shay, D. Kahn, and J. J. Shirley, eds. Egypt, *Canaan and Israel: History, Imperialism, Ideology and Literature*, Proceedings of a Conference at the University of Haifa, 3 – 7 May 2009. Vol. 52. Brill, 2011.

[23] Bard, Kathryn A., ed. *Encyclopedia of the archaeology of ancient Egypt*. Routledge, 2005.

[24] Barkay, Gabriel. "A Late Bronze Age Egyptian Temple in Jerusalem?." *Israel Exploration Journal* (1996):23 - 43.

[25] Barkay, Gabriel. "What's an Egyptian temple doing in Jerusalem?." *Biblical Archaeology Review* 26, no.3(2000):48.

[26] Barnett, Homer G. "Acculturation: an exploratory formulation the social science research council summer seminar on acculturation, 1953: comment." *American Anthropologist* 56, no.6(1954):1000 - 1002.

[27] Bartlett, John R. *Archaeology and Biblical Interpretation*. London and New York: Routledge, 1997.

[28] Becking, B. *Only One God: On Possible Implications for Biblical Theology. Only One God?: Monotheism in Ancient Israel and the Veneration of the Goddess Asherah*, 2001.

[29] Ben-Ami, Doron. "Notes on the Iron IIA Settlement in Jerusalem in Light of Excavations in the Northwest of the City of David." *Tel Aviv* 41, no.1(2014):3 - 19.

[30] Ben-Tor, Amnon. "Who Destroyed Canaanite Hazor?." *Biblical Archaeology Review* 39, no.4(2013).

[31] Bienkowski, Piotr. *Early Edom and Moab: The Beginning of the Iron Age in Southern Jordan*. Collis, 1992.

[32] Bimson, John J. "Merenptah's Israel and recenttheories of Israelite origins." *Journal for the Study of the Old Testament* 16, no.49(1991):3 - 29.

[33] Bloch-Smith, Elizabeth, and Beth Alpert Nakhai. "A landscape comes to life: the Iron Age I." *Near Eastern Archaeology* 62, no.2(1999):62 - 127.

[34] Bloch-Smith, Elizabeth. "Massebot in the Israelite cult: An argument for rendering implicit cultic criteria explicit." *Temple and worship in biblical Israel* (2006):28 - 39.

[35] Bloch-Smith, Elizabeth. "Questions about Monotheism in Ancient Israel: between archaeology and texts." *Journal of the Interdisciplinary Study of Monotheistic*

Religions 9(2014):20 - 28.

[36] Bloch-Smith, Elizabeth. "Will the real massebot please stand up: Cases of real and mistakenly identified standing stones in ancient Israel." *Text, artifact, and image: Revealing ancient Israelite religion* (2006):64 - 79.

[37] Boertien, J. H. Public or Domestic? Temple, Text and Textile Production at Khirbet al-Mudayna in Moab//. E. van der Steen, J. Boertien, N. Mulder-Hymans. *Exploring the Narrative: Jerusalem and Jordan in the Bronze and Iron Ages: Papers in Honour of Margreet Steiner*. London, 2014.

[38] Borowski, Oded. *Daily life in biblical times*. No. 5. Society of Biblical Lit, 2003.

[39] Bottero, Jean. *Religion in Ancient Mesopotamia*. Chicago: University of Chicago Press, 2001.

[40] Brandl, Baruch. "Two scarabs and a trapezoidal seal from Mount Ebal." *Tel Aviv* 14, no.2(1987):166 - 172.

[41] Braunstein, Susan L. "The meaning of Egyptian-style objects in the Late Bronze cemeteries of Tell el-Far'ah (South)." *Bulletin of the American Schools of Oriental Research* 364, no.1(2011):1 - 36.

[42] Brettler, Marc Zvi. "Judaism in the Hebrew Bible? The transition from ancient Israelite religion to Judaism." *The catholic biblical quarterly* 61, no.3(1999): 429 - 447.

[43] Bunimovitz, S. *On the Edge of Empires-Late Bronze Age (1500 - 1200 B. C. E.)//*. T. E. Levy. *The Archaeology of Society in The Holy Land*. London, 1995.

[44] Bunimovitz, Shlomo, and Avraham Faust. "Building identity: the four-room house and the Israelite mind." *Symbiosis, Symbolism and the Power of the Past: Canaan, Ancient Israel and Their Neighbors from the Late Bronze Age through Roman Palestine*. Winona Lake: Eisenbrauns. p (2003):411 - 23.

[45] Bunimovitz, Shlomo, and Avraham Faust. "Chronological separation, geographical segregation, or ethnic demarcation? Ethnography and the Iron Age low chronology." *Bulletin of the American Schools of Oriental Research* 322, no.

1(2001):1 – 10.

[46] Bunimovitz, Shlomo, and Orna Zimhoni. "'Lamp-and-Bowl' Foundation Deposits in Canaan." *Israel Exploration Journal* (1993):99 – 125.

[47] Bunimovitz, Shlomo, and Thomas Evan Levy. "On the edge of empires-Late Bronze Age (1500 – 1200 BCE)." *The archaeology of society in the Holy Land* (1995):320 – 331.

[48] Bunimovitz, Shlomo, and Zvi Lederman. "Canaanite resistance: the Philistines and Beth-Shemesh — a case study from Iron Age I." *Bulletin of the American Schools of Oriental Research* 364, no.1(2011):37 – 51.

[49] Bunimovitz, Shlomo. "The problem of human resources in Late Bronze Age Palestine and its socioeconomic implications." *Ugarit-Forschungen* 26 (1994):1 – 20.

[50] Burke, Aaron A. "The archaeology of ritual and religion in ancient Israel and the Levant, and the origins of Judaism." (2011).

[51] Burke, Aaron A., and Alice Mandell. "Egyptian 'Flowerpots' from Kaplan's Area A excavations." *The history and archaeology of Jaffa 1*, edited by Martin Peilstöcker and Aaron A. Burke, *Monumenta archaeologica*, 2011:261 – 70.

[52] Canales, Arthur David. "The Biblical-Hermeneutical Model for Youth Ministry: Four Scriptural and Pedagogical Approaches for Youth Workers." *The Bible Today* 51(2013):237 – 47.

[53] Carr, David M. *The formation of the Hebrew Bible: A new reconstruction*. Oxford University Press, 2011.

[54] Cherry, Shai, Jon Leven, and Matthew A. Kraft. *Introduction to Judaism*. Teaching Company, 2004.

[55] Clements, Ronald E., ed. *The World of Ancient Israel: Sociological, Anthropological and Political Perspectives*. Cambridge University Press, 1991.

[56] Cline, Eric. Megiddo. *Encyclopedia of the Bible and Its Reception*. Vol.18. De Gruyter, 2020.

[57] Cohen, S. L. *The Southern Levant (Cisjordan) during the Middle Bronze Age//*. M. L. Steiner, A. E. Killebrew. *The Oxford Handbook of the*

Archaeology of the Levant: c. 8000 – 332 B. C. E. Oxford, 2014.

[58] Coogan, M. D. "Canaanite Origins and Lineage: Reflections on the Religion of Ancient Israel." *Ancient Israelite Religion: Essays in Honor of Frank Moore Cross*. 1987.

[59] Coogan, Michael D., and Mark S. Smith, eds. *Stories from ancient Canaan*. Presbyterian Publishing Corp, 2012.

[60] Cornell, Per, and Fredrik Fahlander, eds. *Encounters | Materialities | Confrontations: Archaeologies of social space and interaction*. Cambridge Scholars Publishing, 2009.

[61] Cross, Frank M. "Yahweh and the God of the Patriarchs." *Harvard Theological Review*, 1962.

[62] Cross, Frank Moore. *Canaanite myth and Hebrew epic: Essays in the history of the religion of Israel*. Harvard University Press, 1997.

[63] Daviau, Michèle. *Excavations at Tall Jawa, Jordan*, Volume 1, *The Iron Age Town*. Vol. 11. Brill, 2022.

[64] David, A. Clay Cobras. *Ramesside Household Cult or Apotropaic Device?//*. N. Panitz-Cohen, Amihai Mazar. *Excavations at Tel Beth-Shean 1989 – 1996*, Volume III: *The 13th – 11th Century B. C. E. Strata in Areas N and S. Jerusalem*, 2009.

[65] Davies, Benedict G. *Egyptian historical inscriptions of the Nineteenth Dynasty*. Vol. 2. Åström, 1997.

[66] Davies, Graham. "Comparative Aspects of the History of Israelite Religion." *Zeitschrift für die alttestamentliche Wissenschaft* 125, no. 1(2013):177 – 197.

[67] Day, John. "Yahweh and the Gods and Goddesses of Canaan." *Journal for the Study of the Old Testment Supplement*, 2000.

[68] Day, John. *In Search of Pre-exilic Israel: Proceedings of the Oxford Old Testament Seminar*. London: T&T Clark International, 2004.

[69] De Groot, Alon, and Atalya Fadida. "The pottery assemblage from the rockcut pool near the Gihon Spring." *Tel Aviv* 38, no. 2(2011):158 – 166.

[70] De Moor, J. C. "The Crisis of Polytheism in Late Bronze Ugarit." *Crisis and*

Perspectives. Leiden, 1986.

[71] De Vaux, Roland. "Ancient Israel, vol. 1: Social Institutions." Trans. Darton, Longman & Todd Ltd. NewYork: McGraw-Hill (1965).

[72] Dearman, John Andrew. *Religion and Culture in Ancient Israel*. Peabody, Mass: Hendrickson Publishing, 1992.

[73] DePietro, D. D. *Piety, Practice, and Politics: Ritual and Agency in the Late Bronze Age Southern Levant*. ProQuest, 2012.

[74] Dever, W. G. "Earliest Israel: God, Warriors, Revolting Peasants, or Nomadic Hordes." *Eretz-Israel* 30, no.4(2011):12.

[75] Dever, William G. "Archaeology, Ideology, and the Quest for an ' Ancient ' or ' Biblical Israel'." *Near Eastern Archaeology* 61, no.1(1998):39 – 52.

[76] Dever, William G. "Asherah, Consort of Yahweh? New Evidence from Kuntillet 'Ajrûd." *Bulletin of the American Schools of Oriental Research* 255, no. 1 (1984):21 – 37.

[77] Dever, William G. "Ceramics, ethnicity, and the question of Israel's origins." *The Biblical Archaeologist* 58, no.4(1995):200 – 213.

[78] Dever, William G. "Did God have a wife?: archaeology and folk religion in ancient Israel." (2008).

[79] Dever, William G. "Ethnicity and the archaeological record: the case of early Israel." *The archaeology of difference* (2007):49 – 66.

[80] Dever, William G. "Histories and nonhistories of Ancient Israel." (1999): 89 – 105.

[81] Dever, William G. "The chronology of Syria-Palestine in the second millennium BCE: a review of current issues." *Bulletin of the American Schools of Oriental Research* 288, no.1(1992):1 – 25.

[82] Dever, William G. *Archaeology and The Emergence of Early Israel* //John R. Bartlett. *Archaeology and Biblical Interpretation*. London: Routledge, 1997.

[83] Dever, William G. *Who Were the Early Israelites and Where Did They Come From?* Grand Rapids, Michigan; Cambridge, U. K.: William B. Eerdmans Publishing Company, 2003.

[84] Dever, William G. , Seymour Gitin, Efraim Shṭern, and Ṭrûdā Dôtān. "Israelite origins and the " nomadic ideal": Can archaeology separate fact from fiction?. " *Mediterranean peoples in transition* (1998):220 - 237.

[85] Dever, William G. , Shmuel Aḥituv, Baruch A. Levine, and Avraham Malamaṭ. "Cultural continuity, ethnicity in the archaeological record and the question of Israelite origins. " (1993):22 - 33.

[86] Devetak, R. , George, J. , Percy, S. *An Introduction to International Relations*. Cambridge, United Kingdom: Cambridge University Press, 2017.

[87] Dietler, M. "Colonial Encounters in Iberia and the Western Mediterranean: An Exploratory Framework. " Dietler, M. and López-Ruiz, C. eds. *Colonial Encounters in Ancient Iberia: Phoenician, Greek, and Indigenous Relations*. Chicago. 2009.

[88] Dijkstra, Meindert. *"El, the God of Israel-Israel, the People of YHWH": On the Origins of Ancient Israelite Yahwism* //. Bob Becking, Meindert Dijkstra, Marjo C. A. Korpel, Karel J. II. Vriezen. *Only One God?: Monotheism in Ancient Israel and the Veneration of the Goddess Ashera*. New York: Sheffield Academic Press, 2001.

[89] Dijkstra, Meindert. *Yahwe-El Or El Yahweh* //. Dort Ziehen Schiffe Dahin ... Frankfurt am Main: Peter Land, 1996.

[90] Dodson, Aidan. *Poisoned Legacy: The Fall of the 19th Egyptian Dynasty*. IB Tauris, 2010.

[91] Dothan, Trude, and Alexander Zukerman. "A preliminary study of the Mycenaean IIIC: 1 pottery assemblages from Tel Miqne-Ekron and Ashdod. " *Bulletin of the American Schools of Oriental Research* 333, no. 1(2004):1 - 54.

[92] Dothan, Trude. "Bronze and iron objects with cultic connotations from Philistine temple building 350 at Ekron. " *Israel Exploration Journal* (2002):1 - 27.

[93] Drews, Robert. *The End of the Bronze Age: Changes in Warfare and the Catastrophe ca. 1200 B. C.* Princeton, New Jersey: Princeton University Press, 1993.

[94] Eakin, Frank E. "The Religion and Culture of Israel: An Introduction to Old Testament Thought. " (1971).

[95] Ebeling, Jennie Rebecca. *Utilitarian objects in sacred spaces: Ground stone tools in Middle and Late Bronze Age temples in the southern Levant*. The University of Arizona, 2001.

[96] Erikson, Kai T. *Everthing in Its Path: Destruction of Community in the Buffalo Creek Flood*. New York: Simon & Schuster, 1978.

[97] Evian, Shirly Ben-Dor. "Egypt and Israel: the never-ending story." *Near Eastern Archaeology* 80, no.1(2017):30 - 39.

[98] Fantalkin, Alexander, and Assaf Yasur-Landau. *Bene Israel: studies in the archaeology of Israel and the Levant during the Bronze and Iron Ages in honour of Israel Finkelstein*. Vol.31. Brill, 2008.

[99] Fantalkin, Alexander, and Israel Finkelstein. "The Sheshonq I Campaign and the 8th-Century BCE Earthquake-More on the Archaeology and History of the South in the Iron I-IIA." *Tel Aviv* 33, no.1(2006):18 - 42.

[100] Fantalkin, Alexander, and Oren Tal. "The canonization of the Pentateuch: when and why?(Part I)." *Zeitschrift für die alttestamentliche Wissenschaft* 124, no.1 (2012):1 - 18.

[101] Faust, Avi. "The Israelites and the sea. Ecology, world views and coastal settlements." *Ugarit-Forschungen* 43(2011):117 - 130.

[102] Faust, Avraham. "The Emergence of Israel and Theories of Ethnogenesis." //. Niditch, Susan. *The Wiley Blackwell Companion to Ancient Israel*. (2016): 155 - 173.

[103] Faust, Avraham. and Hayah Katz. "Philistines, Israelites and Canaanites in the southern trough valley during the Iron Age I." *Ägypten und Levante/Egypt and the Levant* 21(2011):231 - 247.

[104] Faust, Avraham. and Shlomo Bunimovitz. "The house and the world: the Israelite house as a microcosm." *Family and household religion: Toward a synthesis of Old Testament studies, archaeology, epigraphy, and cultural studies* (2014):143 - 64.

[105] Faust, Avraham. "Future directions in the study of ethnicity in ancient Israel." *Historical Biblical Archaeology and the future: The new pragmatism* (2010):

55 - 68.

[106] Faust, Avraham. "Pottery and society in Iron Age Philistia: Feasting, identity, economy, and gender." *Bulletin of the American Schools of Oriental Research* 373, no. 1(2015):167 - 198.

[107] Faust, Avraham. "The archaeology of the Israelite cult: Questioning the consensus." *Bulletin of the American Schools of Oriental Research* 360, no. 1 (2010):23 - 35.

[108] Faust, Avraham. *Israel's ethnogenesis: settlement, interaction, expansion and resistance*. London, Oakville: Equinox Publishing, 2006.

[109] Feldman, Marian H. "Hoarded Treasures: The Megiddo ivories and the end of the Bronze Age." *Levant* 41, no. 2(2009):175 - 194.

[110] Finkelstein, Israel. *The archaeology of the Israelite settlement*. Israel Exploration Soc., 1988.

[111] Finkelstein, Israel. "Ethnicity and the Origin of the Iron I Settlers in the Highlands of Canaan: Can the Real Israel Stand Up?" *The Biblical Archaeologist* Volume 59 No. 4(1996):198 - 212.

[112] Finkelstein, Israel. "The Territorial-Political System of Canaan in the Late Bronze Age." *UF* 28(1997):1 - 32.

[113] Finkelstein, Israel. "City-States to States: Polity Dynamics in the 10th - 9th Centuries B. C. E.". *Symbiosis, Symbolism, and the Power of the Past: Canaan, Ancient Israel, and Their Neighbors from the Late Bronze Age through Roman Palaestina*. Proceedings of the Centennial Symposium WF Albright Institute of Archaeological Research and American Schools of Oriental Research. Jerusalem, May 29 - May 31,2000.

[114] Finkelstein, Israel, and Alexander Fantalkin. "Khirbet Qeiyafa: an unsensational archaeological and historical interpretation." *Tel Aviv* 39, no. 1(2012):38 - 63.

[115] Finkelstein, Israel, and Amihay Mazar. *The quest for the historical Israel: debating archaeology and the history of early Israel*. Vol. 6. Society of Biblical Lit, 2007.

[116] Finkelstein, Israel, and Baruch Brandl. "A group of metal objects from Shiloh."

Israel Museum Journal 4(1985):17 - 26.

[117] Finkelstein, Israel, and Eli Piasetzky. "The Iron Age chronology debate: Is the gap narrowing?" *Near Eastern Archaeology* 74, no.1(2011):50 - 54.

[118] Finkelstein, Israel, and Oded Lipschits. "The genesis of Moab: a proposal." *Levant* 43, no.2(2011):139 - 152.

[119] Finkelstein, Israel, David Ussishkin, and Eric H. Cline, eds. *Megiddo V: The 2004 - 2008 Seasons*. Penn State Press, 2013.

[120] Finkelstein, Israel, Elena Zapassky, Yuval Gadot, Daniel M. Master, Lawrence E. Stager, and Itzhak Benenson. "Phoenician" Torpedo "amphoras and Egypt: standardization of volume based on linear dimensions." *Ägypten und Levante/ Egypt and the Levant* (2011):249 - 259.

[121] Finkelstein, Israel, Silberman, Neil Asher. *The Bible Unearthed: Archaeology's New Vision of Ancient Israel and the Origins of Its Sacred Texts*. New York: Touchstone, 2002.

[122] Finkelstein, Israel. "A Great United Monarchy." *Archaeological and Historical Perspectives* (2010):3 - 26.

[123] Finkelstein, Israel. "Bible archaeology or archaeology of Palestine in the Iron Age? A rejoinder." *Levant* 30, no.1(1998):167 - 174.

[124] Finkelstein, Israel. "Settlement Patterns and Territorial Polity in the Transjordanian Highlands in the Late Bronze Age." *Ugarit-Forschungen* 45 (2014):143 - 160.

[125] Finkelstein, Israel. "Stages in the territorial expansion of the Northern Kingdom." *Vetus Testamentum* 61, no.2(2011):227 - 242.

[126] Finkelstein, Israel. "The settlement history of Jerusalem in the eighth and seventh centuries bc." *Revue Biblique* (1946 -) (2008):499 - 515.

[127] Finkelstein, Israel. "Ethnicity and Origin of the Iron I Settlers in the Highlands of Canaan: Can the Real Israel Stand Up?" *The Biblical Archaeologists*, 1996,59 (4).

[128] Finkelstein, Israel. "The Emergence of Israel in Canaan: Consensus, Mainstream and Dispute." *Scandinavian Journal of the Old Testament*, 1991,5(2).

[129] Finkelstein, Israel. *The forgotten kingdom: the archaeology and history of northern Israel*. Society of Biblical Literature, 2013.

[130] Fischer, Peter M. "Chocolate-on-White ware: typology, chronology, and provenance: the evidence from Tell Abu al-Kharaz, Jordan Valley." *Bulletin of the American Schools of Oriental Research* 313, no.1(1999):1 - 29.

[131] Fischer, Peter M. *Chocolate-on-white ware: Further observations and radiocarbon dates*. na, 2003.

[132] Fogelin, L. *Delegitimizing Religion: The Archaeology of Religion as ... Archaeology//*. Whitley, D. S. and Hays-Gilpin, K. *Belief in the Past: Theoretical Approaches to the Archaeology of Religion*. Walnut Creek, 2008.

[133] Fogelin, Lars. "The archaeology of religious ritual." *Annu. Rev. Anthropol.* 36 (2007):55 - 71.

[134] Fowler, M. D. "Excavated Incense Burners: A Case for Identifying a Site as Sacred." *Palestine Exploration Quarterly*. 1985,117.

[135] Frachetti, Michael D. *Pastoralist landscapes and social interaction in Bronze Age Eurasia*. Univ of California Press, 2009.

[136] Friedman, Richard E. *Who Wrote the Bible?* Englewood Cliffs: Prentice Hall, 1987.

[137] Fritz, Volkmar. *The city in ancient Israel*. A&C Black, 1995.

[138] Gadot, Yuval, Israel Finkelstein, Mark Iserlis, Aren M. Maeir, Pirhiya Nahshoni, and Dvory Namdar. "Tracking down cult: production, function and content of chalices in Iron Age Philistia." *Tel Aviv* 41, no.1(2014):55 - 76.

[139] Gadot, Yuval. "The Late Bronze Egyptian Estate at Aphek." *Tel Aviv* 37, no.1 (2010):48 - 66.

[140] Gafni, Isaiah. *Great World Religions: Judaism*. Teaching Company, 2003.

[141] Gal, Zvi. "The Late Bronze Age in Galilee: A Reassessment." *Bulletin of the American Schools of Oriental Research* 272, no.1(1988):79 - 84.

[142] Garfinkel, Yosef, and Hoo-Goo Kang. "The relative and absolute chronology of Khirbet Qeiyafa: very late Iron Age I or very early Iron Age IIA?." *Israel Exploration Journal* (2011):171 - 183.

[143] Garfinkel, Yosef, and Madeleine Mumcuoglu. "Triglyphs and recessed doorframes on a building model from Khirbet Qeiyafa: new light on two technical terms in the biblical descriptions of Solomon's palace and temple." *Israel Exploration Journal* (2013):135 – 163.

[144] Gertoux, Gerard. *Moses and the Exodus Chronological, Historical and Archaeological Evidence*. Lulu. com, 2015.

[145] Gilboa, Ayelet, Aren M. Maeir, and Dan'el Kahn. *The Ancient Near East in the 12th – 10th Centuries B. C. E. : Culture and History*. Edited by Gershon Galil. Vol. 392. Münster, Germany: Ugarit-Verlag, 2012.

[146] Gilboa, Ayelet, Avshalom Karasik, Ilan Sharon, and Uzy Smilansky. "Towards computerized typology and classification of ceramics." *Journal of Archaeological Science* 31, no. 6(2004):681 – 694.

[147] Gilboa, Ayelet. "Cypriot barrel juglets at Khirbet Qeiyafa and other sites in the Levant: cultural aspects and chronological implications." *Tel Aviv* 39, no. 2 (2012):5 – 21.

[148] Gillam, Robyn A. "Priestesses of Hathor: their function, decline and disappearance." *Journal of the American Research Center in Egypt* 32(1995): 211 – 237.

[149] Gilmour, Garth Hugh. *Early Israelite Religion during the Period of the Judges: New Evidence from Archaeology*. University of Cape Town, Isaac and Jessie Kaplan Centre for Jewish Studies and Research, 1997.

[150] Gitin, Seymour. "Israelite and Philistine cult and the archaeological record in Iron Age II: the 'smoking gun' phenomenon." *Symbiosis, Symbolism, and the Power of the Past: Canaan, Ancient Israel, and Their Neighbors from the Late Bronze Age Through Roman Palestina* (2003):279 – 296.

[151] Giveon, Raphael. *The impact of Egypt on Canaan: iconographical and related studies*. Vol. 20. Universitätsverlag/Vandenhoeck & Ruprecht, 1978.

[152] Gnuse, Robert Karl. *No Other Gods: Emergent Monotheism in Israel*. Bloomsbury Academic, 1997:132 – 133.

[153] Gogwilt, Christopher Lloyd. *The Fiction of Geopolitics: Afterimages of*

Culture, from Wilkie Collins to Alfred Hitchcock. Cambridge: Stanford University Press, 2000.

[154] Golani, A. *Jewelry from the Iron Age II Levant*. Fribourg, 2013.

[155] Golden, Jonathan M. *Ancient Canaan and Israel: new perspectives*. ABC-CLIO, 2004.

[156] Goldman, Shalom. *Ancient Near Eastern Mythology*. Teaching Company, 2003.

[157] Gonen, Rivka. *The Late Bronze Age* //. Amnon Ben-Tor, eds. Raga'el Grinberg. trans. *The Archaeology of Ancient Israel*. New Haven and London: Yale University Press, 1992.

[158] Gottwald, Norman K. *The Hebrew Bible: A Socio-Literary Introduction*. Minneapolis: Fortress Press, 1985.

[159] Gottwald, Norman K. *The Tribes of Yahweh: A Sociology of the Religion of Liberated Israel, 1250 – 1050 B. C. E.* Maryknoll, New York: Orbis Books, 1979.

[160] Hackett, Jo Ann. *"There Was No King in Israel": The Era of the Judges* //. Michael David Coogan. *The Oxford History of the Biblical World*. New York: Oxford University Press, 1998.

[161] Haran, Menahem. *Temples and Temple-Service in Ancient Israel: An Inquiry into the Character of Cult Phenomena and the Historical Setting of the Priestly School*. Oxford: Clarendon Press, 1978.

[162] Hasel, Michael G. "Merenptah's Reference to Israel: Critical Issues in Early Israelite History." (2004).

[163] Hasel, Michael G. *Domination and resistance: Egyptian military activity in the Southern Levant, ca. 1300 – 1185 BC*. Brill, 1998.

[164] Herbener, Jens-André P. "On the Term "Monotheism"." *Numen* 60, no. 5 – 6 (2013):616 – 648.

[165] Herman, Judith. *Trauma and Recovery*. New York: Basic Books, 1992.

[166] Herr, Larry G. "Archaeological Sources for the History of Palestine: The Iron Age II Period: Emerging Nations." *The Biblical Archaeologist*. Vol. 60, No. 3,

1997:114 – 183.

[167] Herr, Larry G., Douglas R. Clark, and Kent Bramlett. "From the Stone Age to the Middle Ages in Jordan: Digging up Tall al – 'Umayri." *Near Eastern Archaeology* 72, no.2(2009):68 – 97.

[168] Herzog, Ze'ev, and Lily Singer-Avitz. "Redefining the centre: the emergence of state in Judah." *Tel Aviv* 31, no.2(2004):209 – 244.

[169] Herzog, Ze'ev, and Lily Singer-Avitz. "Sub-dividing the Iron Age IIA in northern Israel: a suggested solution to the chronological debate." *Tel Aviv* 33, no.2 (2006):163 – 195.

[170] Hess, Brian J., Paula Wapnish. "Can Pig Remains be Used for Ethnic Diagnosis in the Ancient Near East?". Neil Asher Siberman, David B. Small. eds. *The Archaeology of Israel: Constructing the Past, Interpreting the Present*. A&C Black (1997):238 – 270.

[171] Hestrin, Ruth. "Understanding Asherah. Exploring Semitic Iconography." *The Biblical Archaeology Review* 17, no.5(1991):50 – 59.

[172] Higginbotham, Carolyn R. "The Egyptianizing of Canaan." *The Biblical archaeology review* 24, no.3(1998):36 – 43.

[173] Higginbotham, Carolyn R. *Egyptianization and Elite Emulation in Ramesside Palestine: Governance and accommodation on the imperial periphery*. Vol.2. Brill, 2000.

[174] Hirschberger, Gilad. "Collective Trauma and the Social Construction of Meaning." *Frontiers in Psychology*, 2018,9.

[175] Hitchcock, Louise A. "'Transculturalism' as a Model for Examining Migration to Cyprus and Philistia at the End of the Bronze Age." *Ancient West and East* 10, no.1(2011):267 – 280.

[176] Hitchcock, Louise A. "What does a transition mean?." *Journal of Art Historiography* 15(2016):1.

[177] Hitchcock, Louise A., and Aren M. Maeir. "Yo-ho, yo-ho, a seren's life for me!." *World Archaeology* 46, no.4(2014):624 – 640.

[178] Hodder, Ian, and Angus Mol. "Network analysis and entanglement." *Journal*

of archaeological method and theory 23(2016):1066 - 1094.

[179] Hodder, Ian, and Scott Hutson. "Reading the past: current approaches to interpretation in archaeology." (2003).

[180] Hodder, Ian, ed. *Archaeological theory today*. Polity, 2012.

[181] Hoffmeier, James K. "Aspects of Egyptian foreign policy in the 18th dynasty in Western Asia and Nubia." *Egypt, Israel, and the Ancient Mediterranean World*, pp.121 - 141. Brill, 2004.

[182] Hoffmeier, James K. "Sinai in Egyptian, Levantine and Hebrew (biblical) perspectives." *The History of the Peoples of the Eastern Desert* (2012): 105 - 124.

[183] Hoffmeier, James K. *Akhenaten and the Origins of Monotheism*. Oxford University Press, 2015.

[184] Hoffmeier, James K. *Ancient Israel in Sinai: the evidence for the authenticity of the wilderness tradition*. Oxford University Press, 2005.

[185] Hoffmeier, James K., and Stephen O. Moshier. "A highway out of Egypt": The main road from Egypt to Canaan." *Desert Road Archaeology in Ancient Egypt and Beyond* (2013):485 - 510.

[186] Homan, Michael M. "To your tents, O Israel! The terminology, function, form, and symbolism of tents in the Hebrew Bible and the ancient Near East." (2001):2340 - 2340.

[187] Hornung, Erik. *Akhenaten and the Religion of Light* . Ithaca: Cornell University Press, 1999.

[188] Horvath, Ronald J. "A definition of colonialism." *Current anthropology* 13, no. 1(1972):45 - 57.

[189] Hultkrantz, Åke. "An ecological approach to religion." *Ethnos* 31, no. 1 - 4 (1966):131 - 150.

[190] Human, D.J. "Aspects of Monotheism: A Continued Debate." *Old Testament Essays*, 12(3),1999.

[191] Insoll, T. *Archarology, Ritual, Religion*. London and New York, 2004.

[192] Insoll, Timothy. " Are archaeologists afraid of gods? Some thoughts on

archaeology and religion." *Belief in the Past*. The Proceedings of the 2002 Manchester Conference on Archaeology, pp. 1 – 6. 2004.

[193] James, E., McGovern, P. *The Late Bronze Egyptian Garrison at Beth Shan: A Study of Levels VII and VIII*, Volume I. Philadelphia, 1993.

[194] Joffe, Alexander. "The rise of secondary states in the Iron Age Levant." *Journal of the Economic and Social History of the Orient* 45, no. 4(2002):425 – 467.

[195] Josephson Hesse, Kristina. "Contacts and trade at Late Bronze Age Hazor: aspects of intercultural relationships and identity in the Eastern Mediterranean." PhD diss., Institutionen för idé-och samhällsstudier, Umeå universitet, 2008.

[196] Kamlah, Jens. "Temples of the Levant-comparative aspects." *Temple building and temple cult* (2012):507 – 534.

[197] Katz, Hayah, and Avraham Faust. "The chronology of the Iron Age IIA in Judah in the light of Tel 'Eton tomb C3 and other assemblages." *Bulletin of the American Schools of Oriental Research* 371, no. 1(2014):103 – 127.

[198] Kaufmann, Y. *The Religion of Israel: From Its Beginnings To the Babylonian Exile*. University of Chicago Press. 1960.

[199] Keller, Warner. trans. William Neil, B. H. Rasmussen. *The Bible as History*. New York: Barnes and Noble Publishing, 1995.

[200] Kempinski, Aharon, and Ronny Reich. *The architecture of ancient Israel: from the prehistoric to the Persian periods: in memory of Immanuel (Munya) Dunayevsky*. Israel Exploration Society, 1992.

[201] Kenyon, Kathleen M. *Archaeology in the Holy Land*. New York: Praeger, 1970.

[202] Kertesz, T. *Beads and Pendants* //. B. Rothenberg. *The Egyptian Mining Temple at Timna*. London, 1988.

[203] Killebrew, A. E. *Biblical Peoples and Ethnicity: An Archaeological Study of Egyptians, Canaanites, Philistines, and Early Israel, 1300 – 1100 B. C. E.* Atlanta. 2005.

[204] Killebrew, Ann E. "New Kingdom Egyptian-Style and Egyptian Pottery in Canaan: Implications for Egyptian Rule in Canaan during the 19th and Early 20th

Dynasties." *Egypt, Israel, and the Ancient Mediterranean World*, pp. 309 – 343. Brill, 2004.

[205] Knapp, A. B. "Matter of Fact: Transcultural Contacts in the Late Bronze Age Eastern Mediterranean." Maran, J. and Stockhammer, P. W. eds. *Materiality and Social Practice: Transformative Capacities of Intercultural Encounters*. Oxford. 2012.

[206] Knapp, A. Bernard, and Sturt W. Manning. "Crisis in context: The end of the Late Bronze Age in the eastern Mediterranean." *American Journal of Archaeology* 120, no. 1(2016):99 – 149.

[207] Knappett, Carl, ed. *Network analysis in archaeology: New approaches to regional interaction*. Oxford University Press, USA, 2013.

[208] Knappett, Carl, Vassilis Kilikoglou, Val Steele, and Ben Stern. "The circulation and consumption of Red Lustrous Wheelmade ware: petrographic, chemical and residue analysis." *Anatolian Studies* 55(2005):25 – 59.

[209] Knauf, Ernst Axel. "Jerusalem in the Late Bronze and Early Iron Ages: A Proposal." *Tel Aviv* 27, no. 1(2000):75 – 90.

[210] Knoppers, Gary N., and Antoine Hirsch. "Egypt, Israel, and the Ancient Mediterranean World." *Studies in Honor of Donald B. Redford* (2004).

[211] Koch, Ido. "Goose keeping, elite emulation and Egyptianized feasting at Late Bronze Lachish." *Tel Aviv* 41, no. 2(2014):161 – 179.

[212] Konig, U., Reimann, C. *Closing a Gap in Conflict Transformation: Understanding Collective and Transgenerational Trauma*. Erisim tarihi, 2018.

[213] Kyriakidis, E. *The Archaeology of Ritual*. Los Angeles, 2007.

[214] LaBianca, Øystein Sakala, Randall W. Younker, and Thomas Evan Levy. "The Kingdoms of Ammon, Moab and Edom: The Archaeology of Society in Late Bronze/Iron Age Transjordan (ca. 1400 – 500 BCE)." *The archaeology of society in the Holy Land* (1995):399 – 415.

[215] Laneri, Nicola. "Introduction: Investigating archaeological approaches to the study of religious practices and beliefs." *Defining the sacred: approaches to the archaeology of religion in the Near East* (2015):1 – 10.

[216] Langgut, Dafna, Israel Finkelstein, and Thomas Litt. "Climate and the Late Bronze collapse: new evidence from the southern Levant." *Tel Aviv* 40, no. 2 (2013):149 – 175.

[217] Lehmann, Gunnar, and Hermann Michael Niemann. "When did the Shephelah become Judahite?." *Tel Aviv* 41, no. 1(2014):77 – 94.

[218] Lehmann, Gunnar. "Reconstructing the social landscape of early Israel: Rural marriage alliances in the central hill country." *Tel Aviv* 31, no. 2 (2004): 141 – 193.

[219] Leick, Gwendolyn. *A Dictionary of Ancient Near Eastern Mythology*. London: Routledge, 1991.

[220] Lemche, Niels Peter. "A Biblical History of Israel." *The Journal of the American Oriental Society* 123, no. 4(2003):925 – 927.

[221] Lemche, Niels Peter. *Early Israel: Anthropological and Historical Studies on the Israelite Society Before the Monarchy*. Leiden: E. J. Brill, 1985.

[222] Leonard Jr, Albert. "Archaeological sources for the history of Palestine: the Late Bronze Age." *The Biblical Archaeologist* 52, no. 1(1989):4 – 39.

[223] Levy, Eythan. "A Fresh Look at the Mekal Stele." *Ägypten und Levante/Egypt and the Levant* 28(2018):359 – 378.

[224] Levy, Thomas E. , Mohammad Najjar, and Erez Ben-Yosef. *New insights into the Iron Age archaeology of Edom, southern Jordan*. 2014.

[225] Lewis, Theodore J. *Syro-Palestinian iconography and divine images*. 2005.

[226] Li Xi. "Post-traumatic Growth, Belief in a Just World, and Psalm 137: 9." *Biblical Theology Bulletin*. Volume 51, No. 3, 2021:175 – 184.

[227] Lilyquist, Christine. "The use of ivories as interpreters of political history." *Bulletin of the American Schools of Oriental Research* 310, no. 1 (1998): 25 – 33.

[228] Liphschitz, Nili, Rām Gôfnâ, Simha Lev-Yadun, and Pierre de Miroschedji. "Man's Impact on the Vegetetional Landscape of Israel in the Early Bronze Age II-III." In *L'urbanisation de la Palestine à l'age du Bronze ancien*. Bilan et perspectives des recherches actuelles. Actes du colloque d'Emmaüs, (20 – 24

octobre 1986). 2, vol. 2, pp. 263 – 268. BAR, 1989.

[229] Lipschits, Oded, Omer Sergi, and Ido Koch. "Judahite stamped and incised jar handles: A tool for studying the history of late monarchic Judah." *Tel Aviv* 38, no. 1(2011):5 – 41.

[230] Lipschits, Oded, Omer Sergi, and Ido Koch. "Royal Judahite jar handles: Reconsidering the chronology of the lmlk stamp impressions." *Tel Aviv* 37, no. 1 (2010):3 – 32.

[231] Liverani, Mario. *Israel's History and the History of Israel*. London: Equinox Publishing, 2005.

[232] Loud, G. , and I. I. *Megiddo*. "OIP 62." *Megiddo II: Seasons of 1935 – 1939* (1948).

[233] Mackintosh, Robert. "Monolatry and Henotheism." *Encyclopedia of Religion and Ethics* (ERE), Ed. James Hastings, Edinburg (1994).

[234] Malamat, Abraham. *History of biblical Israel: major problems and minor issues*. Vol. 7. Brill, 2021.

[235] Manley, Bill. *The Penguin historical atlas of ancient Egypt*. Penguin books, 1996.

[236] Martin, Mario AS, and Israel Finkelstein. "Iron IIA pottery from the Negev Highlands: petrographic investigation and historical implications." *Tel Aviv* 40, no. 1(2013):6 – 45.

[237] Martin, Mario AS. "Egyptian and Egyptianized pottery in Late Bronze Age Canaan: Typology, chronology, ware fabrics, and manufacture techniques. Pots and people?." *Ägypten und Levante/Egypt and the Levant* 14(2004):265 – 284.

[238] Martin, Mario AS. "Egyptian-type Eighteenth Dynasty pots at Megiddo." *Ägypten und Levante/Egypt and the Levant* 19(2009):211 – 218.

[239] Martin, Mario, and Yaniv Agmon. *Egyptian-Type Pottery in the Late Bronze Age Southern Levant*. Vol. 29. Verlag d. Österr. Akademie d. Wissenschaft, 2011.

[240] Mazar, Amihai. "The emergence of the Philistine material culture." *Israel Exploration Journal* (1985):95 – 107.

[241] Mazar, Amihai. "The Iron Age chronology debate: is the gap narrowing?

Another viewpoint." *Near Eastern Archaeology* 74, no. 2(2011):105 - 111.

[242] Mazar, Amihai. "The" Bull Site": An Iron Age I Open Cult Place." *Bulletin of the American Schools of Oriental Research* 247, no. 1(1982):27 - 42.

[243] Mazar, Amihai. *Archaeology of the Land of the Bible: 10,000 - 586 B. C. E.* New York: Doubleday, 1992.

[244] Mazar, Amihai. *Beth-Shean: Tel Beth-Shean and the Northern Cemetery//.* E. Stern, A. Lewinson-Gilboa, J. Aviram. *The New Encyclopedia of Archaeological Excavations in the Holy Land.* Volume 1. Jerusalem, 1993.

[245] Mazar, Amihai. *Excavations at Tel Beth-Shean 1989 - 1996*, Volume I: *From the Late Bronze Age IIB to the Medieval Period.* Jerusalem, 2006.

[246] Mazar, Amihai. "Excavations at Tell Qasile, Part One: the Philistine Sanctuary: Architecture and Cult Objects." *QEDEM*, Jerusalem, 1980.

[247] Mazar, Amihai. "Four Thousand Years of History at Tel Beth-Shean: An Account of the Renewed Excavations." *The Biblical Archaeologist*, 1997.

[248] Mazar, Amihai. *Temples of the Middle and Late Bronze Ages and the Iron Age//*A. Kempinski, R. Reich. *The Architecture of Ancient Israel: from the Prehistoric to the Persian Periods: in Memory of Immanuel (Munya) Dunayevsky.* Jerusalem, 1992.

[249] Mazar, Amihai. *The Egyptian Garrison Town at Beth-Shean //.* S. Bar, D. Kahn, J. J. Shirly. *Egypt, Canaan and Israel: History, Imperialism, Ideology and Literature: Proceedings of a Conference at the University of Haifa*, 3 - 7 May 2009. Leiden, 2011.

[250] Mazar, Amihai. *Archaeology and the biblical narrative: the case of the United Monarchy.* na, 2010.

[251] Mazar, Amihay. *Archaeology of the Land of the Bible, 10,000 - 586 B. C. E.* Doubleday, 1992.

[252] McCarter, P. Kyle, and Hershel Shanks. "Ancient Israel: From Abraham to the Roman Destruction of the Temple." (2011):1.

[253] McGovern, P. E. *Late Bronze Palestinian Pendants: Innovation in A Cosmopolitan Age.* Sheffield, 1985.

[254] Mendenhall, George E. "The Hebrew Conquest of Palestine." *The Biblical Archaeologist*, 1962,25.

[255] Meyers, Eric M. *The Oxford encyclopedia of archaeology in the Near East*. Oxford University Press, 1997.

[256] Mieroop, Marc Van De. "A History of the Ancient Near East." Ca. 3000 – 313 BC (2007).

[257] Millek, Jesse. *Destruction and Its Impact on Ancient Societies at the End of the Bronze Age*. Columbus, Georgia: Lockwood Press, 2023.

[258] Millek, Jesse. *The Impact of Destruction on Trade at the End of the Late Bronze Age in the Southern Levant* //. Felix Hagemeyer. *Jerusalem and the Coastal Plain in the Iron Age and Persian Periods*. New Studies on Jerusalem's Relations with the Southern Coastal Plain of Israel/Palestine (c. 1200 – 300 B. C. E.). Research on Israel and Aram in Biblical Times IV. Tubingen: Mohr Siebeck, 2022.

[259] Miller, Maxwell J., Hayes, John H. *A History of Ancient Israel and Judah*. Philadelphia: Westminister Press, 1986.

[260] Miller, P. D. *The Religion of Ancient Israel*. Westminster John Knox Press. 2000.

[261] Miller, Robert D. II. *Chieftains of the Highland Clans: A History of Israel in the 12th and 11th Centuries B. C.* Grand Rapids, Michigan; Cambridge, U. K. : William B. Eerdmans Publishing, 2005.

[262] Morris, E. F. *The Architecture of Imperialism: Military Bases and the Evolution of Foreign Policy in Egypt's New Kingdom*. Leiden, Boston, 2005.

[263] Muford, G. D. *Egypt and the Levant* //. M. L. Steiner, A. E. Killebrew. *The Oxford Handbook of the Archaeology of the Levant: c. 8000 – 332 B. C. E.* Oxford, 2014.

[264] Mullins, R. A. *The Late Bronze and Iron Age Temples at Beth-Shean* //. J. Kamlah, H. Michelau. *Temple Building and Temple Cult: Architecture and Cultic Paraphernalia of Temples in the Levant (2. – 1. mill. B. C. E.)*, Proceedings of a Conference on the Occasion of the 50th Anniversary of the

Institute of Biblical Archaeology at the University of Tubingen (28 – 30 May 2010). Wiesbaden, 2012.

[265] Mullins, Robert A. *The Emergence of Israel in Retrospect*//. Thomas E. Levy, Thomas Schneider, William H. C. Propp. *Israel's Exodus in Transdisciplinary Perspective: Text, Archaeology, Culture, and Geoscience*. Switzerland: Springer International Publishing, 2014.

[266] Na'aman, Nadav. "The Northern Kingdom in the Late Tenth-Ninth Centuries BCE." *Proceedings-British Academy*, vol. 143, p. 399. Oxford University Press Inc., 2007.

[267] Na'aman, Nadav. "Dismissing the myth of a flood of Israelite refugees in the late eighth century B. C. E." *Zeitschrift für die alttestamentliche Wissenschaft* 126, no. 1(2014):1 – 14.

[268] Na'aman, N. "The Shephelah according to the Amarna letters." The Fire Signals of Lachish. *Studies in the Archaeology and History of Israel in the Late Bronze Age, Iron Age, and Persian Period in Honor of David Ussishkin* (2011): 282 – 99.

[269] Na'aman, Nadav. "Four notes on the size of Late Bronze Age Canaan." *Bulletin of the American Schools of Oriental Research* 313, no. 1(1999):31 – 37.

[270] Na'aman, Nadav. "Ḫabiru and Hebrews: the transfer of a social term to the literary sphere." *Journal of Near Eastern Studies* 45, no. 4(1986):271 – 288.

[271] Naaman, Nadav. "Khirbet Qeiyafa in context." *Ugarit-Forschungen* 42(2010): 497 – 526.

[272] Na'aman, Nadav. "Saul, Benjamin and the Emergence of › Biblical Israel ‹ (Part 1)." (2009):211 – 224.

[273] Na'aman, Nadav. "Saul, Benjaminand the Emergenceof › Biblical Israel ‹ (continued, Part 2)." (2009):335 – 349.

[274] Na'aman, Nadav. "The Growth and Development of Judah and Jerusalem in the Eighth Century BCE: a Rejoinder." *Revue Biblique* (1946 –)(2009):321 – 335.

[275] Na'aman, Nadav. "The Kingdom of Judah in the 9th century bce: Text Analysis versus Archaeological Research." *Tel Aviv* 40, no. 2(2013):247 – 276.

[276] Na'aman, Nadav. "The kingdom of Judah under Josiah." *Tel Aviv* 18, no. 1 (1991):3 - 71.

[277] Na'aman, Nadav. "When and how did Jerusalem become a great city? The rise of Jerusalem as Judah's premier city in the eighth-seventh centuries B. C. E." *Bulletin of the American Schools of Oriental Research* 347, no. 1(2007):21 - 56.

[278] Na'aman, Nadav. *Ancient Israel and its neighbors: interaction and counteraction*. Penn State Press, 2005.

[279] Na'aman, Nadav. *Canaan in the Second Millennium B. C. E. : Collected Essays*, volume 2. Penn State Press, 2005.

[280] Nakhai, B. A. *Archaeology and the Religions of Canaan and Israel*. Boston, 2001.

[281] Nakhai, Beth Alpert. "What's a bamah? How sacred space functioned in ancient Israel." *Biblical Archaeology Review* 20, no.3(1994):18 - 29.

[282] Nakhai, Beth Alpert. *Archaeology and the Religions of Canaan and Israel*. American Schools of Oriental Research, 2001.

[283] Nataf, Katia Charbit. "An Egyptian Mortuary Cult in Late Bronze II Canaan." *Tel Aviv* 38, no.1(2011):52 - 66.

[284] Negbi, O. "Canaanite Gods in Metal: An Archaeological Study of Ancient Syro-Palestinian Figurines." *Tel Aviv*, 1976.

[285] Negbi, Ora, and Avraham Biran. "Israelite cult elements in secular contexts of the 10th century BCE." *Biblical Archaeology Today*, 1990. Proceedings of the Second International Congress on Biblical Archaeology; Jerusalem, June–July 1990, pp. 221 - 230. Israel Exploration Society, 1993.

[286] Neusner, Jacob. "Defining Judaism." *The Blackwell companion to Judaism* (2000):3 - 19.

[287] Niditch, S. *Ancient Israelite Religion*. Oxford University Press, USA. 1997.

[288] Noll, Kurt L. "Canaanite religion." *Religion Compass* 1, no.1(2007):61 - 92.

[289] Noth, Martin, trans. A. C. Black. *The History of Israel*. London: SCM Press, 1960.

[290] Novacek, Gabrielle Vera, and Gabrielle Novacek. *Ancient Israel: highlights from the collections of the Oriental Institute*, University of Chicago; *featuring objects from the Haas and Schwartz Megiddo Gallery*. Oriental Institution of the University of Chicago, 2011.

[291] Oren, Eliezer D. "Governor's Residencies in Canaan under the New Kingdom: A Case Study of Egyptian Administration." *Journal of the Society for the Study of Egyptian Antiquities* 14, no. 2(1984):37 – 56.

[292] Oren, Eliezer D. *The Hyksos: new historical and archaeological perspectives*. The University Museum, University of Pennsylvania, 1997.

[293] Oren, Eliezer D. *The northern cemetery of Beth Shan*. Brill Archive, 1973.

[294] Orsingher, A. *Vessels in Tophet Sanctuaries: the Archaic Evidence and the Levantine Connection* //. A. Maila Afeiche. *Cult and Ritual on the Levantine Coast and Its Impact on the Eastern Mediterranean Realm*, Proceedings of the International Symposium, Beirut 2012. Beyrouth, 2015.

[295] Ownby, Mary F. "Inscribed in Clay: Provenance Study of the Amarna Letters and Other Ancient Near Eastern Texts." *Journal of Ancient Egyptian Interconnections* 1, no. 1(2009):40 – 43.

[296] Panagiotopoulos, Diamantis. "Encountering the foreign. (De-) constructing alterity in the archaeologies of the Bronze Age Mediterranean." *Materiality and Social Practice: Transformative Capacities of Intercultural Encounters* (2012): 51 – 60.

[297] Panitz-Cohen, N. *The Southern Levant (Cisjordan) during the Late Bronze Age* //. M. L. Steiner, A. E. Killebrew. *The Oxford Handbook of the Archaeology of the Levant: c. 8000 – 332 B. C. E.* Oxford, 2014.

[298] Pat-Horenczyk, Ruth and Danny Brom. "The Multiple Faces of Post-traumatic Growth." *Applied Psychology: An International Review*, 2007, 56 (3): 379 – 385.

[299] Petersen, D. L. *Israel and Monotheism: The Unfinished Agenda. Canon, Theology, and Old Testament Interpretation, Essays in Honor of Brevard S. Childs*, 1988.

[300] Pfeiffer, R. H. *Religion in the Old Testament: the History of a Spiritual Triumph*. Harper. 1961.

[301] Pierce, Krystal Victoria Lords. *Living and Dying Abroad: Aspects of Egyptian Cultural Identity in Late Bronze Age and Early Iron Age Canaan*. University of California, Los Angeles, 2013.

[302] Pinch, G., Waraksa, E. A. *Votive Practices //*. J. Dieleman, W. Wendrich. *UCLA Encyclopedia of Egyptology*. Los Angeles, 2009.

[303] Pinch, Geraldine. "Offerings to Hathor." *Folklore* 93, no. 2(1982):138 - 150.

[304] Pitard, Wayne T. *Before Israel: Syria-Palestine in the Bronze Age//*. Michael D. Coogan. *The Oxford History of the Biblical World*. New York: Oxford University Press, 1998:33 - 77.

[305] Pitkänen, Pekka. *Central sanctuary and centralization of worship in Ancient Israel: from the settlement to the building of Solomon's Temple*. Gorgias Press, 2000.

[306] Porter, Robert M. "A Note on Ramesses IV and 'Merneptah' at Beth Shean." *Tel Aviv* 35, no. 2(2008):244 - 248.

[307] Porṭugali, Yuval, Yiśra'el Finḳelshṭayn, and Nadav Na'aman. "Theoretical Speculations on the Transition from Nomadism to Monarchy." (1994):203 - 217.

[308] Press, Michael D. "A Problem of Definition: 'Cultic' and 'Domestic' Contexts in Philistia." *Household Archaeology in Ancient Israel and Beyond*, pp. 361 - 389. Brill, 2011.

[309] Price, Randall. *The Stones Cry Out: What Archaeology Reveals About the Truth of the Bible*. Oregon: Harvest House Publishers, 1997.

[310] Pritchard, James B., ed. *Ancient Near Eastern texts relating to the Old Testament with supplement*. Princeton University Press, 2016.

[311] Rainey, Anson F. "Whence came the Israelites and their language?" *Israel exploration journal* (2007):41 - 64.

[312] Rainey, Anson F. "Who is a Canaanite? A review of the textual evidence." *Bulletin of the American Schools of Oriental Research* 304, no. 1(1996):1 - 15.

[313] Rainey, Anson F., and R. Steven Notley. *Carta's New Century handbook and*

atlas of the Bible. Carta Jerusalem, 2007.

[314] Rasmussen, Carl. *Zondervan Atlas of the Bible*. Zondervan, 2010.

[315] Redford, Donald B. "Egypt and Western Asia in the Late New Kingdom: An Overview." *The sea peoples and their world: A reassessment* 108(2000):1.

[316] Redford, Donald B. *Egypt, Canaan, and Israel in Ancient Times*. Princeton, New Jersey: Princeton University Press, 1992.

[317] Redford, Donald B. *The Oxford encyclopedia of ancient Egypt*. Oxford University Press, 2005.

[318] Redford, Donald B., and Shmuel A ḥituv. "Egypt and Canaan in the New Kingdom." *Be'ēr-Ševa'* 4(1990).

[319] Redmount, Carol A. *Bitter Lives: Israel in and out of Egypt* //. Michael David Coogan. *The Oxford History of the Biblical World*. New York: Oxford University Press, 1998.

[320] Renfrew, C. *The Archaeology of Cult: The Sanctuary at Phylakopi*. London, 1985.

[321] Renfrew, C. *The Archaeology of Religion* //. Renfrew, C. and Zubrow, E. B. W. eds. *The Ancient Mind: Elements of Cognitive Archaeology*. Cambridge, 1994.

[322] Renfrew, Colin. "The archaeology of ritual." *The Archaeology of Ritual*. Los Angeles: Cotsen Institute of Archaeology, University of California (2007): 109 – 122.

[323] Richard S. Hess. *Israelite Religions: An Archaeological and Biblical Survey*. Grand Rapids, Michigan: Baker Academic; Nottingham, England: Apollos, 2007.

[324] Ringgren, H. *Israelite Religion*. Augsburg Fortress Publishers, 1966.

[325] Ringgren, Helmer. *Elohim* //. G. Johannes Botterweck, Helmer Ringgren, Heinz-Josef Fabry. trans. Douglas W. Stott. *Theological Dictionary of the Old Testament*. Volume 14. Michigan: William B. Eerdmans Publishing, 2004.

[326] Robins, Gay. *Cult statues in ancient Egyp*, 2005.

[327] Rohling, Eelco J., Angela Hayes, Paul A. Mayewski, and Michal Kucera.

Holocene Climate Variability in the Eastern Mediterranean, and the End of the Bronze Age //. Christoph Bachhuber, R. Gareth Roberts. eds. *Forces of Transformation: the End of the Bronze Age in the Mediterranean*, Proceedings of an International Symposium Held at St. John's College, University of Oxford 25 - 6th March 2006. Oxford: Oxbow Books, 2009:2 - 5.

[328] Rollston, Christopher A. "The Rise of Monotheism in Ancient Israel: Biblical and Epigtaphic Evidence." *Stone-Campbell Journal*, 2003, 6.

[329] Routledge, Bruce. "The politics of Mesha: segmented identities and state formation in Iron Age Moab." *Journal of the Economic and Social History of the Orient* 43, no. 3(2000):221 - 256.

[330] Routledge, Bruce. *Moab in the Iron Age: Hegemony, polity, archaeology*. University of Pennsylvania Press, 2004.

[331] Roux, Valentine. "Ceramic manufacture." *The Oxford handbook of archaeological ceramic analysis* (2016):101 - 113.

[332] Rowan, Y. M. *Beyond Belief: The Archaeology of Religion and Ritual*//. Archaeological Papers of the American Anthropological Association. 2012, 21.

[333] Rowe, A. *The Four Canaanite Temples of Beth-Shean*. Philadelphia, 1940.

[334] Rowe, A. *The Topography and History of Beth-Shean: with Details of the Egyptian and Other Inscriptions Found on the Site*. Philadelphia, 1930.

[335] Sader, Hélène. "II. History." *The Aramaeans in Ancient Syria*, pp. 11 - 36. Brill, 2014.

[336] Schiffer, Michael B. *Behavioral archaeology: Principles and practice*. Routledge, 2016.

[337] Schmidt, Francis, ed. *The inconceivable polytheism: studies in religious historiography*. Vol. 3. Taylor & Francis, 1987.

[338] Schmitt, Rüdiger. "Astarte, mistress of horses, lady of the chariot: the warrior aspect of Astarte." *Die Welt des Orients* 43, no. 2(2013):213 - 225.

[339] Sergi, Omer, Avshalom Karasik, Yuval Gadot, and Oded Lipschits. "The Royal Judahite Storage Jar: a computer-generated typology and its archaeological and historical implications." *Tel Aviv* 39, no. 1(2012):64 - 92.

[340] Sergi, Omer. "Judah's Expansion in Historical Context." *Tel Aviv* 40, no. 2 (2013):226 – 246.

[341] Shai, Itzhaq, Chris McKinny, and Joe Uziel. "Late Bronze Age cultic activity in ancient Canaan: a view from Tel Burna." *Bulletin of the American Schools of Oriental Research* 374, no.1(2015):115 – 133.

[342] Shaw, Ian, ed. *The Oxford history of ancient Egypt*. Oxford University Press, USA, 2003. Szuchma, Jeffrey, ed. *Nomads, Tribes, and the State in the Ancient Near East: Cross-disciplinary Perspectives*. Chicago, Il., 2009.

[343] Sherratt, E.S. "Introduction to the Levant During the Late Bronze Age." M.L. Steiner, A.E. Killebrew. *The Oxford Handbook of the Archaeology of the Levant: c.8000 – 332 B.C.E.* Oxford, 2014.

[344] Silberman, Neil Asher, and David B. Small, eds. *The archaeology of Israel: constructing the past, interpreting the present*. A&C Black, 1997.

[345] Singer-Avitz, Lily. "Khirbet Qeiyafa: Late Iron Age I in spite of it all." *Israel Exploration Journal* (2012):177 – 185.

[346] Singer-Avitz, Lily. "The date of the pottery from the rock-cut pool near the Gihon spring in the City of David, Jerusalem." *Zeitschrift des Deutschen Palästina-Vereins* (2012):10 – 14.

[347] Singer-Avitz, Lily. "The relative chronology of Khirbet Qeiyafa." *Tel Aviv* 37, no.1(2010):79 – 83.

[348] Slivniak, Dmitri M. "Our God(s) is One: Biblical LHYM and the Indeterminacy of Meaning." *Scandinavian Journal of the Old Testament*, 2005,19.

[349] Smith, Mark S. "The Common Theology of the Ancient Near East." *Journal of Biblical Literature*, 1952.

[350] Smith, Mark S. *The Origins of Biblical Monotheism: Israel's Polytheistic Background and the Ugaritic Texts*. New York: Oxford University Press, 2001.

[351] Smith, Mark S. *The Early History of God: Yahweh and the Other Deities in Ancient Israel*. Grand Rapids: Wm. B. Eerdmans Publishing, 2002.

[352] Spalinger, Anthony J. *War in Ancient Egypt: The New Kingdom*. John Wiley & Sons, 2008.

[353] Sparks, Rachael Thyrza, J. Bourriau, and J. Phillips. "Canaan in Egypt: archaeological evidence for a social phenomenon." *Invention and Innovation — The Social Context of Technological Change* 2(2004):25－54.

[354] Sparks, Rachael. "Strangers in a strange land: Egyptians in southern Palestine during the Bronze Age." *Archaeology International* 6(2002):48－51.

[355] Spencer, John R., Robert A. Mullins, and Aaron J. Brody, eds. *Material culture matters: essays on the archaeology of the Southern Levant in honor of Seymour Gitin*. Penn State Press, 2014.

[356] Stager, L. E., Wolff S. R. "Production and Commerce in Temple Courtyards: An Olive Press in the Sacred Precinct at Tel Dan." *Bulletin of the American Schools of Oriental Research*. 1981,243.

[357] Stager, Lawrence E. *Forging an Identity: The Emergence of Ancient Israel* //. Michael David Coogan. *The Oxford History of the Biblical World*. New York: Oxford University Press, 1998.

[358] Stanfield, Holland Glenn. *Gods in the Desert: Religions of the Ancient Near East*. Lanhan, Maryland: Rowman & Littlefield Publishers, 2009.

[359] Stein, Gil. "The archaeology of colonial encounters: comparative perspectives." (2005).

[360] Steiner, Margreet L., and Ann E. Killebrew, eds. *The Oxford Handbook of the Archaeology of the Levant: c. 8000 －332 B. C. E.* Oxford Handbooks, 2014.

[361] Stern, Ephraim. "Pagan Yahwism: The folk religion of ancient Israel." *Biblical Archaeology Review* 27, no. 3(2001):20.

[362] Stevens, Anna. "Domestic religious practices." *UCLA Encyclopedia of Egyptology* 1, no. 1(2009).

[363] Stieglitz, Robert R., and Trude Dothan. "The Philistines and Their Material Culture." (1984).

[364] Stockhammer, P. W. "Entangled Pottery: Phenomena of Appropriation in the Late Bronze Age Eastern Mediterranean." Maran, J. and Stockhammer, P. W. eds. *Materiality and Social Practice: Transformative Capacities of Intercultural Encounters*. Oxford. 2012.

[365] Stockhammer, P. W. "From Hybridity to Entanglement, From Essentialism to Practice." *Archaeological Review from Cambridge* 28. 2013.

[366] Stockhammer, Philipp W. " Conceptualizing cultural hybridization in archaeology." *Conceptualizing Cultural Hybridization: A Transdisciplinary Approach* (2012):43 – 58.

[367] Stockhammer, Philipp W. "Questioning hybridity." *Conceptualizing cultural hybridization: A transdisciplinary approach* (2012):1 – 3.

[368] Stone, Lawson G. *Early Israel and Its Appearance in Canaan* //. Bill T. Arnold, Richard S. Hess. *Ancient Israel's History: An Introduction to Issues and Sources*. Michigan: Baker Academic, 2014.

[369] Stuckey, Johanna H. *The great goddesses of the Levant*. Canadian Society for Mesopotamian Studies, 2002.

[370] Sugerman, Michael. "43. Trade and Power in Late Bronze Age Canaan." *Exploring the Longue Durée: Essays in Honor of Lawrence E. Stager* 439 (2009).

[371] Szanton, Joe Uziel and Nahshon. "Recent excavations near the Gihon Spring and their reflection on the character of Iron II Jerusalem." *Tel Aviv* 42, no. 2(2015): 233 – 250.

[372] Szuchma, Jeffrey, ed. Nomads, *Tribes, and the State in the Ancient Near East: Cross-discipilinary Perspectives*. Chicago, Il. , 2009.

[373] Taylor, J. Glen. *Yahweh and the sun: biblical and archaeological evidence for sun worship in ancient Israel*. A&C Black, 1993.

[374] Tebes, Juan M. "Egypt in the East: The Egyptian Presence in the Negev and the Local Society During the Early Iron Age." *Cahiers Caribéens d'Égyptologie* 9 (2006):75 – 93.

[375] Tedeschi, Richard G. and Lawrence G. Calhoun. *Trauma and Transformation: Growing in the Aftermath of Suffering*. Thousand Oaks, CA: Sage Publications, 1995.

[376] Tedeschi, Richard G. and Lawrence G. Calhoun. "The Posttraumatic Growth Inventory: Measuring the positive legacy of trauma." *Journal of Traumatic*

Stress, 1996,9(3):455 - 471.

[377] Thompson, Thomas L. *The mythic past: biblical archaeology and the myth of Israel*. Basic Books, 1999.

[378] Tigay, Jeffrey H. *Israelite Religion: The Onomastic and Epographic Evidence* //. Patrick D. Miller, Frank Moore Cross. *Ancient Israel Religion: Essays in Honor of Frank Moore Cross*. Philadelphia: Fortress Press, 1987.

[379] Toffolo, Michael B. , Eran Arie, Mario AS Martin, Elisabetta Boaretto, and Israel Finkelstein. "Absolute chronology of Megiddo, Israel, in the Late Bronze and Iron Ages: high-resolution radiocarbon dating." *Radiocarbon* 56, no. 1 (2014):221 - 244.

[380] Tubb, Jonathan N. *Peoples of the Past: Canaanites*. London: University of Oklahoma Press, 1998.

[381] Tufnell, O. , Inge, C. H. , Harding, L. *Lachish II: The Fosse Temple*. London, 1940.

[382] Updegraff, John A. , Cohen Silver Roxane, Holman E. Alison. "Searching for and Finding Meaning in Collective Trauma: Results From a National Longitudinal Study of the 9/11 Terrorist Attacks." *J Pers Soc Psychol*, 2008,95(3).

[383] Ussishkin, David, and J. N. Tubb. "Levels VII and VI at Tel Lachish and the end of the Late Bronze Age in Canaan." *Palestine in the Bronze and Iron Ages, Papers in Honour of Olga Tufnell*; Tubb, JN, Ed (1985):213 - 230.

[384] Ussishkin, David. "The destruction of Megiddo at the end of the Late Bronze Age and its historical significance." *Tel Aviv* 22, no. 2(1995):240 - 267.

[385] Ussishkin, David. *Lachish and the date of the Philistine settlement in Canaan*. Vol. 37. Verlag der Österreichischen Akademie der Wissenschaften, 2007.

[386] Uziel, Joe, and Yuval Gadot. "The ' Cup-and-Saucer ' Vessel: Function, Chronology, Distribution and Symbolism." *Israel exploration journal* 60, no. 1 (2010):41 - 57.

[387] Van Bekkum, Koert. *From Conquest to Coexistence: Ideology and Antiquarian Intent in the Historiography of Israel's Settlement in Canaan*. Leiden: Koninklijke Brill NV, 2011.

[388] Van der Steen, Eveline J. "The Central East Jordan Valley in the Late Bronze and Early Iron Ages." *Bulletin of the American Schools of Oriental Research*, 1996, 302.

[389] Van der Steen, Eveline, Jeannette Boertien, and Noor Mulder-Hymans, eds. *Exploring the Narrative: Jerusalem and Jordan in the Bronze and Iron Ages: Papers in Honour of Margreet Steiner*. A&C Black, 2014.

[390] Van der Veen, Peter, Christoffer Theis, and Manfred Görg. "Israel in Canaan (long) before pharaoh Merenptah? A fresh look at Berlin statue pedestal relief 21687." *Journal of Ancient Egyptian Interconnections* 2, no. 4(2010):15–25.

[391] Van Dommelen, Peter, and Michael Rowlands. "Material concerns and colonial encounters." *Materiality and social practice: transformative capacities of intercultural encounters* (2012):20–31.

[392] van Pelt, Paul. "Archeology and Cultural Mixture." *Archaeological review from Cambridge* 28, no. 1(2013).

[393] Van Pelt, W. Paul. "Revising Egypto-Nubian Relations in New Kingdom Lower Nubia: From Egyptianization to Cultural Entanglement." *Cambridge Archaeological Journal* 23, no. 3(2013):523–550.

[394] Van Seters, John, Miller, J. Maxwell, John H. Hayes. "A History of Ancient Israel and Judah." *Journal of the American Oriental Society*, 1988,108(2).

[395] Vawter, Bruce. "Canaanite Background of Genesis 49." *Catholic Biblical Quarterly*, 1955,17.

[396] Vriezen, K. J. "Archaeological Traces of Cult in Ancient Israel." *Only One God?: Monotheism in Ancient Israel and the Veneration of the Goddess Asherah*. 2001.

[397] Wainwright, William. *Monotheism //*. *Stanford Encyclopedia of Philosophy*. Metaphysics Research Lab, Stanford University, 2018.

[398] Wallerstein, Immanuel. "The rise and future demise of world-systems analysis." *Review* (Fernand Braudel Center) (1998):103–112.

[399] Walls, Neal H. *Cult image and divine representation in the ancient Near East*. American Schools of Oriental Research, 2005.

[400] Walton, John H. *Ancient Near Eastern Thought and the Old Testament: Introducing the Conceptual World of the Hebrew Bible*. Grand Rapids: Baker Academic, 2006.

[401] Warden, P.G. "Gift, Offering, and Reciprocity: Personalized Remembrance and the 'Small Finds'." *The Magazine of the University of Pennsylvania*, 1992.

[402] Webster, Jane. "Creolizing the Roman provinces." *American journal of archaeology* 105, no.2(2001):209 – 225.

[403] Wegner, Paul D. "Current Trends in Old Testament Textual Criticism." *Bulletin for biblical research* 23, no.4(2013):461 – 480.

[404] Weinstein, James M. "The Egyptian empire in Palestine: a reassessment." *Bulletin of the American Schools of Oriental Research* 241, no.1(1981):1 – 28.

[405] Weiss, Lara. "Personal religious practice: House altars at Deir el-Medina." *The Journal of Egyptian Archaeology* 95, no.1(2009):193 – 208.

[406] Whitley, D.S. and Hays-Gilpin, K. *Belief in the Past: Theoretical Approaches to the Archaeology of Religion*. Walnut Creek, 2008.

[407] Whitley, D.S. and Keyser, J.D. "Faith in the Past: Debating an Archaeology of Religion." *Antiquity*. 2003.

[408] Wiener, Noah. "Early Bronze Age: Megiddo's Great Temple and the Birth of Urban Culture in the Levant." *Bible History Daily*. Biblical Archaeology Society, 2021.

[409] Wilkinson, Richard H. *The Complete Gods and Goddesses of Ancient Egypt*. London: Thames and Hudson, 2003.

[410] Wilkinson, Richard H. *The Complete Temples of Ancient Egypt*. New York: Thames and Hudson, 2000.

[411] Wimmer, Stefan, and Irene Shirun-Grumach. *(No) more Egyptian temples in Canaan and Sinai*. Harrassowitz, 1998.

[412] Wimmer, Stefan. "Egyptian temples in Canaan and Sinai." *Studies in Egyptology Presented to Miriam Lichtheim*, vol. 2, pp.1065 – 1106. Jerusalem: Magnes Press, Hebrew University of Jerusalem, 1990.

[413] Winter, I.J. *On Art in the Ancient Near East*, Volume I: *Of the First*

Millennium B. C. E.. Leiden, 2010.

[414] Wolff, Samuel R. , and Douglas L. Esse. *Studies in the archaeology of Israel and neighboring lands: in memory of Douglas L. Esse*. Vol. 59. Oriental Institute of the University of Chicago, 2001.

[415] Wright, G. R. H. *Ancient Building in South Syria and Palestine*. Leiden, The Netherlands: E. J. Brill, 1985.

[416] Yadin, Y. , Geva, S. *Investigations at Beth-Shean: the Early Iron Age Strata*. Jerualem, 1986.

[417] Yadin, Yigael. Hazor. *Schweich Lectures on Biblical Archaeology*. Oxford: Oxford University, 1972.

[418] Yasur-Landau, Assaf. *Let s Do the Time Warp again: Migration Processes and the Absolute Chronology of the Philistine Settlement*. Vol. 37. Verlag der Österreichischen Akademie der Wissenschaften, 2007.

[419] Younger, K. Lawson. "Neo-assyrian and israelite history in the ninth century: the role of Shalmaneser III. " *Proceedings-British Academy*, vol. 1, no. 143, pp. 243 - 278. Oxford University Press, 2007.

[420] Younker, Randall W. , and William G. Dever. "The emergence of Ammon: a view on the rise of Iron age polities from the other side of the Jordan. " *The Near East in the Southwest* (2003):153 - 176.

[421] Zertal, Adam. "To the Land of the Perizzites and the Giants': On the Israelite Settlement in the Hill Country of Manasseh. " *From nomadism to monarchy: Archaeological and historical aspects of early Israel* (1994):47 - 69.

[422] Ziffer, Irit. "Western Asiatic tree-goddesses. " *Ägypten und Levante/Egypt and the Levant* 20(2010):411 - 430.

[423] Zuckerman, Sharon. "'. . Slaying oxen and killing sheep, eating flesh and drinking wine. .': Feasting in late bronze age hazor. " *Palestine Exploration Quarterly* 139, no. 3(2007):186 - 204.

[424] Zuckerman, Sharon. "'The City, Its Gods Will Return There . . . ': Toward an Alternative Interpretation of Hazor's Acropolis in the Late Bronze Age. " *Journal of Near Eastern Studies* 69, no. 2(2010):163 - 178.

[425] Zuckerman, Sharon. "Anatomy of a Destruction: Crisis Architecture, Termination Rituals and the Fall of Canaanite Hazor." *Journal of Mediterranean Archaeology* 20, no.1(2007).

[426] 梁工. 圣经形式批评综论. 世界宗教研究,2011(4):88-99.

[427] 乔安·弗莱彻. 杨凌峰译. 埃及四千年:主宰世界历史进程的伟大文明. 杭州:浙江文艺出版社,2019.

[428] 邱文平. 从众神崇拜到上帝观念的历史考察. 上海社会科学院出版社,2014.

[429]《圣经·中英对照》. 上海:中国基督教三自爱国运动委员会,2007.

[430] 田海华. 圣经一神论的渊源与形成. 世界宗教研究,2019(6):109-119.

[431] 吾敬东. 再论一神宗教的起源. 华东师范大学学报:哲学社会科学版,2008(3):104-110.

[432] 徐新. 犹太教的独一神论. 宗教学研究,2014(1):229-238.

[433] 游斌. 圣书与圣民. 宗教文化出版社,2011.

致 谢

　　完成这项研究,是我多年来的心愿,更是我长久以来的梦想。研究进行期间的这段旅程既充满挑战,又充满回报。没有许多杰出个人和机构的支持与鼓励,很难想象我能一步步走到现在,达到这个人生的里程碑。我对所有为完成这个研究课题做出贡献的人表示衷心的感谢。

　　我深深地感激我的导师傅有德教授。2006 年,我来到山东大学求学,并有幸能够成为山东大学宗教学专业的第三批本科生。当时我就已开始在傅老师的双语课堂学习。坐在课堂里的我,由衷惊叹傅老师的渊博学识,钦佩傅老师的儒雅风范。从那时我就下定决心,祈望师从这位温文尔雅、风度翩翩的老师。2010 年,我进入硕士研究生阶段的学习,圆梦成为傅老师的学生。在傅老师的指导下,这段时间也是我学术能力逐步提升的时期。2013 年,我义无反顾选择考博,至今都还清楚地记得,得知自己成功成为傅老师的博士研究生之后的欣喜若狂。在完成了博士阶段的课程之后,2014 年,我前往以色列特拉维夫大学修习圣经考古学。期间,傅老师在参加学术会议的百忙之余,特地来特拉维夫看望我,在异国他乡见到导师,我仿佛见到至亲一般,内心安稳且柔软。2017 年,我从以色列回国,研究与写作虽因各种原因磕磕绊绊,但傅老师从未放弃对我的期望,并一如既往地给予我坚定的支持和不懈的鼓励。有时,傅老师会发信息鞭策;有时,傅老师也会打电话敦促。在写稿成文的各个阶段,傅老师哪怕身体不适,也会及时阅读并给我反馈。傅老师对我的付出和帮助,让我无尽感动,更无比感恩。傅老师独到的学术眼光和深厚的学术造诣,给了我学习研究与论文写作的勇气和底气;傅老师的时常挂念和点滴关爱,给了我这些年来咬牙坚持的信心和决心。得一良师,何其有幸! 人生足矣。

感谢山东大学犹太教与跨宗教研究中心的各位老师。刘新利老师的教导指引着我在历史研究方面的前进；赵杰老师的课堂不断激发着我对宗教学研究的热情；董修元老师在仔细阅读我的初稿之后，特意电联，细致指出我研究与写作的问题所在，并给出了中肯的修改建议；李曦老师、李海涛老师、李勇老师、姜振帅老师为我的论文提供了多方面的宝贵意见；王强伟老师更是不厌其烦地为我解答各方面的问题，并时常给予我鼓励与安慰；齐晓东老师也为我提供了诸多帮助。

感谢以下机构和个人：特拉维夫大学圣经考古系，系统培养和训练了我的考古学专业素养；Yuval Gadot 和 Shirly Ben Dor Evian，他们渊深的专业知识和深邃的学术智慧引领并塑造了我的考古学研究方向和兴趣；Oded Lipschits 和张平教授，在我以色列求学期间为我提供了诸多学习和生活上的援助；Omer Sergi 的精彩课堂和交谈为我提供了研究灵感和鼓舞；W. F. Albright Institute of Archaeological Research（AIAR）对我研究的深入给了我多方面的支持。我在特拉维夫大学和 AIAR 结识的诸多学者，与他们的多方探讨和收获的意见反馈，从不同角度和切入点丰富了我的研究经历，深化了我的研究思考。

感谢我的伴侣 Erez Levin，你坚定的爱、对我能力的信任和对我生活上的照顾，是我最坚实的力量支柱；你陪伴我的无数个彻夜长谈和无数次激辩论争，给了我勇往直前的意志力。感谢我的家人，你们长久以来的理解、支撑与勉励，是我坚持研究与写作的动力。感谢我的朋友，你们对我的陪伴、对我思考的反馈和与我共享的经验，给了我不懈推进的志气。

如果在这份致谢中无意遗漏了个人，请接受我最诚挚的道歉，并请您知悉，您的扶助和贡献并未被忽视，我在此向您表示诚挚感谢。

这项研究是多年来辛勤工作和众多人共同努力的结晶。虽然我的名字出现在封面上，但它真正属于所有在这段学术旅程中启发和引导我的人，也是对所有在我前行的道路上支持和鼓励我的人集体努力的见证。感恩每一个成为这段学术旅程和这项努力不可或缺的一部分的人。

图书在版编目(CIP)数据

古代以色列人及其宗教的兴起/张玉著. 一上海：
上海三联书店,2025.8—ISBN 978 - 7 - 5426 - 8572 - 8

Ⅰ. K382.8

中国国家版本馆 CIP 数据核字第 2024NQ4671 号

古代以色列人及其宗教的兴起

著　者／张　玉

责任编辑／李天伟
装帧设计／徐　徐
监　制／姚　军
责任校对／王凌霄

出版发行／上海三联书店

　　　　　(200041)中国上海市静安区威海路 755 号 30 楼
邮　箱／sdxsanlian@sina.com
联系电话／编辑部：021 - 22895517
　　　　　发行部：021 - 22895559
印　刷／上海惠敦印务科技有限公司

版　次／2025 年 8 月第 1 版
印　次／2025 年 8 月第 1 次印刷
开　本／710 mm×1000 mm　1/16
字　数／220 千字
印　张／13.5
书　号／ISBN 978 - 7 - 5426 - 8572 - 8/K・790
定　价／68.00 元

敬启读者,如发现本书有印装质量问题,请与印刷厂联系 13917066329